Código Orgánico de Tribunales de Chile

Procedimiento de selección de originales, ver página web:
www.tirant.net/index.php/editorial/procedimiento-de-seleccion-de-originales

ACCESO GRATIS *a la Lectura en la Nube*

Para visualizar el libro electrónico en la nube de lectura envíe junto a su nombre y apellidos una fotografía del código de barras situado en la contraportada del libro y otra del ticket de compra a la dirección:

ebooktirant@tirant.com

En un máximo de 72 horas laborales le enviaremos el código de acceso con sus instrucciones.

Código Orgánico de Tribunales de Chile

6ª EDICIÓN ACTUALIZADA A FEBRERO DE 2025

CRISTIAN CONTRERAS ROJAS
Profesor de Derecho Procesal
Universidad de Talca

tirant lo blanch
Valencia, 2025

© TIRANT LO BLANCH
EDITA: TIRANT LO BLANCH
C/ Artes Gráficas, 14 - 46010 - Valencia
TELFS.: 96/361 00 48 - 50
FAX: 96/369 41 51
Email: tlb@tirant.com
www.tirant.com
Librería virtual: https://editorial.tirant.com/cl
ISBN: 978-84-1095-414-4

Si tiene alguna queja o sugerencia, envíenos un mail a: *atencioncliente@tirant.com*. En caso de no ser atendida su sugerencia, por favor, lea en *www.tirant.net/index.php/empresa/politicas-de-empresa* nuestro procedimiento de quejas.

Responsabilidad Social Corporativa: http://www.tirant.net/Docs/RSCTirant.pdf

ÍNDICE

APÉNDICE

INTRODUCCIÓN

Cuando en agosto de 1942 el Presidente de la República, don Juan Antonio Ríos Morales, encargó a la Facultad de Ciencias Jurídicas y Sociales de la Universidad de Chile la labor de refundir en un solo cuerpo normativo la legislación orgánica de los tribunales de justicia y dar origen al Código Orgánico de Tribunales —aprobado mediante la Ley N° 7.421, de 9 de julio de 1943—, nunca imaginó los enormes desafíos que el devenir histórico le impondría a nuestra judicatura.

En efecto, múltiples factores (como las crisis políticas e institucionales, el desarrollo económico y social, y la diversificación de los conflictos que se presentan ante los tribunales) han llevado a que el Código Orgánico de Tribunales haya debido mutar durante sus años de vigencia, siendo modificado y actualizado parcialmente una infinidad de veces, cuestión que puede fácilmente apreciarse en la ingente cantidad de notas explicativas que acompañan su texto y que permiten seguir la evolución de sus distintas disposiciones. Ello es una demostración de que el aparato estatal de justicia debe ser capaz de adaptarse para responder de forma adecuada a una población en constante aumento —con nuevos actores y demandas sociales— y donde las relaciones jurídicas son cada vez más complejas. De ahí que en décadas recientes se haya debido proceder a la creación de nuevos órganos jurisdiccionales, al ajuste de las dotaciones de jueces y funcionarios, y a la incorporación de nuevos auxiliares de la administración de justicia.

Puede sostenerse, sin miedo a equivocarse, que la modificación más profunda que se ha realizado al Código Orgánico de Tribunales durante este siglo fue la creación de los Juzgados de Garantía y los Tribunales de Juicio Oral en lo Penal, órganos que se destacan no solo por constituir uno de los pilares sobre los que se cimentó la nueva justicia penal, sino también porque trajeron consigo una clara separación entre la función jurisdiccional y administrativa al interior de cada uno de los tribunales, encargándose esta última a un nuevo auxiliar: el administrador del tribunal.

Empero, nada hacía presagiar la sorpresa que nos tenía preparado el destino (*rectius*, la covid-19) y cómo ello tornaría justo y necesario acelerar la incorporación de un aspecto de la justicia electrónica que había sido escasamente explorado y al que muchos se oponían o consideraban inviable por las más diversas razones: las audiencias y vistas remotas a través de videoconferencia. De hecho, cuando Zoom y otras plataformas similares son parte de nuestro diario vivir, a través de la Ley N° 21.394 han pasado a ser parte de la normativa permanente contenida en el Código Orgánico de Tribunales, lo que es una evidencia palpable de que la forma de hacer justicia que conocimos a partir de 2020, llegó para quedarse.

Pero más allá de eso —y pido disculpas por la obviedad— nadie sabe lo que nos deparará el futuro. En efecto, tal como sucede en todo ámbito, el destino del Código Orgánico de Tribunales es incierto, especialmente cuando la realidad nos ha llevado a pensar en modificaciones profundas y decisivas para nuestro aparato de justicia, a fin de ajustarlo plenamente a los principios y valores que sostienen nuestra sociedad democrática. Mientras tanto, seguiremos esperando la aprobación de un nuevo modelo de enjuiciamiento civil que, en realidad, se ve cada día más lejano. O el *aggiornamento* de los tribunales de alzada, que les permita hacer frente de la mejor manera posible a la demanda por justicia en la sociedad del siglo XXI.

Hay que estar atentos.

Dr. **Cristian Contreras Rojas**
Talca, enero de 2025

CÓDIGO ORGÁNICO DE TRIBUNALES

TÍTULO I
Del Poder Judicial y de la Administración de Justicia en general

Art. 1° La facultad de conocer de las causas civiles y criminales, de juzgarlas y de hacer ejecutar lo juzgado pertenece exclusivamente a los tribunales que establece la ley.

Art. 2° También corresponde a los tribunales intervenir en todos aquellos actos no contenciosos en que una ley expresa requiera su intervención.

Art. 3° Los tribunales tienen, además, las facultades conservadoras, disciplinarias y económicas que a cada uno de ellos se asignan en los respectivos títulos de este Código.

Art. 4° Es prohibido al Poder Judicial mezclarse en las atribuciones de otros poderes públicos y en general ejercer otras funciones que las determinadas en los artículos precedentes.

Art. 5° A los tribunales mencionados en este artículo corresponderá el conocimiento de todos los asuntos judiciales que se promuevan dentro del territorio de la República, cualquiera que sea su naturaleza o la calidad de las personas que en ellos intervengan, sin perjuicio de las excepciones que establezcan la Constitución y las leyes[1].

Integran el Poder Judicial, como tribunales ordinarios de justicia, la Corte Suprema, las Cortes de Apelaciones, los Presidentes y Ministros de Corte, los tribunales de juicio oral en lo penal, los juzgados de letras y los juzgados de garantía[2].

---

1 Inciso modificado por el art. 11 de la Ley N° 19.665, de 9 de marzo de 2000.

2 Inciso modificado por el art. 2° N° 1 de la Ley N° 19.708, de 5 de enero de 2001. Previamente fue sustituido por el art. 11 de la Ley N° 19.665, de 9 de marzo de 2000.

Forman parte del Poder Judicial, como tribunales especiales, los juzgados de familia, los Juzgados de Letras del Trabajo, los Juzgados de Cobranza Laboral y Previsional y los Tribunales Militares en tiempo de paz, los cuales se regirán en su organización y atribuciones por las disposiciones orgánicas constitucionales contenidas en la ley N° 19.968, en el Código del Trabajo, y en el Código de Justicia Militar y sus leyes complementarias, respectivamente, rigiendo para ellos las disposiciones de este Código sólo cuando los cuerpos legales citados se remitan en forma expresa a él[3].

Los demás tribunales especiales se regirán por las leyes que los establecen y reglamentan, sin perjuicio de quedar sujetos a las disposiciones generales de este Código.

Los jueces árbitros se regirán por el Título IX de este Código[4].

Art. 6° Quedan sometidos a la jurisdicción chilena los crímenes y simples delitos perpetrados fuera del territorio de la República que a continuación se indican:

1°) Los cometidos por un agente diplomático o consular de la República, en el ejercicio de sus funciones;

2°) La malversación de caudales públicos, fraudes y exacciones ilegales, la infidelidad en la custodia de documentos, la violación de secretos, el cohecho, cometidos por funcionarios públicos chilenos o por extranjeros al servicio de la República y el cohecho a funcionarios públicos extranjeros, cuando sea cometido por un chileno o por una persona que tenga residencia habitual en Chile[5];

3°) Los que van contra la soberanía o contra la seguridad exterior del Estado, perpetrados ya sea por chilenos naturales, ya por naturalizados, y los contemplados en el Párrafo 14 del Título VI del Libro II del Código

---

[3] Inciso modificado por el art. 13 N° 1 de la Ley N° 20.022, de 30 de mayo de 2005. Previamente fue modificado por el art. 13 N° 1 de la Ley N° 20.022, de 30 de mayo de 2005.

[4] Antes de las modificaciones indicadas en las notas precedentes, este artículo había sido sustituido por el art. 1° N° 1 de la Ley N° 18.969, de 10 de marzo de 1990.

[5] Número modificado por el art. 1° de la Ley N° 20.371, de 25 de agosto de 2009.

Penal, cuando ellos pusieren en peligro la salud de habitantes de la República[6];

4°) Los cometidos, por chilenos o extranjeros, a bordo de un buque chileno en alta mar, o a bordo de un buque chileno de guerra surto en aguas de otra potencia;

5°) La falsificación del sello del Estado, de moneda nacional, de documentos de crédito del Estado, de las Municipalidades o de establecimientos públicos, cometida por chilenos, o por extranjeros que fueren habidos en el territorio de la República;

6°) Los cometidos por chilenos contra chilenos si el culpable regresa a Chile sin haber sido juzgado por la autoridad del país en que delinquió;

7°) La piratería;

8°) Los comprendidos en los tratados celebrados con otras potencias[7];

9°) Los sancionados por la ley 6.026 y las que la han modificado, cometidos por chilenos o por extranjeros al servicio de la República[8];

10°) Los sancionados en los artículos 366 quinquies, 367 y 367 bis N° 1, del Código Penal, cuando pusieren en peligro o lesionaren la indemnidad o la libertad sexual de algún chileno o fueren cometidos por un chileno o por una persona que tuviere residencia habitual en Chile; y el contemplado en el artículo 374 bis, inciso primero, del mismo cuerpo legal, cuando el material pornográfico objeto de la conducta hubiere sido elaborado utilizando chilenos menores de dieciocho años[9], y

11°) Los sancionados en el artículo 62 del decreto con fuerza de ley N° 1, del Ministerio de Economía, Fomento y Reconstrucción, de 2004, que

---

6 Número sustituido por el art. 9° de la Ley N° 17.155, de 11 de junio de 1969.

7 Número modificado por el art. 9° letra a) de la Ley N° 19.927, de 14 de enero de 2004.

8 Número modificado por el art. 3° N° 3 de la Ley N° 20.945, de 30 de agosto de 2016. Previamente había sido modificado por el art. 9° letra b) de la Ley N° 19.927, de 14 de enero de 2004; y agregado por el art. 11 de la Ley N° 8.987, de 3 de septiembre de 1948.

9 Número modificado por el art. 3° N° 3 de la Ley N° 20.945, de 30 de agosto de 2016. Previamente este número había sido incorporado por el art. 9° letra c) de la Ley N° 19.927, de 14 de enero de 2004.

fija el texto refundido, coordinado y sistematizado del decreto ley Nº 211, de 1973, cuando afectaren los mercados chilenos[10].

12º) Los delitos cometidos por chilenos, que se encuentran comprendidos en los artículos 34 y 35 de la Ley que Implementa la Convención sobre la Prohibición del Desarrollo, la Producción, el Almacenamiento y el Empleo de Armas Químicas y sobre su Destrucción y la Convención sobre la Prohibición del Desarrollo, la Producción y el Almacenamiento de Armas Biológicas (Bacteriológicas) y Toxínicas y sobre su Destrucción[11].

Art. 7º Los tribunales sólo podrán ejercer su potestad en los negocios y dentro del territorio que la ley les hubiere respectivamente asignado.

Lo cual no impide que en los negocios de que conocen puedan dictar providencias que hayan de llevarse a efecto en otro territorio.

Art. 8º Ningún tribunal puede avocarse el conocimiento de causas o negocios pendientes ante otro tribunal, a menos que la ley le confiera expresamente esta facultad.

Art. 9º Los actos de los tribunales son públicos, salvo las excepciones expresamente establecidas por la ley.

Art. 10. Los tribunales no podrán ejercer su ministerio sino a petición de parte, salvo los casos en que la ley los faculte para proceder de oficio.

Reclamada su intervención en forma legal y en negocios de su competencia, no podrán excusarse de ejercer su autoridad ni aún por falta de ley que resuelva la contienda sometida a su decisión.

---

10 Número agregado por el art. 3º Nº 3 de la Ley Nº 20.945, de 30 de agosto de 2016. Sobre este numeral se debe tener presente el problema de técnica legislativa surgido a partir de la entrada en vigencia de la Ley Nº 20.960, de 18 de octubre de 2016, que en su art. 3º letra b) también incorpora un número 11, cuyo texto es el siguiente: "11. Los delitos y faltas penales sancionados en la ley Nº 18.556 y en la ley Nº 18.700, cometidos por chilenos o extranjeros".

11 Número agregado por el art. 41 Nº 3 de la Ley Nº 21.250, de 17 de agosto de 2020.

Art. 11. Para hacer ejecutar sus sentencias y para practicar o hacer practicar las actuaciones que decreten, podrán los tribunales requerir de las demás autoridades el auxilio de la fuerza pública que de ellas dependiere, o los otros medios de acción conducentes de que dispusieren[12].

La autoridad legalmente requerida debe prestar el auxilio, sin que le corresponda calificar el fundamento con que se le pide ni la justicia o legalidad de la sentencia o decreto que se trata de ejecutar.

Art. 12. El Poder Judicial es independiente de toda otra autoridad en el ejercicio de sus funciones.

Art. 13. Las decisiones o decretos que los jueces expidan en los negocios de que conozcan no les impondrán responsabilidad sino en los casos expresamente determinados por la ley.

TÍTULO II
De los juzgados de garantía y de los tribunales de juicio oral en lo penal[13]

§ 1. De los juzgados de garantía

Art. 14. Los juzgados de garantía estarán conformados por uno o más jueces con competencia en un mismo territorio jurisdiccional, que actúan y resuelven unipersonalmente los asuntos sometidos a su conocimiento.

Corresponderá a los jueces de garantía:

a) Asegurar los derechos del imputado y demás intervinientes en el proceso penal, de acuerdo a la ley procesal penal;

b) Dirigir personalmente las audiencias que procedan, de conformidad a la ley procesal penal;

---

[12] Inciso modificado por el art. 11 de la Ley N° 19.665, de 9 de marzo de 2000.

[13] Sin perjuicio de sus modificaciones posteriores, este título fue incorporado por el art. 11 de la Ley N° 19.665, de 9 de marzo de 2000. Luego de ello, el nombre del epígrafe fue modificado por el art. 2° N° 1 de la Ley 19.708, de 5 de enero de 2001.

c) Dictar sentencia, cuando corresponda, en el procedimiento abreviado que contemple la ley procesal penal;

d) Conocer y fallar las faltas penales de conformidad con el procedimiento contenido en la ley procesal penal;

e) Conocer y fallar, conforme a los procedimientos regulados en el Título I del Libro IV del Código Procesal Penal, las faltas e infracciones contempladas en la Ley de Alcoholes, cualquiera sea la pena que ella les asigne[14];

f) Hacer ejecutar las condenas criminales y las medidas de seguridad, y resolver las solicitudes y reclamos relativos a dicha ejecución, de conformidad a la ley procesal penal[15];

g) Conocer y resolver todas las cuestiones y asuntos que la ley de responsabilidad penal juvenil les encomienden[16], y

h) Conocer y resolver todas las cuestiones y asuntos que este Código, la ley procesal penal y la ley que establece disposiciones especiales sobre el Sistema de Justicia Militar les encomienden[17].

Art. 15. La distribución de las causas entre los jueces de los juzgados de garantía se realizará de acuerdo a un procedimiento objetivo y general, que deberá ser anualmente aprobado por el comité de jueces del juzgado a propuesta del juez presidente, o sólo por este último, según corresponda.

Art. 16. Existirá un juzgado de garantía con asiento en cada una de las siguientes comunas del territorio de la República, con el número de jueces y con la competencia que en cada caso se indican:

Primera Región de Tarapacá:

---

14 Letra intercalada por el art. 1° N° 1 de la Ley N° 19.708, de 5 de enero de 2001.

15 Letra modificada por el art. 65 N° 1 letra a) de la Ley N° 20.084, de 7 de diciembre de 2005. Previamente había sido intercalada por el art. 1° N° 1 de la Ley N° 19.708, de 5 de enero de 2001.

16 Letra incorporada por el art. 65 N° 1 letra b) de la Ley N° 20.084, de 7 de diciembre de 2005.

17 Letra modificada por el art. 9° N° 1 de la Ley N° 20.477, de 30 de diciembre de 2010.

Iquique, con siete jueces, con competencia sobre la misma comuna[18].

Segunda Región de Antofagasta:

Tocopilla, con un juez, con competencia sobre la misma comuna.

Calama, con cinco jueces, con competencia sobre las comunas de Calama, Ollagüe y San Pedro de Atacama[19].

Antofagasta, con nueve jueces, con competencia sobre las comunas de Sierra Gorda y Antofagasta[20].

Tercera Región de Atacama:

Diego de Almagro, con un juez, con competencia en la misma comuna.

Copiapó, con cinco jueces, con competencia sobre las comunas de Copiapó y Tierra Amarilla[21].

Vallenar, con dos jueces, con competencia sobre las comunas de Vallenar y Alto del Carmen.

Cuarta Región de Coquimbo:

La Serena, con cuatro jueces, con competencia sobre las comunas de La Serena y La Higuera[22].

Vicuña, con un juez, con competencia sobre las comunas de Vicuña y Paihuano.

Coquimbo, con tres jueces, con competencia sobre la misma comuna.

Ovalle, con dos jueces, con competencia sobre las comunas de Ovalle, Río Hurtado, Punitaqui y Monte Patria.

---

[18] Párrafo modificado por el art. 5° N° 1 letras a) y b) de la Ley N° 20.876, de 6 de noviembre de 2015. Previamente había sido modificado por el art. 6° N° 1 letra a) de la Ley N° 20.175, de 11 de abril de 2007.

[19] Párrafo modificado por el art. 1° N° 1 letra a) de la Ley N° 21.017, de 7 de julio de 2017. Previamente había sido modificado por el art. art. 5° N° 1 letra c) de la Ley N° 20.876, de 6 de noviembre de 2015.

[20] Párrafo modificado por el art. 1° N° 1 letra b) de la Ley N° 21.017, de 7 de julio de 2017. Previamente había sido modificado por el art. art. 5° N° 1 letra d) de la Ley N° 20.876, de 6 de noviembre de 2015.

[21] Párrafo modificado por el art. 1° N° 1 letra c) de la Ley N° 21.017, de 7 de julio de 2017.

[22] Párrafo modificado por el art. 1° N° 1 letra d) de la Ley N° 21.017, de 7 de julio de 2017.

Illapel, con un juez, con competencia sobre las comunas de Illapel y Salamanca.

Quinta Región de Valparaíso:

La Ligua, con dos jueces, con competencia sobre las comunas de La Ligua, Cabildo, Papudo y Zapallar[23].

Calera, con dos jueces, con competencia sobre las comunas de Nogales, Calera, La Cruz e Hijuelas.

San Felipe, con tres jueces, con competencia sobre las comunas de San Felipe, Catemu, Santa María, Panquehue y Llay-Llay[24].

Los Andes, con tres jueces, con competencia sobre las comunas de San Esteban, Rinconada, Calle Larga y Los Andes[25].

Quillota, con dos jueces, con competencia sobre la misma comuna.

Limache, con dos jueces, con competencia sobre las comunas de Limache y Olmué[26].

Viña del Mar, con ocho jueces, con competencia sobre las comunas de Viña del Mar y Concón[27].

Valparaíso, con nueve jueces, con competencia sobre las comunas de Valparaíso y Juan Fernández.

Quilpué, con tres jueces, con competencia sobre la misma comuna[28].

Villa Alemana, con dos jueces, con competencia sobre la misma comuna.

---

23 Párrafo modificado por el art. 1° N° 1 letra e) de la Ley N° 21.017, de 7 de julio de 2017.

24 Párrafo modificado por el art. 1° N° 1 letra f) de la Ley N° 21.017, de 7 de julio de 2017.

25 Párrafo modificado por el art. 1° N° 1 letra g) de la Ley N° 21.017, de 7 de julio de 2017.

26 Párrafo modificado por el art. 1° N° 1 letra h) de la Ley N° 21.017, de 7 de julio de 2017.

27 Párrafo modificado por el art. art. 5° N° 1 letra e) de la Ley N° 20.876, de 6 de noviembre de 2015. Previamente había sido modificado por el art. 65 N° 2 letra a) de la Ley N° 20.084.

28 Párrafo modificado por el art. art. 5° N° 1 letra f) de la Ley N° 20.876, de 6 de noviembre de 2015.

Casablanca, con un juez, con competencia sobre la misma comuna.

San Antonio, con cinco jueces, con competencia sobre las comunas de Algarrobo, El Quisco, El Tabo, Cartagena, San Antonio y Santo Domingo[29].

Sexta Región del Libertador General Bernardo O' Higgins:

Graneros, con dos jueces, con competencia sobre las comunas de Mostazal, Graneros y Codegua[30].

Rancagua, con nueve jueces, con competencia sobre las comunas de Rancagua, Machalí, Doñihue, Coínco y Olivar[31].

San Vicente, con dos jueces, con competencia sobre las comunas de Coltauco, Pichidegua y San Vicente[32].

Rengo, con tres jueces, con competencia sobre las comunas de Requínoa, Quinta de Tilcoco, Malloa y Rengo[33].

San Fernando, con tres jueces, con competencia sobre las comunas de San Fernando, Placilla y Chimbarongo[34].

Santa Cruz, con dos jueces, con competencia sobre las comunas de Santa Cruz, Nancagua, Lolol y Chépica[35].

Séptima Región del Maule:

Curicó, con cuatro jueces, con competencia sobre las comunas de Teno, Rauco, Curicó, Romeral y Sagrada Familia.

---

[29] Párrafo modificado por el art. 1° N° 1 letra i) de la Ley N° 21.017, de 7 de julio de 2017.

[30] Párrafo modificado por el art. art. 5° N° 1 letra g) de la Ley N° 20.876, de 6 de noviembre de 2015.

[31] Párrafo modificado por el art. 1° N° 1 letra j) de la Ley N° 21.017, de 7 de julio de 2017. Previamente había sido modificado por el art. art. 5° N° 1 letra h) de la Ley N° 20.876, de 6 de noviembre de 2015.

[32] Párrafo modificado por el art. art. 5° N° 1 letra i) de la Ley N° 20.876, de 6 de noviembre de 2015.

[33] Párrafo modificado por el art. 1° N° 1 letra k) de la Ley N° 21.017, de 7 de julio de 2017.

[34] Párrafo modificado por el art. art. 5° N° 1 letra j) de la Ley N° 20.876, de 6 de noviembre de 2015.

[35] Párrafo modificado por el art. 1° N° 1 letra l) de la Ley N° 21.017, de 7 de julio de 2017.

Molina, con dos jueces, con competencia sobre la misma comuna[36].

Constitución, con dos jueces, con competencia sobre las comunas de Constitución y Empedrado.

Talca, con seis jueces, con competencia sobre las comunas de Río Claro, Pencahue, Talca, Pelarco, San Clemente, Maule y San Rafael[37].

San Javier, con dos jueces, con competencia sobre las comunas de San Javier y Villa Alegre[38].

Cauquenes, con un juez, con competencia sobre la misma comuna.

Linares, con tres jueces, con competencia sobre las comunas de Colbún, Yerbas Buenas, Linares y Longaví.

Parral, con un juez, con competencia sobre las comunas de Parral y Retiro.

Octava Región del Bío Bío[39]:

Tomé, con un juez, con competencia sobre la misma comuna.

Talcahuano, con cuatro jueces, con competencia sobre las comunas de Talcahuano y Hualpén[40].

Concepción, con ocho jueces, con competencia sobre las comunas de Penco y Concepción[41].

San Pedro de la Paz, con tres jueces, con competencia sobre la misma comuna.

---

36 Párrafo modificado por el art. 1° N° 1 letra m) de la Ley N° 21.017, de 7 de julio de 2017.

37 Párrafo modificado por el art. 1° N° 1 letra n) de la Ley N° 21.017, de 7 de julio de 2017. Previamente había sido modificado por el art. art. 5° N° 1 letra k) de la Ley N° 20.876, de 6 de noviembre de 2015.

38 Párrafo modificado por el art. 1° N° 1 letra o) de la Ley N° 21.017, de 7 de julio de 2017.

39 Los párrafos primero, segundo y tercero de este acápite fueron eliminados por el art. 6° N° 1 letra a) de la Ley N° 21.033, de 5 de septiembre de 2017.

40 Párrafo modificado por el art. 1° N° 1 letra b) de la Ley N° 19.990, de 24 de diciembre de 2004.

41 Párrafo modificado por el art. 1° N° 1 letra q) de la Ley N° 21.017, de 7 de julio de 2017.

Chiguayante, con dos jueces, con competencia sobre las comunas de Chiguayante y Hualqui.

Coronel, con dos jueces, con competencia sobre la misma comuna[42].

Los Ángeles, con cuatro jueces, con competencia sobre las comunas de Los Angeles, Quilleco y Antuco.

Arauco, con un juez, con competencia sobre la misma comuna.

Cañete, con un juez, con competencia sobre las comunas de Cañete, Contulmo y Tirúa.

Novena Región de La Araucanía:

Angol, con dos jueces, con competencia sobre las comunas de Angol y Renaico[43].

Victoria, con un juez, con competencia sobre la misma comuna.

Nueva Imperial, con un juez, con competencia sobre las comunas de Nueva Imperial, Cholchol y Teodoro Schmidt[44].

Temuco, con ocho jueces, con competencia sobre las comunas de Temuco, Vilcún, Melipeuco, Cunco y Padre Las Casas[45].

Lautaro, con un juez, con competencia sobre las comunas de Galvarino, Perquenco y Lautaro.

Pitrufquén, con dos jueces, con competencia sobre las comunas de Freire, Pitrufquén y Gorbea.

Loncoche, con un juez, con competencia sobre la misma comuna.

Villarrica, con dos jueces, con competencia sobre la misma comuna.

Décima Región de Los Lagos:

Osorno, con cuatro jueces, con competencia sobre las comunas de San Juan de la Costa, San Pablo, Osorno y Puyehue.

---

42 Párrafo modificado por el art. 65 Nº 2 letra b) de la Ley Nº 20.084, de 7 de diciembre de 2005.

43 Párrafo modificado por el art. 1º Nº 1 letra r) de la Ley Nº 21.017, de 7 de julio de 2017.

44 Párrafo modificado por el art. 1º Nº 1 letra c) de la Ley Nº 19.990, de 24 de diciembre de 2004.

45 Párrafo modificado por el art. 1º Nº 1 letra s) de la Ley Nº 21.017, de 7 de julio de 2017.

Río Negro, con un juez, con competencia sobre las comunas de Río Negro, Puerto Octay y Purranque.

Puerto Varas, con dos jueces, con competencia sobre las comunas de Fresia, Frutillar, Puerto Varas y Llanquihue[46].

Puerto Montt, con seis jueces, con competencia sobre las comunas de Puerto Montt y Cochamó[47].

Ancud, con un juez, con competencia sobre las comunas de Ancud y Quemchi.

Castro, con dos jueces, con competencia sobre las comunas de Dalcahue, Castro, Chonchi, Puqueldón y Queilén[48].

Undécima Región de Aisén del General Carlos Ibáñez del Campo:

Coihaique, con dos jueces, con competencia sobre las comunas de Coihaique y Río Ibáñez.

Duodécima Región de Magallanes y la Antártica Chilena:

Punta Arenas, con cuatro jueces, con competencia sobre las comunas de Laguna Blanca, San Gregorio, Río Verde y Punta Arenas[49].

Decimocuarta Región de los Ríos:

Mariquina, con un juez, con competencia sobre las comunas de Mariquina y Lanco.

Valdivia, con cuatro jueces, con competencia sobre las comunas de Valdivia y Corral[50].

---

46 Párrafo modificado por el art. 5° N° 1 letra l) de la Ley N° 20.876, de 6 de noviembre de 2015.

47 Párrafo modificado por el art. art. 5° N° 1 letra m) de la Ley N° 20.876, de 6 de noviembre de 2015.

48 El acápite correspondiente a la Región de los Lagos fue modificado por el art. 8° N° 1 letra a) de la Ley N° 20.174, de 5 de abril de 2007. Previamente había sido modificado por el art. 65 N° 2 letra c) de la Ley N° 20.084, de 7 de diciembre de 2005.

49 Párrafo modificado por el art. art. 5° N° 1 letra n) de la Ley N° 20.876, de 6 de noviembre de 2015.

50 Párrafo modificado por el art. 1° N° 1 letra t) de la Ley N° 21.017, de 7 de julio de 2017.

Los Lagos, con un juez, con competencia sobre las comunas de Máfil, Los Lagos y Futrono[51].

Decimoquinta Región de Arica y Parinacota:

Arica, con seis jueces, con competencia sobre las comunas de General Lagos, Putre, Arica y Camarones[52].

Región Metropolitana de Santiago:

Colina, con cuatro jueces, con competencia sobre las comunas de Til Til, Colina y Lampa.

Puente Alto, con nueve jueces, con competencia sobre las comunas de Puente Alto, San José de Maipo y Pirque[53].

San Bernardo, con diez jueces, con competencia sobre las comunas de San Bernardo, Calera de Tango, Buin y Paine.

Melipilla, con tres jueces, con competencia sobre las comunas de Melipilla, San Pedro y Alhué.

Talagante, con seis jueces, con competencia sobre las comunas de Talagante, El Monte, Isla de Maipo, Peñaflor y Padre Hurtado[54].

Curacaví, con dos jueces, con competencia sobre las comunas de Curacaví y María Pinto[55].

Habrá además, con asiento en la comuna de Santiago, los siguientes juzgados de garantía:

---

51 Párrafo modificado por el art. 8° N° 1 letra b) de la Ley N° 20.174, de 5 de abril de 2007.

52 Párrafo modificado por el art. 1° N° 1 letra u) de la Ley N° 21.017, de 7 de julio de 2017. Previamente este acápite fue incorporado por el art. art. 6° N° 1 letra b) de la Ley N° 20.175.

53 Párrafo modificado por el art. 1° N° 1 letra v) de la Ley N° 21.017, de 7 de julio de 2017. Previamente había sido modificado por el art. 65 N° 2 letra d) de la Ley N° 20.084, de 7 de diciembre de 2005.

54 Párrafo modificado por el art. art. 5° N° 1 letra ñ) de la Ley N° 20.876, de 6 de noviembre de 2015.

55 Acápite sustituido por el art. 3° N° 4 letra a) de la Ley N° 19.762, de 13 de octubre de 2001.

Primer Juzgado de Garantía de Santiago, con cinco jueces, con competencia sobre la comuna de Pudahuel[56].

Segundo Juzgado de Garantía de Santiago, con diez jueces, con competencia sobre las comunas de Quilicura, Huechuraba, Renca y Conchalí[57].

Tercer Juzgado de Garantía de Santiago, con seis jueces, con competencia sobre las comunas de Independencia y Recoleta[58].

Cuarto Juzgado de Garantía de Santiago, con doce jueces, con competencia sobre las comunas de Lo Barnechea, Vitacura, Las Condes y La Reina[59].

Quinto Juzgado de Garantía de Santiago, con cinco jueces, con competencia sobre las comunas de Cerro Navia y Lo Prado[60].

Sexto Juzgado de Garantía de Santiago, con siete jueces, con competencia sobre las comunas de Estación Central y Quinta Normal[61].

Séptimo Juzgado de Garantía de Santiago, con catorce jueces, con competencia sobre la comuna de Santiago[62].

Octavo Juzgado de Garantía de Santiago, con nueve jueces, con competencia sobre las comunas de Providencia y Ñuñoa[63].

---

56 Párrafo modificado por el art. art. 5° N° 1 letra o) de la Ley N° 20.876, de 6 de noviembre de 2015.

57 Párrafo modificado por el art. art. 5° N° 1 letra p) de la Ley N° 20.876, de 6 de noviembre de 2015.

58 Párrafo modificado por el art. art. 5° N° 1 letra q) de la Ley N° 20.876, de 6 de noviembre de 2015.

59 Párrafo modificado por el art. art. 5° N° 1 letra r) de la Ley N° 20.876, de 6 de noviembre de 2015. Previamente había sido modificado por el art. 65 N° 2 letra d) de la Ley N° 20.084, de 7 de diciembre de 2005.

60 Párrafo modificado por el art. art. 5° N° 1 letra s) de la Ley N° 20.876, de 6 de noviembre de 2015.

61 Párrafo modificado por el art. art. 5° N° 1 letra t) de la Ley N° 20.876, de 6 de noviembre de 2015.

62 Párrafo modificado por el art. 1° N° 1 letra w) de la Ley N° 21.017, de 7 de julio de 2017. Previamente había sido modificado por el art. 5° N° 1 letra u) de la Ley N° 20.876, de 6 de noviembre de 2015.

63 Párrafo modificado por el art. 5° N° 1 letra v) de la Ley N° 20.876, de 6 de noviembre de 2015. Previamente había sido modificado por el art. 65 N° 2 letra d) de la Ley N° 20.084, de 7 de diciembre de 2005.

Noveno Juzgado de Garantía de Santiago, con nueve jueces, con competencia sobre las comunas de Maipú y Cerrillos[64].

Décimo Juzgado de Garantía de Santiago, con cinco jueces, con competencia sobre las comunas de Lo Espejo y Pedro Aguirre Cerda.

Undécimo Juzgado de Garantía de Santiago, con ocho jueces, con competencia sobre las comunas de San Miguel, La Cisterna y El Bosque.

Duodécimo Juzgado de Garantía de Santiago, con seis jueces, con competencia sobre las comunas de San Joaquín y La Granja.

Decimotercer Juzgado de Garantía de Santiago, con siete jueces, con competencia sobre las comunas de Macul y Peñalolén[65].

Decimocuarto Juzgado de Garantía de Santiago, con nueve jueces, con competencia sobre la comuna de La Florida[66].

Decimoquinto Juzgado de Garantía de Santiago, con siete jueces, con competencia sobre las comunas de San Ramón y La Pintana[67].

Decimosexta Región de Ñuble:

San Carlos, con un juez, con competencia sobre las comunas de San Carlos, Ñiquén y San Fabián.

Chillán, con cuatro jueces, con competencia sobre las comunas de San Nicolás, Chillán, Coihueco, Pinto y Chillán Viejo.

Yungay, con un juez, con competencia sobre las comunas de El Carmen, Pemuco, Yungay y Tucapel[68].

---

64 Párrafo modificado por el art. 5° N° 1 letra w) de la Ley N° 20.876, de 6 de noviembre de 2015. Previamente había sido modificado por el art. 65 N° 2 letra d) de la Ley N° 20.084, de 7 de diciembre de 2005.

65 Párrafo modificado por el art. 5° N° 1 letra x) de la Ley N° 20.876, de 6 de noviembre de 2015.

66 Párrafo modificado por el art. 5° N° 1 letra y) de la Ley N° 20.876, de 6 de noviembre de 2015.

67 Párrafo modificado por el art. 5° N° 1 letra z) de la Ley N° 20.876, de 6 de noviembre de 2015. Previamente este párrafo había fue incorporado por el art. único de la Ley N° 19.794, de 5 de marzo de 2002.

68 Acápite modificado por el art. 1° N° 1 de la Ley N° 21.110, de 20 de septiembre de 2018. Previamente había sido agregado por el art. 6° N° 1 letra b) de la Ley N° 21.033, de 5 de septiembre de 2017.

Art. 16 bis. Sin perjuicio de lo dispuesto en el artículo 14, letra g), la competencia de los juzgados de garantía relativas a los procesos referidos a la responsabilidad penal de adolescentes que establece la ley N° 20.084 serán ejercidas en la siguiente forma:

1. En el territorio jurisdiccional correspondiente a la Corte de Apelaciones de Santiago existirá, al menos, una sala especializada destinada al conocimiento exclusivo de dicha competencia sobre las comunas que comprende, radicada en alguno de los Juzgados de Garantía que ejerza competencias en su territorio y que deberá estar integrado, en la forma prescrita en el artículo 16 quáter, con al menos seis jueces. Quedarán exceptuadas de esta disposición las comunas correspondientes al Juzgado de Garantía de Colina.

2. En el territorio jurisdiccional correspondiente a la Corte de Apelaciones de San Miguel existirá, al menos, una sala especializada destinada al conocimiento exclusivo de dicha competencia en las comunas correspondientes al Décimo, Undécimo, Duodécimo y Decimoquinto Juzgados de Garantía, radicada en alguno de dichos Juzgados y que deberá estar integrado en la forma prescrita en el artículo 16 quáter, con al menos un juez.

3. En el territorio jurisdiccional correspondiente a la Corte de Apelaciones de Concepción existirá, al menos, una sala especializada destinada al conocimiento exclusivo de dicha competencia sobre las comunas de Concepción, Penco, Talcahuano, Hualpén y San Pedro de la Paz, Chiguayante y Hualqui; radicada en el Juzgado de Garantía de Concepción y que deberá estar integrado en la forma prescrita en el artículo 16 quáter, con al menos un juez.

4. En el territorio jurisdiccional correspondiente a la Corte de Apelaciones de Valparaíso existirá, al menos, una sala especializada destinada al conocimiento exclusivo de dicha competencia correspondiente a los Juzgados de Garantía de Valparaíso y Viña del Mar, radicada en este último juzgado y que deberá estar integrado en la forma prescrita en el artículo 16 quáter, con al menos un juez.

5. En los Juzgados de Garantía de Iquique, Antofagasta, Rancagua, Talca, Temuco, San Bernardo y Puente Alto existirá una sala especializada en responsabilidad penal de adolescentes destinada al conocimiento ex-

clusivo de dicha competencia, que serán ejercidas en la forma prevista en el artículo 16 quáter.

6. En los Juzgados de Garantía de Arica, Copiapó, La Serena, Chillán, Valdivia, Puerto Montt, Coyhaique, Punta Arenas y Colina y en todos aquellos en cuyo territorio jurisdiccional estuviere emplazado un centro de cumplimiento de la pena de internamiento en régimen cerrado con programa de reinserción social prevista en la letra a) del artículo 6° de la ley N° 20.084, se deberá asignar una sala preferente que destinará las jornadas o días que fuesen necesarios para el conocimiento exclusivo de la competencia de que trata el presente artículo, en atención al volumen de audiencias que se debieren programar.

7. En los demás tribunales que ejerzan las funciones de los Juzgados de Garantía se deberá priorizar la asignación de jornadas, días o salas con dedicación exclusiva para el ejercicio de dicha competencia, en atención al volumen de audiencias que se debieren programar para su conocimiento, debiendo así garantizarse un procedimiento objetivo y general de distribución de causas de que trata el artículo 15.

En cualquier caso, la Corte de Apelaciones respectiva podrá disponer que las salas especializadas de que trata el presente artículo sean integradas con un mayor número de jueces, en atención al volumen de causas referidas a su competencia o de las audiencias que se debieren programar.

La Unidad de Administración de Causas deberá realizar las coordinaciones que sean necesarias con los fiscales del Ministerio Público y defensores penales públicos que se encontraren asignados en forma especializada para los respectivos procesos[69].

Art. 16 ter. La Corte Suprema, con informe favorable de la Comisión de Coordinación del Sistema de Justicia Penal establecida en el artículo 12

---

69 Artículo agregado por el art. 56 N° 1 de la Ley N° 21.527, de 12 de enero de 2023. Por disposición del artículo primero transitorio de la misma ley, la presente norma comenzará a regir en forma gradual para las regiones que indica, en plazos de 12, 24 y 36 meses desde su fecha de publicación.

ter de la ley N° 19.665, podrá ampliar el número de salas especializadas de que trata el artículo precedente, con sujeción a la planta de personal[70].

Art. 16 quáter. A efectos de la integración de las salas especializadas de que tratan los números 1, 2, 3, 4 y 5 del artículo 16 bis, la Corte de Apelaciones respectiva establecerá un procedimiento de destinación de jueces de garantía de carácter objetivo, anual o bianual, a partir de aquellos que integren los juzgados de garantía que tengan competencia en el correspondiente territorio jurisdiccional debiendo, en cualquier caso, asegurar un estricto cumplimiento a lo dispuesto en el artículo 29 bis de la ley N° 20.084. La integración de dichas salas especializadas en base a dicho procedimiento se ejercerá en forma exclusiva.

El procedimiento de que trata este artículo también se aplicará a la integración de las demás salas preferentes en responsabilidad penal de adolescentes a las que se refiere el numeral 6 del artículo 16 bis y las referidas en el numeral 7, respecto de los Jueces que en cada caso integran los juzgados de garantía correspondientes, quienes, sin embargo, también podrán ejercer las demás competencias que son propias del tribunal[71].

§ 2. De los tribunales de juicio oral en lo penal

Art. 17. Los tribunales de juicio oral en lo penal funcionarán en una o más salas integradas por tres de sus miembros. Sin perjuicio de lo anterior, podrán integrar también cada sala otros jueces en calidad de alternos, con el solo propósito de subrogar, si fuere necesario, a los miembros que se vieren impedidos de continuar participando en el desarrollo del juicio oral,

---

[70] Artículo agregado por el art. 56 N° 2 de la Ley N° 21.527, de 12 de enero de 2023. Por disposición del artículo primero transitorio de la misma ley, la presente norma comenzará a regir en forma gradual para las regiones que indica, en plazos de 12, 24 y 36 meses desde su fecha de publicación.

[71] Artículo agregado por el art. 56 N° 3 de la Ley N° 21.527, de 12 de enero de 2023. Por disposición del artículo primero transitorio de la misma ley, la presente norma comenzará a regir en forma gradual para las regiones que indica, en plazos de 12, 24 y 36 meses desde su fecha de publicación.

en los términos que contemplan los artículos 76, inciso final, y 281, inciso quinto, del Código Procesal Penal[72].

Cada sala será dirigida por un juez presidente de sala, quien tendrá las atribuciones a que alude el artículo 92 y las demás de orden que la ley procesal penal indique.

La integración de las salas de estos tribunales, incluyendo a los jueces alternos de cada una, se determinará mediante sorteo anual que se efectuará durante el mes de enero de cada año[73].

La distribución de las causas entre las diversas salas se hará de acuerdo a un procedimiento objetivo y general que deberá ser anualmente aprobado por el comité de jueces del tribunal, a propuesta del juez presidente.

Lo dispuesto en el numeral 7 del artículo 16 bis será aplicable a los tribunales de juicio oral en lo penal para el ejercicio de las competencias que les corresponden en relación a los procesos referidos a la responsabilidad penal de adolescentes que establece la ley N° 20.084[74].

Art. 18. Corresponderá a los tribunales de juicio oral en lo penal:

a) Conocer y juzgar las causas por crimen o simple delito, salvo aquellas relativas a simples delitos cuyo conocimiento y fallo corresponda a un juez de garantía[75];

b) Resolver, en su caso, sobre la libertad o prisión preventiva de los acusados puestos a su disposición[76];

---

72 Inciso modificado por el art. 1° N° 2 letra a) de la Ley N° 19.708, de 5 de enero de 2001.

73 Inciso modificado por el art. 1° N° 2 letra b) de la Ley N° 19.708, de 5 de enero de 2001.

74 Inciso final agregado por el art. 56 N° 4 de la Ley N° 21.527, de 12 de enero de 2023. Por disposición del artículo primero transitorio de la misma ley, la presente norma comenzará a regir en forma gradual para las regiones que indica, en plazos de 12, 24 y 36 meses desde su fecha de publicación.

75 Letra modificada por el art. 1° N° 3 letra a) de la Ley N° 19.708, de 5 de enero de 2001.

76 Letra intercalada por el art. 1° N° 3 letra b) de la Ley N° 19.708, de 5 de enero de 2001.

c) Resolver todos los incidentes que se promuevan durante el juicio oral[77];

d) Conocer y resolver todas las cuestiones y asuntos que la ley de responsabilidad penal juvenil les encomienden, y[78]

e) Conocer y resolver los demás asuntos que la ley procesal penal y la ley que establece disposiciones especiales sobre el Sistema de Justicia Militar les encomiende[79].

Art. 19. Las decisiones de los tribunales de juicio oral en lo penal se regirán, en lo que no resulte contrario a las normas de este párrafo, por las reglas sobre acuerdos en las Cortes de Apelaciones contenidas en los artículos 72, 81, 83, 84 y 89 de este Código[80].

Sólo podrán concurrir a las decisiones del tribunal los jueces que hubieren asistido a la totalidad de la audiencia del juicio oral.

La decisión deberá ser adoptada por la mayoría de los miembros de la sala.

Cuando existiere dispersión de votos en relación con una decisión, la sentencia o la determinación de la pena si aquélla fuere condenatoria, el juez que sostuviere la opinión más desfavorable al condenado deberá optar por alguna de las otras.

Si se produjere desacuerdo acerca de cuál es la opinión que favorece más al imputado, prevalecerá la que cuente con el voto del juez presidente de la sala[81].

---

77 Letra modificada por el art. 65 Nº 3 letra a) de la Ley Nº 20.084, de 7 de diciembre de 2005.

78 Letra intercalada por el art. 65 Nº 3 letra a) de la Ley Nº 20.084, de 7 de diciembre de 2005.

79 Letra modificada por el art. 9º Nº 2 de la Ley Nº 20.477, de 30 de diciembre de 2010. Previamente había sido modificada por el art. 65 Nº 3 letra b) de la Ley Nº 20.084, de 7 de diciembre de 2005.

80 Inciso modificado por el art. 2º Nº 1 de la Ley Nº 19.708, de 5 de enero de 2001.

81 Los incisos segundo, tercero, cuarto y quinto fueron agregados por el art. 1º Nº 4 de la Ley Nº 19.708, de 5 de enero de 2001.

Sin perjuicio de lo dispuesto en el presente artículo y en el artículo 281 del Código Procesal Penal, podrán ser resueltas por un único juez del tribunal de juicio oral en lo penal la fijación de día y hora para la realización de audiencias. Asimismo, podrán ser resueltas por un único juez del tribunal de juicio oral en lo penal las resoluciones de mero trámite, tales como téngase presente y traslados; pedir cuenta de oficios e informes; y tramitación de exhortos[82].

Art. 20. Derogado[83].

Art. 21. Existirá un tribunal de juicio oral en lo penal con asiento en cada una de las siguientes comunas del territorio de la República, con el número de jueces y con la competencia que en cada caso se indican[84]:

Primera Región de Tarapacá:

Iquique, con trece jueces, con competencia sobre las comunas de Huara, Camiña, Colchane, Iquique, Pozo Almonte, Alto Hospicio y Pica[85].

Segunda Región de Antofagasta:

Calama, con siete jueces, con competencia sobre las comunas de Calama, Ollagüe y San Pedro de Atacama[86].

Antofagasta, con trece jueces, con competencia sobre las comunas de Tocopilla, María Elena, Mejillones, Sierra Gorda, Antofagasta y Taltal[87].

Tercera Región de Atacama:

---

82 Inciso agregado por el art. 6° N° 1 de la Ley N° 21.394, de 30 de noviembre de 2021.

83 Artículo derogado por el art. 4° N° 1 de la Ley N° 19.734, de 5 de junio de 2001.

84 Inciso modificado por el art. 2° N° 1 de la Ley N° 19.708, de 5 de enero de 2001.

85 Párrafo modificado por el art. 1° N° 2 letra a) de la Ley N° 21.017, de 7 de julio de 2017. Previamente había sido modificado por el art. 5° N° 2 letra a) de la Ley N° 20.876, de 6 de noviembre de 2015.

86 Párrafo modificado por el art. 1° N° 2 letra b) de la Ley N° 21.017, de 7 de julio de 2017. Previamente había sido modificado por el art. 5° N° 2 letra b) de la Ley N° 20.876, de 6 de noviembre de 2015.

87 Párrafo modificado por el art. 1° N° 2 letra c) de la Ley N° 21.017, de 7 de julio de 2017. Previamente había sido modificado por el art. 5° N° 2 letra c) de la Ley N° 20.876, de 6 de noviembre de 2015.

Copiapó, con nueve jueces, con competencia sobre las comunas de Chañaral, Diego de Almagro, Caldera, Copiapó, Tierra Amarilla, Huasco, Vallenar, Freirina y Alto del Carmen.

Cuarta Región de Coquimbo:

La Serena, con diez jueces, con competencia sobre las comunas de La Higuera, Vicuña, La Serena, Coquimbo, Andacollo y Paihuano[88].

Ovalle, con siete jueces, con competencia sobre las comunas de Ovalle, Río Hurtado, Punitaqui, Monte Patria, Combarbalá, Canela, Illapel, Los Vilos y Salamanca[89].

Quinta Región de Valparaíso:

San Felipe, con cuatro jueces, con competencia sobre las comunas de la provincia de San Felipe[90].

Los Andes, con cuatro jueces, con competencia sobre las comunas de la provincia de Los Andes[91].

Quillota, con seis jueces, con competencia sobre las comunas de La Ligua, Petorca, Cabildo, Papudo, Zapallar, Nogales, Calera, La Cruz, Quillota, Hijuelas, Limache y Olmué.

Viña del Mar, con dieciséis jueces, con competencia sobre las comunas de Puchuncaví, Quintero, Viña del Mar, Villa Alemana, Quilpué y Concón[92].

---

[88] Párrafo modificado por el art. 1° N° 2 letra d) de la Ley N° 21.017, de 7 de julio de 2017.

[89] Párrafo modificado por el art. 1° N° 2 letra e) de la Ley N° 21.017, de 7 de julio de 2017. Previamente había sido modificado por el art. 5° N° 2 letra d) de la Ley N° 20.876, de 6 de noviembre de 2015.

[90] Párrafo modificado por el art. 5° N° 2 letra e) de la Ley N° 20.876, de 6 de noviembre de 2015.

[91] Párrafo modificado por el art. 5° N° 2 letra f) de la Ley N° 20.876, de 6 de noviembre de 2015.

[92] Párrafo modificado por el art. 1° N° 2 letra f) de la Ley N° 21.017, de 7 de julio de 2017. Previamente había sido modificado por el art. 5° N° 2 letra g) de la Ley N° 20.876, de 6 de noviembre de 2015.

Valparaíso, con diecinueve jueces, con competencia sobre las comunas de Juan Fernández, Valparaíso, Casablanca e Isla de Pascua[93].

San Antonio, con siete jueces, con competencia sobre las comunas de Algarrobo, El Quisco, El Tabo, Cartagena, San Antonio y Santo Domingo[94].

Sexta Región del Libertador General Bernardo O' Higgins:

Rancagua, con dieciséis jueces, con competencia sobre las comunas de Mostazal, Graneros, Codegua, Rancagua, Machalí, Las Cabras, Coltauco, Doñihue, Olivar, Coinco, Requínoa, Peumo, Quinta de Tilcoco, Pichidegua, San Vicente, Malloa y Rengo[95].

San Fernando, con cuatro jueces, con competencia sobre las comunas de San Fernando, Placilla y Chimbarongo[96].

Santa Cruz, con siete jueces, con competencia sobre las comunas de Santa Cruz, Navidad, Litueche, La Estrella, Pichilemu, Marchigüe, Paredones, Peralillo, Palmilla, Pumanque, Nancagua, Lolol y Chépica[97].

Séptima Región del Maule:

Curicó, con siete jueces, con competencia sobre las comunas de Teno, Vichuquén, Hualañé, Rauco, Curicó, Romeral, Licantén, Sagrada Familia y Molina[98].

---

93 Párrafo modificado por el art. 1° N° 2 letra g) de la Ley N° 21.017, de 7 de julio de 2017. Previamente había sido modificado por el art. 5° N° 2 letra h) de la Ley N° 20.876, de 6 de noviembre de 2015.

94 Párrafo modificado por el art. 1° N° 2 letra h) de la Ley N° 21.017, de 7 de julio de 2017.

95 Párrafo modificado por el art. 1° N° 2 letra i) de la Ley N° 21.017, de 7 de julio de 2017.

96 Párrafo modificado por el art. 5° N° 2 letra i) de la Ley N° 20.876, de 6 de noviembre de 2015.

97 Párrafo modificado por el art. 1° N° 2 letra j) de la Ley N° 21.017, de 7 de julio de 2017. Previamente había sido modificado por el art. 5° N° 2 letra j) de la Ley N° 20.876, de 6 de noviembre de 2015.

98 Párrafo modificado por el art. 1° N° 2 letra k) de la Ley N° 21.017, de 7 de julio de 2017.

Talca, con siete jueces, con competencia sobre las comunas de Curepto, Río Claro, Constitución, Pencahue, Talca, Pelarco, San Clemente, Maule, Empedrado y San Rafael[99].

Linares, con seis jueces, con competencia sobre las comunas de San Javier, Villa Alegre, Colbún, Yerbas Buenas, Linares y Longaví.

Cauquenes, con cuatro jueces, con competencia sobre las comunas de Chanco, Cauquenes, Pelluhue, Retiro y Parral[100].

Octava Región del Bío Bío[101]:

Concepción, con veintidós jueces, con competencia sobre las comunas de Tomé, Penco, Florida, Concepción, Coronel, Hualqui, Lota, Santa Juana, Talcahuano, San Pedro de la Paz, Hualpén y Chiguayante[102].

Los Ángeles, con seis jueces, con competencia sobre las comunas de San Rosendo, Yumbel, Cabrero, Laja, Los Angeles, Antuco, Quilleco, Nacimiento, Negrete, Mulchén, Santa Bárbara, Alto Biobío y Quilaco[103].

Cañete, con seis jueces, con competencia sobre las comunas de Arauco, Curanilahue, Lebu, Los Alamos, Cañete, Contulmo y Tirúa.

Novena Región de La Araucanía:

Angol, con cuatro jueces, con competencia sobre las comunas de Angol, Renaico, Collipulli, Purén, Los Sauces, Ercilla, Lumaco, Traiguén y Victoria[104].

---

99 Párrafo modificado por el art. 1° N° 2 letra l) de la Ley N° 21.017, de 7 de julio de 2017.

100 Párrafo modificado por el art. 5° N° 2 letra k) de la Ley N° 20.876, de 6 de noviembre de 2015.

101 El párrafo primero de este acápite fue eliminado por el art. 6° N° 2 letra a) de la Ley N° 21.033, de 5 de septiembre de 2017.

102 Párrafo modificado por el art. 1° N° 2 letra n) de la Ley N° 21.017, de 7 de julio de 2017. Previamente había sido modificado por el art. 1° N° 2 letra b) de la Ley N° 19.990, de 24 de diciembre de 2004.

103 Párrafo modificado por el art. 1° N° 2 letra c) de la Ley N° 19.990, de 24 de diciembre de 2004.

104 Párrafo modificado por el art. 5° N° 2 letra l) de la Ley N° 20.876, de 6 de noviembre de 2015.

Temuco, con diez jueces, con competencia sobre las comunas de Lonquimay, Curacautín, Galvarino, Perquenco, Carahue, Nueva Imperial, Temuco, Lautaro, Vilcún, Melipeuco, Saavedra, Teodoro Schmidt, Freire, Cunco, Toltén, Pitrufquén, Gorbea, Cholchol y Padre Las Casas[105].

Villarrica, con cuatro jueces, con competencia sobre las comunas de Loncoche, Villarrica, Pucón y Curarrehue[106].

Décima Región de Los Lagos:

Osorno, con seis jueces, con competencia sobre las comunas de San Juan de la Costa, San Pablo, Osorno, Puyehue, Río Negro, Puerto Octay y Purranque.

Puerto Montt, con seis jueces, con competencia sobre las comunas de Fresia, Frutillar, Puerto Varas, Llanquihue, Los Muermos, Puerto Montt, Cochamó, Maullín, Calbuco, Hualaihué, Chaitén, Futaleufú y Palena.

Castro, con cuatro jueces, con competencia sobre las comunas de Ancud, Quemchi, Dalcahue, Castro, Curaco de Vélez, Quinchao, Chonchi, Puqueldón, Queilén y Quellón[107].

Undécima Región de Aisén del General Carlos Ibáñez del Campo:

Coihaique, con cuatro jueces, con competencia sobre las comunas de Guaitecas, Cisnes, Aisén, Lago Verde, Coihaique, Río Ibáñez, Chile Chico, Cochrane, Tortel y O´Higgins[108].

Duodécima Región de Magallanes y la Antártica Chilena:

---

[105] Párrafo modificado por el art. 1° N° 2 letra o) de la Ley N° 21.017, de 7 de julio de 2017. Previamente había sido modificado por el art. 1° N° 2 letra d) de la Ley N° 19.990, de 24 de diciembre de 2004.

[106] Párrafo modificado por el art. 5° N° 2 letra m) de la Ley N° 20.876, de 6 de noviembre de 2015.

[107] Párrafo modificado por el art. 5° N° 2 letra n) de la Ley N° 20.876, de 6 de noviembre de 2015. Previamente había sido modificado por el art. 8° N° 2 letra a) de la Ley N° 20.174, de 5 de abril de 2007.

[108] Párrafo modificado por el art. 5° N° 2 letra ñ) de la Ley N° 20.876, de 6 de noviembre de 2015.

Punta Arenas, con seis jueces, con competencia sobre las comunas de Natales, Torres del Paine, Laguna Blanca, San Gregorio, Río Verde, Punta Arenas, Primavera, Porvenir, Timaukel, Cabo de Hornos y Antártica[109].

Decimocuarta Región de los Ríos:

Valdivia, con siete jueces, con competencia sobre las comunas de Mariquina, Lanco, Panguipulli, Máfil, Valdivia, Los Lagos, Corral, Paillaco, Futrono, La Unión, Lago Ranco y Río Bueno[110].

Decimoquinta Región de Arica y Parinacota:

Arica, con diez jueces, con competencia sobre las comunas de General Lagos, Putre, Arica y Camarones[111].

Región Metropolitana de Santiago:

Colina, con seis jueces, con competencia sobre las comunas de Til Til, Colina y Lampa.

Puente Alto, con nueve jueces, con competencia sobre las comunas de Puente Alto, San José de Maipo y Pirque.

San Bernardo, con nueve jueces, con competencia sobre las comunas de San Bernardo, Calera de Tango, Buin y Paine.

Melipilla, con seis jueces, con competencia sobre las comunas de Melipilla, San Pedro, Alhué, Curacaví y María Pinto.

Talagante, con seis jueces, con competencia sobre las comunas de Talagante, El Monte, Isla de Maipo, Peñaflor y Padre Hurtado[112].

Habrá además, con asiento en la comuna de Santiago, los siguientes tribunales de juicio oral en lo penal:

---

109 Párrafo modificado por el art. 5° N° 2 letra o) de la Ley N° 20.876, de 6 de noviembre de 2015.

110 Párrafo modificado por el art. 1° N° 2 letra p) de la Ley N° 21.017, de 7 de julio de 2017. Previamente había sido incorporado por el art. 8° N° 2 letra b) de la Ley N° 20.174, de 5 de abril de 2007.

111 Párrafo modificado por el art. 5° N° 2 letra p) de la Ley N° 20.876, de 6 de noviembre de 2015. Previamente había sido incorporado por el art. 6° N° 2 letra b) de la Ley N° 20.175, de 11 de abril de 2007.

112 Acápite sustituido por el art. 3° N° 4 letra b) ii de la Ley N° 19.762, de 13 de octubre de 2001.

Primer Tribunal de Juicio Oral en lo Penal de Santiago, con doce jueces, con competencia sobre las comunas de Lo Prado, Cerro Navia y Pudahuel[113].

Segundo Tribunal de Juicio Oral en lo Penal de Santiago, con veintiún jueces, con competencia sobre las comunas de Quilicura, Huechuraba, Renca, Conchalí, Independencia y Recoleta.

Tercer Tribunal de Juicio Oral en lo Penal de Santiago, con diecinueve jueces, con competencia sobre las comunas de Lo Barnechea, Vitacura, Las Condes, Providencia, Ñuñoa y La Reina[114].

Cuarto Tribunal de Juicio Oral en lo Penal de Santiago, con veinte jueces, con competencia sobre las comunas de Quinta Normal, Estación Central y Santiago[115].

Quinto Tribunal de Juicio Oral en lo Penal de Santiago, con nueve jueces, con competencia sobre las comunas de Maipú y Cerrillos[116].

Sexto Tribunal de Juicio Oral en lo Penal de Santiago, con veintisiete jueces, con competencia sobre las comunas de Lo Espejo, Pedro Aguirre Cerda, San Miguel, San Joaquín, La Cisterna, San Ramón, La Granja, El Bosque y La Pintana.

Séptimo Tribunal de Juicio Oral en lo Penal de Santiago, con trece jueces, con competencia sobre las comunas de Macul, Peñalolén y La Florida[117].

Decimosexta Región de Ñuble:

---

113 Párrafo modificado por el art. 5° N° 2 letra q) de la Ley N° 20.876, de 6 de noviembre de 2015.

114 Párrafo modificado por el art. 5° N° 2 letra r) de la Ley N° 20.876, de 6 de noviembre de 2015.

115 Párrafo modificado por el art. 1° N° 2 letra q) de la Ley N° 21.017, de 7 de julio de 2017. Previamente había sido incorporado por el art. 65 N° 4 de la Ley N° 20.084, de 7 de diciembre de 2005.

116 Párrafo modificado por el art. 5° N° 2 letra s) de la Ley N° 20.876, de 6 de noviembre de 2015.

117 Párrafo modificado por el art. 5° N° 2 letra t) de la Ley N° 20.876, de 6 de noviembre de 2015.

Chillán, con siete jueces, con competencia sobre las comunas de Cobquecura, Quirihue, Ninhue, San Carlos, Ñiquén, San Fabián, San Nicolás, Treguaco, Portezuelo, Chillán, Coihueco, Coelemu, Ránquil, Pinto, Quillón, Bulnes, San Ignacio, El Carmen, Pemuco, Yungay, Tucapel y Chillán Viejo[118].

Art. 21 A. Cuando sea necesario para facilitar la aplicación oportuna de la justicia penal, de conformidad a criterios de distancia, acceso físico y dificultades de traslado de quienes intervienen en el proceso, los tribunales de juicio oral en lo penal se constituirán y funcionarán en localidades situadas fuera de su lugar de asiento.

Corresponderá a la respectiva Corte de Apelaciones determinar anualmente la periodicidad y forma con que los tribunales de juicio oral en lo penal darán cumplimiento a lo dispuesto en este artículo. Sin perjuicio de ello, la Corte podrá disponer en cualquier momento la constitución y funcionamiento de un tribunal de juicio oral en lo penal en una localidad fuera de su asiento, cuando la mejor atención de uno o más casos así lo aconseje.

La Corte de Apelaciones adoptará esta medida previo informe de la Corporación Administrativa del Poder Judicial y de los jueces presidentes de los comités de jueces de los tribunales de juicio oral en lo penal correspondientes[119].

§ 3. Del Comité de Jueces

Art. 22. En los juzgados de garantía en los que sirvan tres o más jueces y en cada tribunal de juicio oral en lo penal, habrá un comité de jueces, que estará integrado en la forma siguiente[120]:

---

118 Acápite modificado por el art. 1° N° 2 de la Ley N° 21.110, de 20 de septiembre de 2018. Previamente había sido agregado por el art. 6° N° 2 letra b) de la Ley N° 21.033, de 5 de septiembre de 2017.

119 Los tres incisos de este artículo fueron modificados por el art. 2° N° 1 de la Ley N° 19.708, de 5 de enero de 2001.

120 Inciso modificado por el art. 2° N° 1 de la Ley N° 19.708, de 5 de enero de 2001.

En aquellos juzgados o tribunales compuestos por cinco jueces o menos, el comité de jueces se conformará por todos ellos.

En aquellos juzgados o tribunales conformados por más de cinco jueces, el comité lo compondrán los cinco jueces que sean elegidos por la mayoría del tribunal, cada dos años.

De entre los miembros del comité de jueces se elegirá al juez presidente, quien durará dos años en el cargo y podrá ser reelegido hasta por un nuevo período.

Si se ausentare alguno de los miembros del comité de jueces o vacare el cargo por cualquier causa, será reemplazado, provisoria o definitivamente según el caso, por el juez que hubiere obtenido la más alta votación después de los que hubieren resultado electos y, en su defecto, por el juez más antiguo de los que no integraren el comité de jueces. En caso de ausencia o imposibilidad del juez presidente, será suplido en el cargo por el juez más antiguo si ella no superare los tres meses, o se procederá a una nueva elección para ese cargo si el impedimento excediere de ese plazo.

Los acuerdos del comité de jueces se adoptarán por mayoría de votos; en caso de empate decidirá el voto del juez presidente.

Art. 23. Al comité de jueces corresponderá:

a) Aprobar el procedimiento objetivo y general a que se refieren los artículos 15 y 17, en su caso;

b) Designar, de la terna que le presente el juez presidente, al administrador del tribunal;

c) Suprimida[121].

d) Resolver acerca de la remoción del administrador;

e) Designar al personal del juzgado o tribunal, a propuesta en terna del administrador;

f) Conocer de la apelación que se interpusiere en contra de la resolución del administrador que remueva al subadministrador, a los jefes de unidades o a los empleados del juzgado o tribunal;

---

[121] Letra suprimida por el art. 5º Nº 1 de la Ley Nº 20.286, de 15 de septiembre de 2008.

g) Decidir el proyecto de plan presupuestario anual que le presente el juez presidente, para ser propuesto a la Corporación Administrativa del Poder Judicial, y

h) Conocer de todas las demás materias que señale la ley.

En los juzgados de garantía en que se desempeñen uno o dos jueces, las atribuciones indicadas en las letras b), c), d) y f) corresponderán al Presidente de la Corte de Apelaciones respectiva. A su vez, las atribuciones previstas en los literales a), e), g) y h) quedarán radicadas en el juez que cumpla la función de juez presidente.

§ 4. Del Juez Presidente del Comité de Jueces

Art. 24. Al juez presidente del comité de jueces le corresponderá velar por el adecuado funcionamiento del juzgado o tribunal.

En el cumplimiento de esta función, tendrá los siguientes deberes y atribuciones:

a) Presidir el comité de jueces;

b) Relacionarse con la Corporación Administrativa del Poder Judicial en todas las materias relativas a la competencia de ésta;

c) Proponer al comité de jueces el procedimiento objetivo y general a que se refieren los artículos 15 y 17;

d) Elaborar anualmente una cuenta de la gestión jurisdiccional del juzgado;

e) Aprobar los criterios de gestión administrativa que le proponga el administrador del tribunal y supervisar su ejecución;

f) Aprobar la distribución del personal que le presente el administrador del tribunal;

g) Calificar al personal, teniendo a la vista la evaluación que le presente el administrador del tribunal;

h) Presentar al comité de jueces una terna para la designación del administrador del tribunal;

i) Suprimida[122].

---

[122] Letra suprimida por el art. 5º Nº 1 de la Ley Nº 20.286, de 15 de septiembre de 2008.

j) Proponer al comité de jueces la remoción del administrador del tribunal.

El desempeño de la función de juez presidente del comité de jueces del juzgado o tribunal podrá significar una reducción proporcional de su trabajo jurisdiccional, según determine el comité de jueces.

Tratándose de los juzgados de garantía en los que se desempeñe un solo juez, éste tendrá las atribuciones del juez presidente, con excepción de las contempladas en las letras a) y c). Las atribuciones de las letras h) y j) las ejercerá el juez ante el Presidente de la Corte de Apelaciones respectiva.

En aquellos juzgados de garantía conformados por dos jueces, las atribuciones del juez presidente, con las mismas excepciones señaladas en el inciso anterior, se radicarán anualmente en uno de ellos, empezando por el más antiguo.

§ 5. De la organización administrativa de los juzgados de garantía y de los tribunales de juicio oral en lo penal

Art. 25. Los juzgados de garantía y los tribunales de juicio oral en lo penal se organizarán en unidades administrativas para el cumplimiento eficaz y eficiente de las siguientes funciones[123]:

1.- Sala, que consistirá en la organización y asistencia a la realización de las audiencias.

2.- Atención de público, destinada a otorgar una adecuada atención, orientación e información al público que concurra al juzgado o tribunal, especialmente a la víctima, al defensor y al imputado, recibir la información que éstos entreguen y manejar la correspondencia del juzgado o tribunal.

3.- Servicios, que reunirá las labores de soporte técnico de la red computacional del juzgado o tribunal, de contabilidad y de apoyo a la actividad administrativa del juzgado o tribunal, y la coordinación y abas-

---

123 Inciso modificado por el art. 2° N° 1 de la Ley N° 19.708, de 5 de enero de 2001.

tecimiento de todas las necesidades físicas y materiales para la realización de las audiencias.

4.- Administración de causas, que consistirá en desarrollar toda la labor relativa a las notificaciones; al manejo de causas y registros del proceso penal en el juzgado o tribunal, incluidas las relativas al manejo de las fechas y salas para las audiencias; al archivo judicial básico, al ingreso y al número de rol de las causas nuevas; a la primera audiencia judicial de los detenidos; a la actualización diaria de la base de datos que contenga las causas del juzgado o tribunal, y a las estadísticas básicas del juzgado o tribunal[124].

5.- Apoyo a testigos y peritos, destinada a brindar adecuada y rápida atención, información y orientación a los testigos y peritos citados a declarar en el transcurso de un juicio oral. Esta función existirá solamente en los tribunales de juicio oral en lo penal[125].

Art. 26. Corresponderá a la Corporación Administrativa del Poder Judicial determinar, en la ocasión a que se refiere el inciso segundo del artículo 498, las unidades administrativas con que cada juzgado o tribunal contará para el cumplimiento de las funciones señaladas en el artículo anterior.

Art. 26 bis. En aquellos Juzgados de Garantía en que funcione una sala especializada para el conocimiento de los procesos referidos a la responsabilidad penal de adolescentes que establece la ley N° 20.084, las visitas de que tratan los artículos 567 y 578 se realizarán por uno de los jueces de garantía de adolescentes que ejerza jurisdicción en el lugar en que se ubique cada centro de internación en régimen cerrado, centros destinados a la ejecución de la internación provisoria y centros en que se cumpla la sanción de libertad asistida especial con reclusión nocturna. A dichos efectos, el comité de jueces respectivo deberá establecer un sistema objetivo de turnos, considerando una distribución equitativa en

---

124 Número modificado por el art. 1° N° 5 de la Ley N° 19.708, de 5 de enero de 2001.

125 Número modificado por el art. 2° N° 1 de la Ley N° 19.708, de 5 de enero de 2001.

atención a la cantidad de recintos ubicados en el respectivo territorio jurisdiccional y su distancia del lugar de asiento preferente del Juzgado[126].

Art. 26 ter. La Corte Suprema, por razones de buen servicio, atendida la carga de trabajo que presenten las salas especializadas de que tratan los números 1 a 5 del artículo 16 bis y previo informe técnico de la Corporación Administrativa del Poder Judicial, determinará el número de funcionarios del Escalafón Secundario y del Escalafón del Personal de Empleados del Poder Judicial que serán destinados para su funcionamiento, a partir de la planta de los Juzgados de Garantía a los que se extiende su competencia.

Para dicha destinación deberá considerar especialmente la necesidad de que cada una de esas salas especializadas se encuentre en condiciones de:

a. Brindar asistencia técnica a los jueces que la integren.

b. Entregar información actualizada y específica respecto a los centros y programas existentes en el respectivo territorio, disponibilidad de plazas y características de la intervención que en ellos se desarrolla.

c. Realizar las coordinaciones y enlaces que fueren necesarios con el Servicio Nacional de Reinserción Social Juvenil y con la red de instituciones que ejecutan sanciones y programas en el respectivo territorio jurisdiccional.

d. Apoyar a la unidad de administración de causas en las tareas de coordinación que conlleva la distribución de causas[127].

---

[126] Artículo agregado por el art. 56 N° 5 de la Ley N° 21.527, de 12 de enero de 2023. Por disposición del artículo primero transitorio de la misma ley, la presente norma comenzará a regir en forma gradual para las regiones que indica, en plazos de 12, 24 y 36 meses desde su fecha de publicación.

[127] Artículo agregado por el art. 56 N° 5 de la Ley N° 21.527, de 12 de enero de 2023. Por disposición del artículo primero transitorio de la misma ley, la presente norma comenzará a regir en forma gradual para las regiones que indica, en plazos de 12, 24 y 36 meses desde su fecha de publicación.

TÍTULO III
De los Jueces de Letras

Art. 27. Sin perjuicio de lo que se previene en los artículo 28 al 40, en cada comuna habrá, a lo menos, un juzgado de letras.

Los juzgados de letras estarán conformados por uno o más jueces con competencia en un mismo territorio jurisdiccional; sin embargo, actuarán y resolverán unipersonalmente los asuntos sometidos a su conocimiento[128].

Los nuevos juzgados que se instalen tendrán como territorio jurisdiccional la respectiva comuna y, en consecuencia, dejarán de ser competentes en esos territorios los juzgados que anteriormente tenían jurisdicción sobre dichas comunas[129].

Art. 27 bis. Los juzgados de letras con competencia común integrados por dos jueces, tendrán la siguiente planta de personal: un administrador, un jefe de unidad, dos administrativos jefe, cinco administrativos 1°, dos administrativos 2°, un administrativo 3°, tres ayudantes de servicios y un auxiliar.

Los juzgados de letras con competencia común integrados por tres jueces tendrán la siguiente planta de personal: un administrador, un jefe de unidad, dos administrativos jefe, cinco administrativos 1°, tres administrativos 2°, dos administrativos 3° y cuatro auxiliares[130].

La planta de personal de los tribunales señalados en los incisos anteriores que tengan dentro de su competencia la resolución de asuntos de familia contarán, adicionalmente, con un consejero técnico[131].

---

128 Inciso intercalado por el art. 4° N° 1 de la Ley N° 20.252, de 15 de febrero de 2008.

129 Antes de la modificación indicada en la nota precedente, este artículo fue agregado por el art. 1° N° 2 de la Ley N° 18.969, de 10 de marzo de 1990.

130 Inciso intercalado por el art. 1° N° 3 letra a) de la Ley N° 21.017, de 7 de julio de 2017.

131 Inciso modificado por el art. 1° N° 3 letra b) de la Ley N° 21.017, de 7 de julio de 2017.

Los jueces y el personal directivo de estos juzgados tendrán los grados de la Escala de Sueldos Bases Mensuales del Escalafón del Personal Superior del Poder Judicial que se indican a continuación:

a) Los jueces, el grado correspondiente según el asiento del tribunal.

b) Los administradores de juzgados de letras de competencia común de capital de provincia y los de comuna o agrupación de comunas, grados VIII y IX del Escalafón Superior del Poder Judicial, respectivamente.

c) Los jefes de unidad de juzgados de letras de competencia común de capital de provincia y los de comuna o agrupación de comunas, grados X y XI del Escalafón Superior del Poder Judicial, respectivamente.

El personal de empleados de los juzgados de letras de competencia común con dos o tres jueces, tendrán los grados de la Escala de Sueldos Bases Mensuales del Personal del Poder Judicial, que a continuación se indican:

a) Administrativos jefe de juzgados de letras de competencia común de capital de provincia y los de comuna o agrupación de comunas, grados XII y XIII del Escalafón de Empleados del Poder Judicial, respectivamente.

b) Administrativos 1° de juzgados de letras de competencia común de capital de provincia y los de comuna o agrupación de comunas, grados XIII y XIV del Escalafón de Empleados del Poder Judicial, respectivamente.

c) Administrativos 2° de juzgados de letras de competencia común de capital de provincia y los de comuna o agrupación de comunas, grados XIV y XV del Escalafón de Empleados del Poder Judicial, respectivamente.

d) Administrativos 3° de juzgados de letras de competencia común de capital de provincia y los de comuna o agrupación de comunas, grados XV y XVI del Escalafón de Empleados del Poder Judicial, respectivamente.

e) Ayudantes de servicios de juzgados de letras de competencia común de capital de provincia y los de comuna o agrupación de comunas, grados XVII y XVIII del Escalafón de Empleados del Poder Judicial, respectivamente.

f) Auxiliares de juzgados de letras de competencia común de capital de provincia y los de comuna o agrupación de comunas, grado XVIII del Escalafón de Empleados del Poder Judicial[132-133].

Art. 27 ter. En los juzgados de competencia común con dos o tres jueces, habrá un juez presidente del tribunal, cuyo cargo se radicará anualmente en cada uno de los jueces que lo integran comenzando por el más antiguo[134].

Sus atribuciones y deberes son los siguientes:

a) Velar por el adecuado funcionamiento del juzgado;

b) Designar al personal del juzgado, a propuesta en terna del administrador;

c) Relacionarse con la Corporación Administrativa del Poder Judicial en todas las materias relativas a la competencia de ésta;

d) Decidir el proyecto de plan presupuestario anual para ser propuesto a la Corporación Administrativa del Poder Judicial;

e) Elaborar anualmente una cuenta de la gestión jurisdiccional del juzgado;

f) Aprobar los criterios de gestión administrativa que le proponga el administrador del tribunal y supervisar su ejecución;

g) Aprobar la distribución del personal que le presente el administrador del tribunal;

h) Aprobar, anualmente, un procedimiento objetivo y general de distribución de causas entre los jueces del tribunal;

i) Calificar al personal, teniendo a la vista la evaluación que le presente el administrador del tribunal;

j) Presentar al Presidente de la Corte de Apelaciones respectiva una terna para la designación del administrador del tribunal;

---

132 Inciso modificado por el art. 1° N° 3 letra c) de la Ley N° 21.017, de 7 de julio de 2017.

133 Antes de las modificaciones indicadas, este artículo fue agregado por el art. 4° N° 2 de la Ley N° 20.252, de 15 de febrero de 2008.

134 Inciso modificado por el art. 1° N° 4 de la Ley N° 21.017, de 7 de julio de 2017.

k) Evaluar anualmente la gestión del administrador;

l) Proponer al Presidente de la Corte de Apelaciones respectiva la remoción del administrador del tribunal, y

m) Ejercer las demás atribuciones y deberes que determinen las leyes[135].

Art. 27 quater. Los juzgados de letras de competencia común con dos o tres jueces se organizarán en las siguientes unidades administrativas para el cumplimiento eficaz y eficiente de las correspondientes funciones:

a) Sala, que consistirá en la organización y asistencia a la realización de las audiencias.

b) Atención a Público, destinada a otorgar una adecuada atención, orientación e información al público que concurra al tribunal y manejar la correspondencia y custodia del tribunal.

c) Administración de Causas, que consistirá en desarrollar toda la labor relativa al manejo de causas y registros de los procesos en el juzgado, incluidas las relativas a las notificaciones, al manejo de las fechas y salas para las audiencias, al archivo judicial básico, al ingreso y al número de rol de las causas nuevas, a la actualización diaria de la base de datos que contenga las causas del juzgado y a las estadísticas básicas del mismo.

d) Servicios, que reunirá las labores de soporte técnico de la red computacional del juzgado, de contabilidad y de apoyo a la actividad administrativa del mismo, y la coordinación y abastecimiento de todas las necesidades físicas y materiales que requiera el procedimiento.

e) Cumplimiento, que desarrollará las gestiones necesarias para la adecuada y cabal ejecución de las resoluciones judiciales y demás títulos ejecutivos de competencia de estos tribunales[136].

---

135 Antes de la modificación señalada en la nota precedentes, este artículo fue agregado por el art. 4° N° 3 de la Ley N° 20.252, de 15 de febrero de 2008.

136 Artículo modificado por el art. 1° N° 5 de la Ley N° 21.017, de 7 de julio de 2017. Previamente había sido agregado por el art. 4° N° 4 de la Ley N° 20.252, de 15 de febrero de 2008.

Art. 28. En la Primera Región, de Tarapacá, existirán los siguientes juzgados de letras:

A.- JUZGADOS CIVILES:

Tres juzgados con asiento en la comuna de Iquique, con competencia sobre las comunas de Iquique y Alto Hospicio.

B.- JUZGADOS DE COMPETENCIA COMÚN:

Un Juzgado con asiento en la comuna de Pozo Almonte, con tres jueces, con competencia sobre las comunas de Pica, Pozo Almonte, Huara, Colchane y Camiña[137].

Art. 29. En la Segunda Región, de Antofagasta, existirán los siguientes juzgados de letras:

A.- JUZGADOS CIVILES:

Cuatro juzgados de letras en lo civil en la comuna de Antofagasta, con competencia sobre las comunas de Antofagasta y Sierra Gorda[138].

B.- JUZGADOS DE COMPETENCIA COMÚN:

Un juzgado con asiento en la comuna de Tocopilla, con dos jueces, con competencia sobre la misma comuna[139];

Un juzgado con asiento en la comuna de María Elena, con competencia sobre la misma comuna.

Un juzgado con asiento en la comuna de Mejillones, con dos jueces, con competencia sobre la misma comuna[140];

Tres juzgados con asiento en la comuna de Calama, con competencia sobre las comunas de la provincia de El Loa, y

---

137 Párrafo modificado por el art. 1° N° 6 de la Ley N° 21.017, de 7 de julio de 2017. Previamente había sido modificado por el art. 4° N° 5 de la Ley N° 20.252, de 15 de febrero de 2008.

138 Párrafo modificado por el art. 5° N° 3 letra a) de la Ley N° 20.876, de 6 de noviembre de 2015.

139 Párrafo modificado por el art. 1° N° 7 de la Ley N° 21.017, de 7 de julio de 2017.

140 Párrafo agregado por el art. 5° N° 3 letra b) de la Ley N° 20.876, de 6 de noviembre de 2015.

Un juzgado con asiento en la comuna de Taltal, con dos jueces, con competencia sobre la misma comuna[141-142].

Art. 30. En la Tercera Región, de Atacama, existirán los siguientes juzgados de letras:

A.- JUZGADOS CIVILES:

Cuatro Juzgados con asiento en la comuna de Copiapó, con competencia sobre las comunas de Copiapó y Tierra Amarilla;

B.- JUZGADOS DE COMPETENCIA COMÚN:

Un Juzgado con asiento en la comuna de Chañaral, con dos jueces, con competencia sobre la misma comuna[143];

Un Juzgado con asiento en la comuna de Diego de Almagro, con competencia sobre la misma comuna;

Un Juzgado con asiento en la comuna de Caldera, con dos jueces, con competencia sobre la misma comuna[144];

Un Juzgado con asiento en la comuna de Freirina, con competencia sobre las comunas de Freirina y Huasco, y

Dos Juzgados con asiento en la comuna de Vallenar, con competencia sobre las comunas de Vallenar y Alto del Carmen[145].

Art. 31. En la Cuarta Región, de Coquimbo, existirán los siguientes juzgados de letras:

A.- JUZGADOS CIVILES:

---

141 Párrafo modificado por el art. 4° N° 6 de la Ley N° 20.252, de 15 de febrero de 2008.

142 Antes de las modificaciones indicadas en las notas precedentes, este artículo fue modificado por el art. 11 de la Ley N° 19.665, de 9 de marzo de 2000. Previamente fue sustituido por el art. 13 letra a) de la Ley N° 19.592, de 30 de noviembre de 1998.

143 Párrafo modificado por el art. 5° N° 2 de la Ley N° 20.286, de 15 de septiembre de 2008.

144 Párrafo modificado por el art. 1° N° 8 de la Ley N° 21.017, de 7 de julio de 2017.

145 Antes de las modificaciones indicadas en las notas precedentes, este artículo fue reemplazado por el art. 13 N° 3 de la Ley N° 20.022, de 30 de mayo de 2005.

Tres Juzgados con asiento en la comuna de La Serena, con competencia sobre las comunas de La Serena y La Higuera;

Tres Juzgados con asiento en la comuna de Coquimbo, con competencia sobre la misma comuna;

B.- JUZGADOS DE COMPETENCIA COMÚN:

Un Juzgado con asiento en la comuna de Vicuña, con dos jueces, con competencia sobre las comunas de Vicuña y Paihuano[146];

Un Juzgado con asiento en la comuna de Andacollo, con competencia sobre la misma comuna;

Tres Juzgados con asiento en la comuna de Ovalle, con competencia sobre las comunas de Ovalle, Río Hurtado, Monte Patria y Punitaqui;

Un Juzgado con asiento en la comuna de Combarbalá, con competencia sobre la misma comuna;

Un Juzgado con asiento en la comuna de Illapel, con dos jueces, con competencia sobre las comunas de Illapel y Salamanca[147], y

Un Juzgado con asiento en la comuna de Los Vilos, con dos jueces, con competencia sobre las comunas de Los Vilos y Canela[148-149].

Art. 32. En la Quinta Región, de Valparaíso, existirán los siguientes juzgados de letras que tendrán jurisdicción en los territorios que se indican:

A.- JUZGADOS CIVILES:

Cinco juzgados de letras en lo civil con asiento en la comuna de Valparaíso y competencia sobre las comunas de Valparaíso y Juan Fernández.

Tres juzgados de letras en lo civil con asiento en la comuna de Viña del Mar y competencia sobre las comunas de Viña del Mar y Concón, los

146 Párrafo modificado por el art. 1° N° 9 letra a) de la Ley N° 21.017, de 7 de julio de 2017.

147 Párrafo modificado por el art. 1° N° 9 letra b) de la Ley N° 21.017, de 7 de julio de 2017.

148 Párrafo modificado por el art. 5° N° 3 de la Ley N° 20.286, de 15 de septiembre de 2008.

149 Antes de las modificaciones indicadas en las notas precedentes, este artículo fue reemplazado por el art. 13 N° 4 de la Ley N° 20.022, de 30 de mayo de 2005.

cuales tendrán la categoría de juzgados de asiento de Corte para todos los efectos legales[150].

B.- JUZGADOS CON COMPETENCIA COMÚN:

Dos juzgados de letras con asiento en la comuna de Quilpué, con competencia sobre la misma comuna;

Un juzgado de letras con asiento en la comuna de Villa Alemana, con dos jueces, con competencia sobre la misma comuna[151];

Un juzgado de letras con asiento en la comuna de Casablanca, con competencia sobre las comunas de Casablanca, El Quisco y Algarrobo, de la Quinta Región y la comuna de Curacaví, de la Región Metropolitana;

Un juzgado de letras con asiento en la comuna de La Ligua, con dos jueces, con competencia sobre las comunas de La Ligua, Cabildo, Zapallar y Papudo[152];

Un juzgado de letras con asiento en la comuna de Petorca, con competencia sobre la misma comuna;

Dos juzgados de letras con asiento en la comuna de Los Andes, con competencia sobre las comunas de la provincia de Los Andes;

Un juzgado de letras con asiento en la comuna de San Felipe, con competencia sobre las comunas de San Felipe, Santa María, Panquehue, Llaillay y Catemu[153];

Un juzgado de letras con asiento en la comuna de Putaendo, con competencia sobre la misma comuna;

Dos juzgados de letras con asiento en la comuna de Quillota, con competencia sobre las comunas de Quillota y La Cruz;

Un juzgado de letras con asiento en la comuna de Quintero, con tres jueces, con competencia sobre las comunas de Quintero y Puchuncaví[154];

---

150 Párrafo sustituido por el art. 13 letra b) de la Ley N° 19.592, de 30 de noviembre de 1998.

151 Párrafo modificado por el art. 4° N° 7 de la Ley N° 20.252, de 15 de febrero de 2008.

152 Párrafo modificado por el art. 4° N° 7 de la Ley N° 20.252, de 15 de febrero de 2008.

153 Párrafo modificado por el art. 4° N° 7 de la Ley N° 20.252, de 15 de febrero de 2008.

154 Párrafo modificado por el art. 1° N° 10 de la Ley N° 21.017, de 7 de julio de 2017. Previamente había sido modificado por el art. 5° N° 4 de la Ley N° 20.876, de 6 de noviembre de 2015.

Un juzgado de letras con asiento en la comuna de Calera, con dos jueces, con competencia sobre las comunas de Calera, Nogales e Hijuelas[155];

Un juzgado de letras con asiento en la comuna de Limache, con competencia sobre las comunas de Limache y Olmué;

Dos juzgados de letras con asiento en la comuna de San Antonio, con competencia sobre las comunas de San Antonio, Cartagena, El Tabo y Santo Domingo, y

Un juzgado de letras con asiento en Isla de Pascua, con competencia sobre la comuna de la provincia de Isla de Pascua[156].

Art. 33. En la Sexta Región, del Libertador General Bernardo O' Higgins, existirán los siguientes juzgados de letras que tendrán competencia en los territorios que se indican:

A.- JUZGADOS CIVILES:

Dos juzgados de letras en lo civil con asiento en la comuna de Rancagua, con competencia sobre las comunas de Rancagua, Graneros, Mostazal, Codegua, Machalí, Coltauco, Doñihue, Coínco y Olivar.

B.- JUZGADOS CON COMPETENCIA COMÚN:

Un juzgado con asiento en la comuna de Rengo, con dos jueces, con competencia sobre las comunas de Rengo, Requínoa, Malloa y Quinta de Tilcoco[157];

Un juzgado con asiento en la comuna de San Vicente, con dos jueces, con competencia sobre las comunas de San Vicente y Pichidegua[158];

---

155 Párrafo modificado por el art. 4° N° 7 de la Ley N° 20.252, de 15 de febrero de 2008.

156 Antes de las modificaciones indicadas en las notas precedentes, este artículo fue modificado por el art. 11 de la Ley N° 19.665, de 9 de marzo de 2000; por el art. 31 letras e) y f) de la Ley N° 19.298, de 12 de marzo de 1994; por el art. 2° de la Ley N° 19.156, de 10 de agosto de 1992; y el art. 1° N° 2 de la Ley N° 18.849, de 11 de noviembre de 1989; y el art. 4° N° 2 de la Ley N° 18.776, de 18 de enero de 1989.

157 Párrafo modificado por el art. 1° N° 11 letra a) de la Ley N° 21.017, de 7 de julio de 2017.

158 Párrafo modificado por el art. 5° N° 5 letra a) de la Ley N° 20.876, de 6 de noviembre de 2015.

Un juzgado con asiento en la comuna de Peumo, con dos jueces, con competencia sobre las comunas de Peumo y Las Cabras[159];

Dos juzgados con asiento en la comuna de San Fernando, con competencia sobre las comunas de San Fernando, Chimbarongo, Placilla y Nancagua, conservando el Segundo Juzgado de Letras de San Fernando competencia especial en materia de menores;

Un juzgado con asiento en la comuna de Santa Cruz, con competencia sobre las comunas de Santa Cruz, Chépica y Lolol.

Un juzgado con asiento en la comuna de Pichilemu, con dos jueces, con competencia sobre la misma comuna[160].

Un juzgado con asiento en la comuna de Litueche, con competencia sobre las comunas de Navidad, Litueche y La Estrella.

Un juzgado con asiento en la comuna de Peralillo, con dos jueces, con competencia sobre las comunas de Marchihue, Paredones, Pumanque, Palmilla y Peralillo[161-162].

Art. 34. En la Séptima Región, del Maule, existirán los siguientes juzgados de letras:

A.- JUZGADOS CIVILES:

Dos Juzgados con asiento en la comuna de Curicó, con competencia sobre las comunas de Curicó, Teno, Romeral y Rauco, y

Cuatro Juzgados con asiento en la comuna de Talca, con competencia sobre las comunas de Talca, Pelarco, Río Claro, San Clemente, Maule, Pencahue y San Rafael;

B.- JUZGADOS DE COMPETENCIA COMÚN:

---

159 Párrafo modificado por el art. 5° N° 5 letra b) de la Ley N° 20.876, de 6 de noviembre de 2015.

160 Párrafo modificado por el art. 1° N° 11 letra b) de la Ley N° 21.017, de 7 de julio de 2017.

161 Párrafo modificado por el art. 5° N° 5 letra c) de la Ley N° 20.876, de 6 de noviembre de 2015.

162 Antes de las modificaciones indicadas en las notas precedentes, este artículo había sido modificado por el art. 11 de la ley N° 19.665, de 9 de marzo de 2000; y sustituido por el art. 13 letra d) de la Ley N° 19.592, de 30 de noviembre de 1998.

Un Juzgado con asiento en la comuna de Constitución, con dos jueces, con competencia sobre las comunas de Constitución y Empedrado[163];

Un Juzgado con asiento en la comuna de Curepto, con competencia sobre la misma comuna;

Un Juzgado con asiento en la comuna de Licantén, con competencia sobre las comunas de Licantén, Hualañé y Vichuquén;

Un Juzgado con asiento en la comuna de Molina, con dos jueces, con competencia sobre las comunas de Molina y Sagrada Familia[164];

Dos Juzgados con asiento en la comuna de Linares, con competencia sobre las comunas de Linares, Yerbas Buenas, Colbún y Longaví;

Un Juzgado con asiento en la comuna de San Javier, con dos jueces, con competencia sobre las comunas de San Javier y Villa Alegre[165];

Un Juzgado con asiento en la comuna de Cauquenes, con dos jueces, con competencia sobre la misma comuna[166];

Un Juzgado con asiento en la comuna de Chanco, con competencia sobre las comunas de Chanco y Pelluhue, y

Un Juzgado con asiento en la comuna de Parral, con competencia sobre las comunas de Parral y Retiro[167].

Art. 35. En la Octava Región, del Bío Bío, existirán los siguientes juzgados de letras, que tendrán competencia en los territorios que se indican:

A.- JUZGADOS CIVILES[168]:

---

163 Párrafo modificado por el art. 4° N° 8 de la Ley N° 20.252, de 15 de febrero de 2008.

164 Párrafo modificado por el art. 5° N° 6 letra a) de la Ley N° 20.876, de 6 de noviembre de 2015.

165 Párrafo modificado por el art. 5° N° 6 letra b) de la Ley N° 20.876, de 6 de noviembre de 2015.

166 Párrafo modificado por el art. 1° N° 12 de la Ley N° 21.017, de 7 de julio de 2017.

167 Antes a las modificaciones indicadas en las notas precedentes, este artículo había sido reemplazado por el art. 13 N° 5 de la Ley N° 20.022, de 30 de mayo de 2005.

168 El párrafo primero de este acápite fue suprimido por el art. 6° N° 3 letra a) de la Ley N° 21.033, de 5 de septiembre de 2017.

Tres juzgados de letras en lo civil con asiento en la comuna de Concepción, con competencia sobre las comunas de Concepción, Penco, Hualqui, San Pedro de la Paz y Chiguayante, y

Dos juzgados de letras en lo civil con asiento en la comuna de Talcahuano, con competencia sobre las comunas de Talcahuano y Hualpén, que tendrán la categoría de juzgados de asiento de Corte para todos los efectos legales[169].

B.- JUZGADOS CON COMPETENCIA COMÚN[170]:

Dos juzgados con asiento en la comuna de Los Angeles, con competencia sobre las comunas de Los Angeles, Quilleco y Antuco[171];

Un juzgado con asiento en la comuna de Santa Bárbara, con dos jueces, con competencia sobre las comunas de Santa Bárbara, Quilaco y Alto Biobío[172];

Un juzgado con asiento en la comuna de Mulchén, con dos jueces, con competencia sobre la comuna de Mulchén[173];

Un juzgado con asiento en la comuna de Nacimiento, con dos jueces, con competencia sobre las comunas de Nacimiento y Negrete[174];

Un juzgado con asiento en la comuna de Laja, con dos jueces, con competencia sobre las comunas de Laja y San Rosendo[175];

---

169 Párrafo modificado por el art. 1° N° 4 letra a) de la Ley N° 19.990, de 24 de diciembre de 2004.

170 Los párrafos primero, segundo, tercero, cuarto y quinto de este acápite fueron eliminados por el art. 6° N° 3 letra b) de la Ley N° 21.033, de 5 de septiembre de 2017.

171 Párrafo modificado por el art. 4° N° 9 de la Ley N° 20.252, de 15 de febrero de 2008.

172 Párrafo modificado por el art. 1° N° 13 letra b) de la Ley N° 21.017, de 7 de julio de 2017. Previamente había sido modificado por el art. 1° N° 4 letra b) de la Ley N° 19.990, de 24 de diciembre de 2004.

173 Párrafo modificado por el art. 1° N° 13 letra c) de la Ley N° 21.017, de 7 de julio de 2017.

174 Párrafo modificado por el art. 1° N° 13 letra d) de la Ley N° 21.017, de 7 de julio de 2017.

175 Párrafo modificado por el art. 1° N° 13 letra e) de la Ley N° 21.017, de 7 de julio de 2017.

Un juzgado con asiento en la comuna de Yumbel, con competencia sobre la misma comuna;

Un juzgado con asiento en la comuna de Tomé, con competencia sobre la misma comuna;

Un juzgado con asiento en la comuna de Florida, con competencia sobre la misma comuna;

Un juzgado con asiento en la comuna de Santa Juana, con competencia sobre la misma comuna,

Un juzgado con asiento en la comuna de Lota, con competencia sobre la misma comuna;

Un juzgado con asiento en la comuna de Coronel, con competencia sobre la misma comuna;

Un juzgado con asiento en la comuna de Lebu, con dos jueces, con competencia sobre las comunas de Lebu y Los Alamos[176];

Un juzgado con asiento en la comuna de Arauco, con competencia sobre la misma comuna;

Un juzgado con asiento en la comuna de Curanilahue, con dos jueces, con competencia sobre la misma comuna[177];

Un juzgado con asiento en la comuna de Cañete, con dos jueces, con competencia sobre las comunas de Cañete, Contulmo y Tirúa[178], y

Un juzgado con asiento en la comuna de Cabrero, con dos jueces, con competencia sobre la misma comuna[179-180].

---

176 Párrafo modificado por el art. 5° N° 7 letra b) de la Ley N° 20.876, de 6 de noviembre de 2015.

177 Párrafo modificado por el art. 1° N° 13 letra f) de la Ley N° 21.017, de 7 de julio de 2017.

178 Párrafo modificado por el art. 1° N° 13 letra g) de la Ley N° 21.017, de 7 de julio de 2017.

179 Párrafo modificado por el art. 5° N° 7 letra c) de la Ley N° 20.876, de 6 de noviembre de 2015.

180 Antes de las modificaciones indicadas en las notas precedentes, este artículo había sido modificado por el art. 11 de la Ley N° 19.665, de 9 de marzo de 2000; por el art. 13 letras f), g) y h) de la Ley N° 19.592, de 30 de noviembre de 1998; por el art.

Art. 36. En la Novena Región, de la Araucanía, existirán los siguientes juzgados de letras:

A.- JUZGADOS CIVILES:

Tres juzgados en lo civil con asiento en la comuna de Temuco, con competencia sobre las comunas de Temuco, Vilcún, Melipeuco, Cunco, Freire y Padre Las Casas[181].

B.- JUZGADOS CON COMPETENCIA COMÚN:

Un juzgado con asiento en la comuna de Angol, con competencia sobre las comunas de Angol y Renaico;

Un juzgado con asiento en la comuna de Purén, con competencia sobre las comunas de Purén y Los Sauces;

Un juzgado con asiento en la comuna de Collipulli, con dos jueces, con competencia sobre las comunas de Collipulli y Ercilla[182];

Un juzgado con asiento en la comuna de Traiguén, con dos jueces, con competencia sobre las comunas de Traiguén y Lumaco[183];

Un juzgado con asiento en la comuna de Victoria, con competencia sobre la misma comuna;

Un juzgado con asiento en la comuna de Curacautín, con competencia sobre las comunas de Curacautín y Lonquimay;

Un juzgado con asiento en la comuna de Toltén, con competencia sobre la misma comuna;

Un juzgado con asiento en la comuna de Loncoche, con competencia sobre la misma comuna;

---

15 letras e), f) y f bis) de la Ley N° 19.156, de 10 de agosto de 1992; y sustituido por el art. 4° de la Ley N° 19.139, de 25 de mayo de 1992.

181 Párrafo modificado por el art. 13 letras i) y j) de la Ley N° 19.592, de 30 de noviembre de 1998.

182 Párrafo modificado por el art. 1° N° 14 letra a) de la Ley N° 21.017, de 7 de julio de 2017.

183 Párrafo modificado por el art. 1° N° 14 letra b) de la Ley N° 21.017, de 7 de julio de 2017.

Un juzgado con asiento en la comuna de Pitrufquén, con dos jueces, con competencia sobre las comunas de Pitrufquén y Gorbea[184];

Un juzgado con asiento en la comuna de Villarrica, con dos jueces, con competencia sobre la misma comuna[185];

Un juzgado con asiento en la comuna de Nueva Imperial, con dos jueces, con competencia sobre las comunas de Nueva Imperial, Cholchol y Teodoro Schmidt[186];

Un juzgado con asiento en la comuna de Pucón, con dos jueces, con competencia sobre las comunas de Pucón y Curarrehue[187];

Un juzgado con asiento en la comuna de Lautaro, con dos jueces, con competencia sobre las comunas de lautaro, Perquenco y Galvarino[188], y

Un juzgado con asiento en la comuna de Carahue, con dos jueces, con competencia sobre las comunas de Carahue y Saavedra[189-190].

Art. 37. En la Décima Región, de Los Lagos, existirán los siguientes juzgados de letras:

A.- JUZGADOS CIVILES:

Dos Juzgados con asiento en la comuna de Puerto Montt con competencia sobre las comunas de Puerto Montt y Cochamó;

---

184 Párrafo modificado por el art. 1° N° 14 letra c) de la Ley N° 21.017, de 7 de julio de 2017.

185 Párrafo modificado por el art. 5° N° 5 de la Ley N° 20.286, de 15 de septiembre de 2008.

186 Párrafo modificado por el art. 5° N° 8 letra a) de la Ley N° 20.876, de 6 de noviembre de 2015. Previamente había sido modificado por el art. 1° N° 5 de la Ley N° 19.990, de 24 de diciembre de 2004.

187 Párrafo modificado por el art. 5° N° 8 letra b) de la Ley N° 20.876, de 6 de noviembre de 2015.

188 Párrafo modificado por el art. 1° N° 14 letra d) de la Ley N° 21.017, de 7 de julio de 2017.

189 Párrafo modificado por el art. 1° N° 14 letra e) de la Ley N° 21.017, de 7 de julio de 2017.

190 Además de lo indicado en las notas precedentes, este artículo también fue modificado por el art. 11 de la Ley N° 19.665, de 9 de marzo de 2000; y reemplazado por el art. 4° N° 2 de la Ley N° 18.776, de 18 de enero de 1989.

B.- JUZGADOS DE COMPETENCIA COMÚN[191]:

Tres Juzgados con asiento en la comuna de Osorno con competencia sobre las comunas de Osorno, San Pablo, Puyehue, Puerto Octay y San Juan de la Costa;

Un Juzgado con asiento en la comuna de Río Negro, con competencia sobre las comunas de Río Negro y Purranque;

Un Juzgado con asiento en la comuna de Puerto Varas, con competencia sobre las comunas de Puerto Varas, Llanquihue, Frutillar y Fresia;

Un Juzgado con asiento en la comuna de Calbuco, con dos jueces, con competencia sobre la misma comuna[192];

Un Juzgado con asiento en la comuna de Maullín, con competencia sobre la misma comuna;

Un Juzgado con asiento en la comuna de Los Muermos, con competencia sobre la misma comuna;

Un Juzgado con asiento en la comuna de Castro, con competencia sobre las comunas de Castro, Chonchi, Dalcahue, Puqueldón y Queilén;

Un Juzgado con asiento en la comuna de Quellón, con dos jueces, con competencia sobre la misma comuna[193];

Un Juzgado con asiento en la comuna de Ancud, con competencia sobre las comunas de Ancud y Quemchi. Este tribunal mantendrá su carácter de juzgado de capital de provincia, para todos los efectos legales, sin perjuicio de la calidad de juzgado de capital de provincia que corresponde al juzgado de Castro;

Un Juzgado con asiento en la comuna de Quinchao, con competencia sobre las comunas de Quinchao y Curaco de Vélez;

---

[191] Acápite modificado por el art. 6° N° 1 de la Ley N° 20.252, de 15 de febrero de 2008. Previamente había sido modificado por el art. 8° N° 3 de la Ley N° 20.174, de 5 de abril de 2007.

[192] Párrafo modificado por el art. 5° N° 9 letra a) de la Ley N° 20.876, de 6 de noviembre de 2015.

[193] Párrafo modificado por el art. 5° N° 9 letra b) de la Ley N° 20.876, de 6 de noviembre de 2015.

Un Juzgado con asiento en la comuna de Chaitén, con competencia sobre las comunas de Chaitén, Futaleufú y Palena, y

Un Juzgado con asiento en la comuna de Hualaihué, con competencia sobre la misma comuna[194-195].

Art. 38. En la Décimo Primera Región de Aisén, del General Carlos Ibáñez del Campo, existirán los siguientes juzgados de letras:

Un juzgado con asiento en la comuna de Coihaique, con competencia sobre las comunas de Coihaique y Río Ibáñez[196];

Un juzgado con asiento en la comuna de Aisén, con dos jueces, con competencia sobre la misma comuna[197];

Un juzgado con asiento en la comuna de Chile Chico, con competencia sobre la misma comuna,

Un juzgado con asiento en la comuna de Cochrane, con competencia sobre las comunas de la provincia Capitán Prat, y

Un juzgado con asiento en la comuna de Cisnes, con competencia sobre las comunas de Cisnes, Guaitecas y Lago Verde[198].

Art. 39. En la Décima Segunda Región, de Magallanes y Antártica Chilena, existirán los siguientes juzgados de letras:

A.- JUZGADOS CIVILES:

---

194 Antes de las modificaciones indicadas en las notas precedentes, este artículo había sido reemplazado por el art. 13 Nº 6 de la Ley Nº 20.022, de 30 de mayo de 2005.

195 Se debe hacer presente que el art. 4º Nº 10 de la Ley Nº 20.252, de 15 de febrero de 2008, dispuso la sustitución, en la letra A) de este artículo, de la frase "Tres juzgados" por "Dos juzgados". Empero, dicha frase no se encuentra en la letra A), por lo que no ha podido ser incorporada al texto.

196 Párrafo modificado por el art. 4º Nº 11 de la Ley Nº 20.252, de 15 de febrero de 2008.

197 Párrafo modificado por el art. 4º Nº 11 de la Ley Nº 20.252, de 15 de febrero de 2008.

198 Antes de las modificaciones indicadas en las notas precedentes, este artículo había sido modificado por el art. 11 de la Ley Nº 19.665, de 9 de marzo de 2000; y reemplazado por el art. 4º Nº 2 de la Ley Nº 18.776, de 18 de enero de 1989.

Tres Juzgados con asiento en la comuna de Punta Arenas, con competencia sobre las comunas de la provincia de Magallanes[199];

B.- JUZGADOS DE COMPETENCIA COMÚN:

Un Juzgado con asiento en la comuna de Natales, con dos jueces, con competencia sobre las comunas de la provincia de Última Esperanza[200].

Un Juzgado con asiento en la comuna de Porvenir, con competencia sobre las comunas de la provincia de Tierra del Fuego.

Un Juzgado con asiento en la comuna de Cabo de Hornos, con competencia sobre las comunas de la Provincia de la Antártica Chilena[201-202].

Art. 39 bis. En la Decimocuarta Región, de Los Ríos, existirán los siguientes juzgados de letras:

Dos juzgados con asiento en la comuna de Valdivia, con competencia sobre las comunas de Valdivia y Corral;

Un juzgado con asiento en la comuna de Mariquina, con dos jueces, con competencia sobre las comunas de Mariquina, Máfil y Lanco[203];

Un juzgado con asiento en la comuna de Los Lagos, con dos jueces, con competencia sobre las comunas de Los Lagos y Futrono[204];

Un juzgado con asiento en la comuna de Panguipulli, con dos jueces, con competencia sobre la misma comuna[205];

---

199 Párrafo modificado por el art. 5° N° 10 letra a) de la Ley N° 20.876, de 6 de noviembre de 2015.

200 Párrafo modificado por el art. 1° N° 15 de la Ley N° 21.017, de 7 de julio de 2017. Previamente había sido modificado por el art. 5° N° 10 letra b) de la Ley N° 20.876, de 6 de noviembre de 2015.

201 Párrafo agregado por el art. 5° N° 10 letra c) de la Ley N° 20.876, de 6 de noviembre de 2015.

202 Anteriormente este artículo había sido reemplazado por el art. 13 N° 7 de la Ley N° 20.022, de 30 de mayo de 2005.

203 Párrafo modificado por el art. 5° N° 6 de la Ley N° 20.286, de 15 de septiembre de 2008.

204 Párrafo modificado por el art. 1° N° 16 letra a) de la Ley N° 21.017, de 7 de julio de 2017.

205 Párrafo modificado por el art. 5° N° 11 letra a) de la Ley N° 20.876, de 6 de noviembre de 2015.

Un juzgado con asiento en la comuna de La Unión, con dos jueces, con competencia sobre la misma comuna[206];

Un juzgado con asiento en la comuna de Paillaco, con dos jueces, con jurisdicción sobre la misma comuna[207], y

Un juzgado con asiento en la comuna de Río Bueno, con dos jueces, con jurisdicción sobre las comunas de Río Bueno y Lago Ranco[208-209].

Art. 39 ter. En la Decimoquinta Región, de Arica y Parinacota, existirán los siguientes juzgados de letras:

Cuatro juzgados con asiento en la comuna de Arica, con competencia sobre las comunas de las provincias de Arica y Parinacota[210].

Art. 39 quater. En la Región de Ñuble existirán los siguientes juzgados de letras, que tendrán competencia en los territorios que se indican:

A.- JUZGADOS CIVILES:

Dos juzgados de letras en lo civil, con asiento en la comuna de Chillán, con competencia sobre las comunas de Chillán, Pinto, Coihueco y Chillán Viejo.

B.- JUZGADOS CON COMPETENCIA COMÚN:

Un juzgado con asiento en la comuna de San Carlos, con dos jueces, con competencia sobre las comunas de San Carlos, Ñiquén, San Fabián y San Nicolás.

Un juzgado con asiento en la comuna de Yungay, con dos jueces, con competencia sobre las comunas de Yungay, Pemuco, El Carmen y Tucapel.

---

206 Párrafo modificado por el art. 4° N° 12 de la Ley N° 20.252, de 15 de febrero de 2008.

207 Párrafo modificado por el art. 1° N° 16 letra b) de la Ley N° 21.017, de 7 de julio de 2017.

208 Párrafo modificado por el art. 5° N° 11 letra b) de la Ley N° 20.876, de 6 de noviembre de 2015.

209 Sin perjuicio de sus modificaciones posteriores, este artículo fue incorporado por el art. 8° N° 4 de la Ley N° 20.174, de 5 de abril de 2007.

210 Artículo agregado por el art. 6° N° 4 de la Ley N° 20.175, de 11 de abril de 2007.

Un juzgado con asiento en la comuna de Bulnes, con dos jueces, con competencia sobre las comunas de Bulnes, Quillón y San Ignacio.

Un juzgado con asiento en la comuna de Coelemu, con competencia sobre las comunas de Coelemu y Ránquil.

Un juzgado con asiento en la comuna de Quirihue, con competencia sobre las comunas de Quirihue, Ninhue, Portezuelo, Treguaco y Cobquecura[211].

Art. 40. En la Región Metropolitana de Santiago, existirán los siguientes juzgados de letras:

A.- JUZGADOS CIVILES:

Treinta juzgados de letras en lo civil, con asiento en la comuna de Santiago, con competencia sobre la provincia de Santiago, con excepción de las comunas de San Joaquín, La Granja, La Pintana, San Ramón, San Miguel, La Cisterna, El Bosque, Pedro Aguirre Cerda y Lo Espejo. Cualquiera fuere la comuna en que estos tribunales tengan su asiento, ellos tendrán la categoría de juzgados de asiento de Corte para todos los efectos legales[212];

Cuatro juzgados de letras en lo civil, con competencia sobre las comunas de San Miguel, San Joaquín, La Granja, La Pintana, San Ramón, Pedro Aguirre Cerda, La Cisterna, El Bosque y Lo Espejo. Cualquiera fuere la comuna en que estos tribunales tengan su asiento, ellos tendrán la categoría de juzgados de asiento de Corte para todos los efectos legales.

Un juzgado de letras en lo civil, con asiento en la comuna de Puente Alto, con competencia sobre las comunas de la provincia de Cordillera[213].

B.- JUZGADOS CON COMPETENCIA COMÚN[214]:

---

211 Artículo modificado por el art. 1° N° 3 de la Ley N° 21.110, de 20 de septiembre de 2018. Previamente había sido agregado por el art. 6° N° 4 de la Ley N° 21.033, de 5 de septiembre de 2015.

212 Párrafo sustituido por el art. 31 letra n) de la Ley N° 19.298, de 12 de marzo de 1994.

213 Párrafo agregado por el art. 13 letra l) de la Ley N° 19.592, de 30 de noviembre de 1998.

214 El párrafo primero fue suprimido por el art. 13 letra n) de la Ley N° 19.592, de 30 de noviembre de 1998.

Dos juzgados con asiento en la comuna de San Bernardo, con competencia sobre las comunas de San Bernardo y Calera de Tango;

Dos juzgados con asiento en la comuna de Talagante y competencia sobre las comunas de Talagante, El Monte e Isla de Maipo[215];

Un juzgado con asiento en la comuna de Peñaflor, con competencia sobre las comunas de Peñaflor y Padre Hurtado[216];

Un juzgado con asiento en la comuna de Melipilla, con dos jueces, con competencia sobre las comunas de la provincia de Melipilla, con excepción de Curacaví[217], y

Dos juzgados con asiento en la comuna de Buin, con competencia sobre las comunas de Buin y Paine[218].

Un juzgado con asiento en la comuna de Colina, con tres jueces, con competencia sobre las comunas de la Provincia de Chacabuco[219-220].

Art. 41. Suprimido[221].

Art. 42. Derogado[222].

---

215 Párrafo sustituido por el art. 31 letra p) de la Ley N° 19.298, de 12 de marzo de 1994.

216 Párrafo sustituido por el art. 13 letra ñ) de la Ley N° 19592, de 30 de noviembre de 1998. Previamente había sido intercalado por el art. 31 letra q) de la Ley N° 19.298, de 12 de marzo de 1994.

217 Párrafo modificado por el art. 1° N° 17 letra a) de la Ley N° 21.017, de 7 de julio de 2017.

218 Párrafo modificado por el art. 31 letra r) de la Ley N° 19.298, de 12 de marzo de 1994.

219 Párrafo modificado por el art. 1° N° 17 letra b) de la Ley N° 21.017, de 7 de julio de 2017. Previamente había sido agregado por el art. 31 letra s) de la Ley N° 19.298, de 12 de marzo de 1994.

220 Además de las modificaciones indicadas en las notas precedentes, este artículo fue modificado por el art. 11 de la Ley N° 19.665, de 9 de marzo de 2000; y sustituido por el art. 4° N° 2 de la Ley N° 18.776, de 18 de enero de 1989.

221 Artículo suprimido por el art. 12 de la Ley N° 18.176, de 25 de octubre de 1982. También ver el art. 5° de la Ley N° 7.760, de 5 de febrero de 1944.

222 Artículo derogado por el art. 4° N° 3 de la Ley N° 18.776, de 18 de enero de 1989.

Art. 43. El Presidente de la República, previo informe favorable de la Corte de Apelaciones que corresponda, podrá fijar como territorio jurisdiccional exclusivo de uno o más de los jueces civiles de la Región Metropolitana de Santiago, una parte de la comuna o agrupación comunal respectiva, y en tal caso, autorizar el funcionamiento de estos Tribunales dentro de sus respectivos territorios jurisdiccionales.

Los juzgados civiles de la Región Metropolitana de Santiago a los cuales se fije un territorio jurisdiccional exclusivo, podrán practicar, en los asuntos sometidos a su conocimiento, actuaciones en cualesquiera de las comunas que la integran.

Con el acuerdo previo de la Corte de Apelaciones que corresponda, y por no más de una vez al año, el Presidente de la República podrá modificar los límites de la competencia territorial de los juzgados a que se refiere el inciso primero[223].

Art. 44. Derogado[224].

Art. 45. Los Jueces de Letras conocerán:

1° En única instancia:

a) De las causas civiles cuya cuantía no exceda de 10 Unidades Tributarias Mensuales[225];

b) De las causas de comercio cuya cuantía no exceda de 10 Unidades Tributarias Mensuales[226], y

c) Suprimido[227].

2° En primera instancia:

a) De las causas civiles y de comercio cuya cuantía exceda de 10 Unidades Tributarias Mensuales[228];

---

223 Artículo modificado por el art. 11 de la Ley N° 19.665, de 9 de marzo de 2000.

224 Artículo derogado por el art. 4° N° 5 de la Ley N° 18.776, de 18 de enero de 1989.

225 Letra sustituida por el art. 1° N° 4 1) de la Ley N° 18.969, de 10 de marzo de 1990.

226 Letra sustituida por el art. 1° N° 4 1) de la Ley N° 18.969, de 10 de marzo de 1990.

227 Letra suprimida por el art. 4° N° 6 letra a) de la Ley N° 18.776, de 18 de enero de 1989.

228 Letra sustituida por el art. 1° N° 4 2) de la Ley N° 18.969, de 10 de marzo de 1990.

b) De las causas de minas, cualquiera que sea su cuantía. Se entiende por causas de minas, aquellas en que se ventilan derechos regidos especialmente por el Código de Minería;

c) De los actos judiciales no contenciosos, cualquiera sea su cuantía, salvo lo dispuesto en el artículo 494 del Código Civil;

d) Derogado[229].

e) Derogado[230].

f) Derogado[231].

g) De las causas civiles y de comercio cuya cuantía sea inferior a las señaladas en las letras a) y b), del N° 1 de este artículo, en que sean parte o tengan interés los Comandantes en Jefe del Ejército, de la Armada y de la Fuerza Aérea, el General Director de Carabineros, los Ministros de la Corte Suprema o de alguna Corte de Apelaciones, los Fiscales de estos tribunales, los jueces letrados, los párrocos y vicepárrocos, los cónsules generales, cónsules o vicecónsules de las naciones extranjeras reconocidas por el Presidente de la República, las corporaciones y fundaciones de derecho público o los establecimientos públicos de beneficencia y

h) De las causas del trabajo y de familia cuyo conocimiento no corresponda a los Juzgados de Letras del Trabajo, de Cobranza Laboral y Previsional o de Familia, respectivamente[232].

3° Suprimido[233].

4° De los demás asuntos que otras leyes les encomienden.

Art. 46. Los jueces de letras que cumplan, además de sus funciones propias, las de juez de garantía, tendrán la competencia señalada en el artículo 14 de este Código[234].

---

229 Letra derogada por el art. 11 de la Ley N° 19.665, de 9 de marzo de 2000.

230 Letra derogada por el art. 11 de la Ley N° 19.665, de 9 de marzo de 2000.

231 Letra derogada por el art. 1° N° 6 de la Ley N° 19.708, de 5 de enero de 2001.

232 Letra sustituida por el art. 13 N° 8 de la Ley N° 20.022, de 30 de mayo de 2005.

233 Número suprimido por el art. 4° N° 6 letra e) de la Ley N° 18.776, de 18 de enero de 1989.

234 Artículo reemplazado por el art. 11 de la Ley N° 19.665, de 9 de marzo de 2000.

Art. 47. Tratándose de juzgados de letras que cuenten con un juez y un secretario, las Cortes de Apelaciones podrán ordenar que los jueces se aboquen de un modo exclusivo a la tramitación de una o más materias determinadas, de competencia de su tribunal, cuando hubiere retardo en el despacho de los asuntos sometidos al conocimiento del tribunal o cuando el mejor servicio judicial así lo exigiere.

La Corporación Administrativa del Poder Judicial informará anualmente a las Cortes de Apelaciones y al Ministerio de Justicia respecto de la aplicación que hubiese tenido el sistema de funcionamiento extraordinario y de las disponibilidades presupuestarias para el año siguiente[235].

Art. 47 A. Cuando se iniciare el funcionamiento extraordinario, se entenderá, para todos los efectos legales, que el juez falta en su despacho. En esa oportunidad, el secretario del mismo tribunal asumirá las demás funciones que le corresponden al juez titular, en calidad de suplente, y por el solo ministerio de la ley.

Quien debiere cumplir las funciones del secretario del tribunal, de acuerdo a las reglas generales, las llevará a efecto respecto del juez titular y de quien lo supliere o reemplazare[236].

Art. 47 B. Las atribuciones de las Cortes de Apelaciones previstas en el artículo 47 serán ejercidas por una sala integrada solamente por Ministros titulares[237].

Art. 47 C. Tratándose de los tribunales de juicio oral en lo penal, las Cortes de Apelaciones podrán ejercer las potestades señaladas en el artículo 47, ordenando que uno o más de los jueces del tribunal se aboquen en forma exclusiva al conocimiento de las infracciones de los adolescentes

---

235 Artículo agregado por el art. 120 Nº 3 de la Ley Nº 19.968, de 30 de agosto de 2004.
236 Artículo agregado por el art. 120 Nº 3 de la Ley Nº 19.968, de 30 de agosto de 2004.
237 Artículo agregado por el art. 120 Nº 3 de la Ley Nº 19.968, de 30 de agosto de 2004.

a la ley penal, en calidad de jueces de garantía, cuando el mejor servicio judicial así lo exigiere[238].

Art. 47 D. En los Juzgados de Letras en lo Civil, en los Juzgados de Familia, en los Juzgados de Letras del Trabajo, en los Juzgados de Cobranza Laboral y Previsional, en el Juzgado de Letras de Familia, Garantía y Trabajo creado por el artículo 1° de la ley N° 20.876, y en los Juzgados de Letras con competencia común, a solicitud del juez o del juez presidente, si es el caso, y previo informe de la Corporación Administrativa del Poder Judicial, las Cortes de Apelaciones podrán autorizar, por resolución fundada en razones de buen servicio con el fin de cautelar la eficiencia del sistema judicial para garantizar el acceso a la justicia o la vida o integridad de las personas, la adopción de un sistema de funcionamiento excepcional que habilite al tribunal a realizar de forma remota por videoconferencia las audiencias de su competencia en que no se rinda prueba testimonial, absolución de posiciones o declaración de partes o de peritos. Lo anterior no procederá respecto de las audiencias en materias penales que se realicen en los Juzgados de Letras con competencia común.

La propuesta de funcionamiento excepcional será elaborada por el secretario o administrador del tribunal, y suscrita por el juez o juez presidente, según corresponda. Dicha propuesta tendrá una duración máxima de un año, la que se podrá prorrogar por una sola vez por el mismo período, sin necesidad de una nueva solicitud.

El tribunal deberá solicitar a las partes una forma expedita de contacto a efectos de que coordine con ellas los aspectos logísticos necesarios, tales como número de teléfono o correo electrónico. Las partes deberán dar cumplimiento a esta exigencia hasta dos días antes de la realización de la audiencia respectiva. Si cualquiera de las partes no ofreciere oportunamente una forma expedita de contacto, o no fuere posible contactarla a través de los medios ofrecidos tras tres intentos, de lo cual se deberá dejar constancia, se entenderá que no ha comparecido a la audiencia.

---

238 Artículo agregado por el art. 65 N° 5 de la Ley N° 20.084, de 7 de diciembre de 2005.

La constatación de la identidad de la parte que comparece de forma remota deberá efectuarse inmediatamente al inicio de la audiencia, de manera remota ante el ministro de fe o el funcionario que determine el tribunal respectivo, mediante la exhibición de su cédula de identidad o pasaporte, de lo que se dejará registro.

De la audiencia realizada por vía remota mediante videoconferencia en los asuntos civiles y comerciales se levantará acta que consignará todo lo obrado en ella, la que deberá ser suscrita por las partes, el juez y los demás comparecientes, mediante firma electrónica simple o avanzada.

Sin perjuicio de lo dispuesto en el inciso primero, cualquier persona legitimada a comparecer en la causa podrá solicitar, hasta dos días antes de la realización de la audiencia, que ésta se desarrolle de forma presencial, invocando razones graves que imposibiliten o dificulten su participación, o que por circunstancias particulares, quede en una situación de indefensión.

La disponibilidad y correcto funcionamiento de los medios tecnológicos de las partes que comparezcan remotamente en dependencias ajenas al Poder Judicial será de su responsabilidad. Con todo, la parte podrá alegar entorpecimiento si el mal funcionamiento de los medios tecnológicos no fuera atribuible a ella. En caso de acoger dicho incidente, el tribunal fijará un nuevo día y hora para la continuación de la audiencia, sin que se pierda lo obrado con anterioridad a dicho mal funcionamiento. En la nueva audiencia que se fije, el tribunal velará por la igualdad de las partes en el ejercicio de sus derechos.

La Corte Suprema regulará mediante auto acordado los criterios que las Cortes de Apelaciones deberán tener a la vista para aprobar este tipo de funcionamiento excepcional[239].

---

239 Artículo agregado por el art. 6º Nº 2 de la Ley Nº 21.394, de 30 de noviembre de 2021.

Art. 48. Los jueces de letras de comunas asiento de Corte conocerán en primera instancia de las causas de hacienda, cualquiera que sea su cuantía[240].

No obstante lo dispuesto en el inciso anterior, en los juicios en que el Fisco obre como demandante, podrá éste ocurrir a los tribunales allí indicados o al del domicilio del demandado, cualquiera que sea la naturaleza de la acción deducida.

Las mismas reglas se aplicarán a los asuntos no contenciosos en que el Fisco tenga interés.

Art. 49. Derogado[241].

TÍTULO IV
De los Presidentes y Ministros de Corte como tribunales unipersonales

Art. 50. Un Ministro de la Corte de Apelaciones respectiva, según el turno que ella fije, conocerá en primera instancia de los siguientes asuntos:

1°) Derogado[242].

2°) De las causas civiles en que sean parte o tengan interés el Presidente de la República, los ex Presidentes de la República, los Ministros de Estado, Senadores, Diputados, miembros de los Tribunales Superiores de Justicia, Contralor General de la República, Comandantes en Jefe de las Fuerzas Armadas, General Director de Carabineros de Chile, Director General de la Policía de Investigaciones de Chile, los Delegados Presidenciales Regionales, Delegados Presidenciales Provinciales, Gobernadores Regionales, los Agentes Diplomáticos chilenos, los Embajadores y los Ministros Diplomáticos acreditados con el Gobierno de la República o en tránsito

240 Inciso modificado por el art. 4° N° 9 de la Ley N° 18.776, de 18 de enero de 1989.
241 Artículo derogado por el art. 3° N° 11 de la Ley N° 11.183, de 10 de junio de 1953.
242 Número derogado por el art. 11 de la Ley N° 19.665, de 9 de marzo de 2000.

por su territorio, los Arzobispos, los Obispos, los Vicarios Generales, los Provisores y los Vicarios Capitulares.

La circunstancia de ser accionista de sociedades anónimas las personas designadas en este número, no se considerará como una causa suficiente para que un Ministro de la Corte de Apelaciones conozca en primera instancia de los juicios en que aquéllas tengan parte, debiendo éstos sujetarse en su conocimiento a las reglas generales[243].

3°) Derogado[244].

4°) De las demandas civiles que se entablen contra los jueces de letras para hacer efectiva la responsabilidad civil resultante del ejercicio de sus funciones ministeriales[245].

5°) De los demás asuntos que otras leyes les encomienden.

Art. 51. El Presidente de la Corte de Apelaciones de Santiago conocerá en primera instancia:

1°) De las causas sobre amovilidad de los Ministros de la Corte Suprema; y

2°) De las demandas civiles que se entablen contra uno o más miembros de la Corte Suprema o contra su fiscal judicial para hacer efectiva su responsabilidad por actos cometidos en el desempeño de sus funciones[246].

Art. 52. Un Ministro de la Corte Suprema, designado por el Tribunal, conocerá en primera instancia:

1°) De las causas a que se refiere el artículo 23, de la ley N° 12.033[247];

---

243 Número modificado por el art. 15 N° 1 de la Ley N° 21.073, de 22 de febrero de 2018. Previamente había sido modificado por el art. 47 de la Ley N° 19.733, de 4 de junio de 2001.

244 Número derogado por el art. 11 de la Ley N° 19.665, de 9 de marzo de 2000.

245 Número sustituido por el art. 11 de la Ley N° 19.665, de 9 de marzo de 2000.

246 Número modificado por el art. 11 de la Ley N° 19.665, de 9 de marzo de 2000.

247 Número sustituido por el art. 9° del Decreto Ley N° 2.416, 10 de enero de 1979.

2°) De los delitos de jurisdicción de los tribunales chilenos, cuando puedan afectar las relaciones internacionales de la República con otro Estado[248].

3°) De la extradición pasiva[249].

4°) De los demás asuntos que otras leyes le encomienden.

Art. 53. El Presidente de la Corte Suprema conocerá en primera instancia:

1°) De las causas sobre amovilidad de los Ministros de las Cortes de Apelaciones;

2°) De las demandas civiles que se entablen contra uno o más miembros o fiscales judiciales de las Cortes de Apelaciones para hacer efectiva su responsabilidad por actos cometidos en el desempeño de sus funciones[250];

3°) De las causas de presas y demás que deban juzgarse con arreglo al Derecho Internacional[251]; y

4°) De los demás asuntos que otras leyes entreguen a su conocimiento.

En estas causas no procederán los recursos de casación en la forma ni en el fondo en contra de la sentencia dictada por la sala que conozca del recurso de apelación que se interpusiere en contra de la resolución del Presidente[252].

TÍTULO V
Las Cortes de Apelaciones

§ 1. Su organización y atribuciones

Art. 54. Habrá en la República diecisiete Cortes de Apelaciones, las que tendrán su asiento en las siguientes comunas: Arica, Iquique, Anto-

---

248 Número agregado por el art. 7° de la Ley N° 19.047, de 14 de enero de 1991.

249 Numero agregado por el art. 11 de la Ley N° 19.665, de 9 de marzo de 2000.

250 Numero modificado por el art. 11 de la Ley N° 19.665, de 9 de marzo de 2000.

251 Numero modificado por el art. 11 de la Ley N° 19.665, de 9 de marzo de 2000.

252 Inciso agregado por el art. 1° N° 1 de la Ley N° 19.374, de 18 de febrero de 1995.

fagasta, Copiapó, La Serena, Valparaíso, Santiago, San Miguel, Rancagua, Talca, Chillán, Concepción, Temuco, Valdivia, Puerto Montt, Coihaique y Punta Arenas[253].

Art. 55. El territorio jurisdiccional de las Cortes de Apelaciones será el siguiente:

a) El de la Corte de Arica comprenderá la Decimoquinta Región de Arica y Parinacota[254];

b) El de la Corte de Iquique comprenderá la Primera Región de Tarapacá[255];

c) El de la Corte de Antofagasta comprenderá la Segunda Región de Antofagasta;

d) El de la Corte de Copiapó comprenderá la Tercera Región de Atacama;

e) El de la Corte de la Serena comprenderá la Cuarta Región de Coquimbo;

f) El de la Corte de Valparaíso comprenderá la Quinta Región de Valparaíso[256];

g) El de la Corte de Santiago comprenderá la parte de la Región Metropolitana de Santiago correspondiente a las provincias de Chacabuco y de Santiago, con exclusión de las comunas de Lo Espejo, San Miguel, San Joaquín, La Cisterna, San Ramón, La Granja, El Bosque, La Pintana y Pedro Aguirre Cerda;

h) El de la Corte de San Miguel comprenderá la parte de la Región Metropolitana de Santiago correspondiente a las provincias de Cordillera, Maipo y Talagante; a la provincia de Melipilla; a las comunas de Lo Espejo,

---

253 Artículo sustituido por el art. 4° N° 11 de la Ley N° 18.776, de 18 de enero de 1989.

254 Letra modificada por el art. 6° N° 5 letra a) de la Ley N° 20.175, de 11 de abril de 2007.

255 Letra modificada por el art. 6° N° 5 letra b) de la Ley N° 20.175, de 11 de abril de 2007.

256 Letra modificada por el art. 3° N° 1 de la Ley N° 19.861, de 31 de enero de 2003.

San Miguel, San Joaquín, La Cisterna, San Ramón, La Granja, El Bosque, La Pintana y Pedro Aguirre Cerda, de la provincia de Santiago[257];

i) El de la Corte de Rancagua comprenderá la Sexta Región, del libertador General Bernardo O' Higgins;

j) El de la Corte de Talca comprenderá el de la Séptima Región, del Maule;

k) El de la Corte de Chillán comprenderá la Decimosexta Región, de Ñuble y la comuna de Tucapel, de la Provincia del Biobío de la Octava Región del Biobío[258];

l) El de la Corte de Concepción comprenderá las provincias de Concepción, Arauco y Biobío, de la Región del Biobío, con excepción de la comuna de Tucapel[259];

m) El de la Corte de Temuco comprenderá la Novena Región, de la Araucanía;

n) El de la Corte de Valdivia comprenderá la Decimocuarta Región de Los Ríos, y la provincia de Osorno, de la Décima Región de Los Lagos[260];

o) El de la Corte de Puerto Montt comprenderá las provincias de Llanquihue, Chiloé y Palena, de la Décima Región de Los Lagos;

p) El de la Corte de Coihaique comprenderá la Décimo Primera Región de Aisén, del General Carlos Ibáñez del Campo, y

q) El de la Corte de Punta Arenas comprenderá la Décimo Segunda Región de Magallanes y de la Antártica Chilena[261].

Art. 56. Las Cortes de Apelaciones se compondrán del número de miembros que a continuación se indica:

---

257 Letra modificada por el art. 3° N° 2 y 3 de la Ley N° 19.861, de 31 de enero de 2003.

258 Letra modificada por el art. 6° N° 5 letra a) de la Ley N° 21.033, de 5 de septiembre de 2017.

259 Letra modificada por el art. 3° N° 4 de la Ley N° 19.861, de 31 de enero de 2003.

260 Letra modificada por el art. 6° N° 5 letra b) de la Ley N° 21.033, de 5 de septiembre de 2017. Previamente había sido modificada por el art. 5° N° 12 de la Ley N° 20.876, de 6 de noviembre de 2015.

261 Antes de las modificaciones indicadas en las notas precedentes, este artículo había sido sustituido por el art. 4° N° 12 de la Ley N° 18.776, de 18 de enero de 1989.

1°. Las Cortes de Apelaciones de Iquique, Copiapó, Chillán, Puerto Montt, Coihaique y Punta Arenas tendrán cuatro miembros;

2°. Las Cortes de Apelaciones de Arica, Antofagasta, La Serena, Rancagua, Talca, Temuco y Valdivia tendrán siete miembros;

3°. La Corte de Apelaciones de Valparaíso tendrá dieciséis miembros[262];

4°. Las Cortes de Apelaciones de San Miguel y Concepción tendrán diecinueve miembros[263], y

5°. La Corte de Apelaciones de Santiago tendrá treinta y cuatro miembros[264-265].

Art. 57. Las Cortes de Apelaciones serán regidas por un Presidente. Sus funciones durarán un año contado del 1° de marzo y serán desempeñadas por los miembros del tribunal, turnándose cada uno por orden de antigüedad en la categoría correspondiente del escalafón[266].

Los demás miembros de las Cortes de Apelaciones se llamarán Ministros y tendrán el rango y precedencia correspondientes a su antigüedad en la categoría correspondiente del escalafón.

Art. 58. La Corte de Apelaciones de Santiago tendrá seis fiscales judiciales; la Corte de Apelaciones de San Miguel tendrá cuatro fiscales judiciales; las Cortes de Apelaciones de Valparaíso y Concepción tendrán tres fiscales judiciales; las Cortes de Apelaciones de Antofagasta, La Serena,

---

262 Número reemplazado por el art. 2° letra a) de la Ley N° 20.752, de 28 de mayo de 2014. Previamente había sido modificado por el art. 6° N° 1 letra a) de la Ley N° 20.322, de 27 de enero de 2009.

263 Número reemplazado por el art. 2° letra a) de la Ley N° 20.752, de 28 de mayo de 2014. Previamente había sido modificado por el art. 6° N° 1 letra b) de la Ley N° 20.322, de 27 de enero de 2009.

264 Número modificado por el art. 6° N° 1 letra c) de la Ley N° 20.322, de 27 de enero de 2009.

265 Antes a las modificaciones indicadas en las notas precedentes, este artículo había sido sustituido por el art. 5° N° 1 de la Ley N° 19.805, de 22 de mayo de 2002.

266 Inciso sustituido por el art. único N° 1 de la Ley N° 18.783, de 16 de febrero de 1989. Previamente había sido sustituido por el art. 1° del D.L. N° 3.489, de 25 de septiembre de 1980.

Rancagua, Talca, Temuco y Valdivia tendrán dos fiscales judiciales. Las demás Cortes de Apelaciones tendrán un fiscal judicial cada una. El ejercicio de sus funciones será reglado por el tribunal como lo estime conveniente para el mejor servicio, con audiencia de estos funcionarios[267].

Art. 59. Las Cortes de Apelaciones tendrán el número de relatores que a continuación se indica:

1°. La Corte de Apelaciones de Chillán tendrá dos relatores;

2°. Las Cortes de Apelaciones de Iquique, Copiapó, Puerto Montt, Coyhaique y Punta Arenas tendrán tres relatores;

3°. Las Cortes de Apelaciones de Arica, Antofagasta, La Serena, Rancagua, Talca, Temuco y Valdivia tendrán cinco relatores;

4°. Las Cortes de Apelaciones de Valparaíso y Concepción, tendrán once relatores;

5°. La Corte de Apelaciones de San Miguel tendrá doce relatores[268], y

6°. La Corte de Apelaciones de Santiago tendrá veintitrés relatores[269].

Art. 60. Cada Corte de Apelaciones tendrá un secretario.

La Corte de Apelaciones de San Miguel tendrá dos secretarios. La Corte de Apelaciones de Santiago tendrá tres secretarios. Cada tribunal reglará el ejercicio de las funciones de sus secretarios y distribuirá entre ellos el despacho de los asuntos que ingresen a la Corte, en la forma que estime más conveniente para el buen servicio[270].

Art. 61. Las Cortes de Apelaciones de Arica, Antofagasta, La Serena, Rancagua, Talca, Temuco y Valdivia se dividirán en dos salas; la Corte de

---

267 Artículo modificado por el art. 11 de la Ley N° 19.665, de 9 de marzo de 2000. Previamente había sido sustituido por el art. 13 letra q) de la Ley N° 19.592, de 30 de noviembre de 1998.

268 Número modificado por el art. 2° letra b) de la Ley N° 20.752, de 28 de mayo de 2014.

269 Antes de la modificación indicada en la nota precedente, este artículo había sido sustituido por el art. 6° N° 2 de la Ley N° 20.322, de 27 de enero de 2009.

270 Artículo sustituido por el art. 2° N° 3 de la Ley N° 19.124, de 6 de febrero de 1992.

Apelaciones de Valparaíso, en cinco salas; las Cortes de Apelaciones de Concepción y San Miguel, en seis salas, y la Corte de Apelaciones de Santiago en diez salas. Cada una de las salas en que se dividan ordinariamente las Cortes de Apelaciones, tendrán tres ministros, a excepción de la primera sala que constará de cuatro. Para la constitución de las diversas salas en que se dividan las Cortes de Apelaciones para su funcionamiento ordinario, se sortearán anualmente los miembros del tribunal, con excepción de su Presidente, el que quedará incorporado a la Primera Sala, siendo facultativo para él integrarla. El sorteo correspondiente se efectuará el primer día hábil de diciembre del año anterior a aquel en que hayan de funcionar las salas en cada Corte de Apelaciones[271].

No obstante, para los efectos de lo dispuesto en los incisos séptimo y noveno del artículo 66, las Cortes de Apelaciones designarán cada dos años, mediante auto acordado, a los miembros del tribunal que deberán integrar la sala a la que corresponda el conocimiento, en forma exclusiva o preferente, de los asuntos tributarios y aduaneros. Se preferirá para su integración a aquellos ministros que posean conocimientos especializados en estas materias, salvo en el caso del inciso séptimo del referido artículo, en el que los ministros deberán necesariamente poseer dichos conocimientos[272].

Para la acreditación de los conocimientos especializados a que se refiere el inciso anterior, se deberá contar con cursos de perfeccionamiento o postgrado sobre la materia[273-274].

---

[271] Inciso modificado por el art. 1° N° 1 de la Ley N° 20.774, de 4 de septiembre de 2014. Previamente había sido modificado por el art. 2° letra c) i) de la Ley N° 20.752, de 28 de mayo de 2014; por el art. 5° N° 3 de la Ley N° 19.805, de 22 de mayo de 2002.

[272] Inciso reemplazado por el art. 2° letra c) ii) de la Ley N° 20.752, de 28 de mayo de 2014.

[273] Inciso reemplazado por el art. 2° letra c) ii) de la Ley N° 20.752, de 28 de mayo de 2014.

[274] Antes de las modificaciones indicadas en las notas precedentes, este artículo había sido sustituido por el art. 13 letra s) de la Ley N° 19.592, de 30 de noviembre de 1998.

Art. 62. Las Cortes de Apelaciones integradas por sus fiscales judiciales o con abogados integrantes, se dividirán en salas de tres miembros para el despacho de las causas, cuando hubiere retardo[275].

Se entenderá que hay retardo cuando dividido el total de causas en estado de tabla y de las apelaciones que deban conocerse en cuenta, inclusive las criminales, por el número de salas, el cuociente fuere superior a ciento[276].

Producido este caso y si no bastaren los relatores en propiedad, el tribunal designará por mayoría de votos los relatores interinos que estime conveniente, quienes gozarán durante el tiempo en que sirvieren de igual remuneración que los propietarios.

Art. 63. Las Cortes de Apelaciones conocerán:

1º En única instancia:

a) De los recursos de casación en la forma que se interpongan en contra de las sentencias dictadas por los jueces de letras de su territorio jurisdiccional o por uno de sus ministros, y de las sentencias definitivas de primera instancia dictadas por jueces árbitros.

b) De los recursos de nulidad interpuestos en contra de las sentencias definitivas dictadas por un tribunal con competencia en lo criminal, cuando corresponda de acuerdo a la ley procesal penal;

c) De los recursos de queja que se deduzcan en contra de jueces de letras, jueces de policía local, jueces árbitros y órganos que ejerzan jurisdicción, dentro de su territorio jurisdiccional;

d) De la extradición activa, y

e) De las solicitudes que se formulen, de conformidad a la ley procesal, para declarar si concurren las circunstancias que habilitan a la autoridad requerida para negarse a proporcionar determinada información, siempre que la razón invocada no fuere que la publicidad pudiere afectar la seguridad nacional.

---

275 Inciso modificado por el art. 11 de la Ley Nº 19.665, de 9 de marzo de 2000.

276 Inciso sustituido por el art. 3º Nº 1 de la Ley Nº 18.882, de 20 de diciembre de 1989.

2° En primera instancia:

a) De los desafueros de las personas a quienes les fueren aplicables los incisos segundo, tercero y cuarto del artículo 58 de la Constitución Política;

b) De los recursos de amparo y protección, y

c) De los procesos por amovilidad que se entablen en contra de los jueces de letras, y

d) De las querellas de capítulos.

3° En segunda instancia:

a) De las causas civiles, de familia y del trabajo y de los actos no contenciosos de que hayan conocido en primera los jueces de letras de su territorio jurisdiccional o uno de sus ministros[277], y

b) De las apelaciones interpuestas en contra de las resoluciones dictadas por un juez de garantía.

4° De las consultas de las sentencias civiles dictadas por los jueces de letras.

5° De los demás asuntos que otras leyes les encomienden[278].

Art. 64. La Corte de Santiago conocerá de los recursos de apelación y de casación en la forma que incidan en las causas de que haya conocido en primera instancia su Presidente[279].

Art. 65. Suprimido[280].

Art. 66. El conocimiento de todos los asuntos entregados a la competencia de las Cortes de Apelaciones pertenecerá a las salas en que estén

---

277 Letra modificada por el art. 120 N° 4 de la Ley N° 19.968, de 30 de agosto de 2004.

278 Antes de la modificación indicada en la nota anterior, este artículo fue sustituido por el art. 1° N° 7 de la Ley N° 19.708, de 5 de enero de 2001.

279 Artículo modificado por el art. 11 de la Ley N° 19.965, de 9 de marzo de 2000. Previamente había sido reemplazado por el art. 3° N° 17 de la Ley N° 11.183, de 10 de junio de 1953.

280 Artículo suprimido por el art. 8° de la Ley N° 17.939, de 13 de junio de 1973.

divididas, a menos que la ley disponga expresamente que deban conocer de ellos en Pleno[281].

Cada sala representa a la Corte en los asuntos de que conoce[282].

En caso que ante una misma Corte de Apelaciones se encuentren pendientes distintos recursos de carácter jurisdiccional que incidan en una misma causa, cualesquiera sea su naturaleza, éstos deberán acumularse y verse conjunta y simultáneamente en una misma sala. La acumulación deberá hacerse de oficio, sin perjuicio del derecho de las partes a requerir el cumplimiento de esta norma. En caso que, además de haberse interpuesto recursos jurisdiccionales, se haya deducido recurso de queja, éste se acumulará a los recursos jurisdiccionales, y deberá resolverse conjuntamente con ellos[283].

Corresponderá a todo el tribunal el ejercicio de las facultades disciplinarias, administrativas y económicas, sin perjuicio de que las salas puedan ejercer las primeras en los casos de los artículos 542 y 543 en los asuntos que estén conociendo. También corresponderá a todo el tribunal el conocimiento de los desafueros de los Diputados y de los Senadores y de los juicios de amovilidad en contra de los jueces de letras[284].

No obstante lo dispuesto en el inciso anterior, los recursos de queja serán conocidos y fallados por las salas del tribunal, según la distribución que de ellos haga el Presidente; pero la aplicación de medidas disciplinarias corresponderá al tribunal pleno[285].

La Corte de Apelaciones de Santiago conocerá en pleno de los recursos de apelación y casación en la forma, en su caso, que incidan en los juicios

---

281 Inciso sustituido por el art. 3° N° 19 de la Ley N° 11.183, de 10 de junio de 1953.

282 Inciso agregado por el art. 1° N° 9 de la Ley N° 18.969, de 10 de marzo de 1990.

283 Inciso modificado por el art. 1° N° 3 de la Ley N° 19.374, de 18 de febrero de 1995. Previamente el texto de este inciso había sido agregado por el art. 2° N° 2 de la Ley N° 18.705, de 24 de mayo de 1988.

284 El texto de este inciso, mas no su ubicación actual, fue introducido mediante el art. 3° N° 19 de la Ley N° 11.183, de 10 de junio de 1953.

285 El texto de este inciso, mas no su ubicación actual, fue introducido mediante el art. 3° N° 19 de la Ley N° 11.183, de 10 de junio de 1953.

de amovilidad y en las demandas civiles contra los ministros y el fiscal judicial de la Corte Suprema[286].

La Corte de Apelaciones de Santiago designará una de sus salas para que conozca exclusivamente de los asuntos tributarios y aduaneros que se promuevan. Dicha designación se efectuará mediante auto acordado que se dictará cada dos años[287].

En las demás Cortes de Apelaciones, el Presidente designará una sala para que conozca en forma preferente de esta materia en uno o más días a la semana.

El relator que se designare para las salas a que se hace referencia en los incisos precedentes, deberá contar con especialización en materias tributarias y aduaneras, la que deberá acreditarse preferentemente sobre la base de la participación en cursos de perfeccionamiento y postgrado u otra forma mediante la cual se demuestre tener conocimientos relevantes en dichas materias.

Art. 67. Para el funcionamiento del tribunal pleno se requerirá, a lo menos, la concurrencia de la mayoría absoluta de los miembros de que se componga la Corte.

Las salas no podrán funcionar sin la concurrencia de tres jueces como mínimum.

Art. 68. Las Cortes de Apelaciones resolverán los asuntos en cuenta o previa vista de ellos, según corresponda.

Art. 68 bis. Las Cortes de Apelaciones podrán autorizar, por resolución fundada en razones de buen servicio a fin de cautelar la eficiencia del sistema judicial para garantizar el acceso a la justicia o la vida o integridad de las personas, la adopción de un sistema de funcionamiento excepcional que las habilite a realizar la vista de las causas sometidas a su conocimiento en forma remota por videoconferencia. La propuesta de

---

[286] Inciso modificado por el art. 11 de la Ley N° 19.665, de 9 de marzo de 2000.

[287] Inciso sustituido por el art. 2° letra d) de la Ley N° 20.752, de 28 de mayo de 2014.

funcionamiento excepcional será elaborada por el presidente de la Corte respectiva y deberá ser aprobada por el pleno. Dicha propuesta tendrá una duración máxima de un año, la que se podrá prorrogar por una sola vez por el mismo período, sin necesidad de una nueva solicitud.

En este caso, tendrá aplicación lo dispuesto en los artículos 223 y 223 bis del Código de Procedimiento Civil.

Con todo, cualquiera de las partes podrá solicitar, hasta las 12:00 horas del día anterior a la vista de la causa, que esta se desarrolle de forma presencial, invocando razones graves que imposibiliten o dificulten su participación, o que por circunstancias particulares, quede en una situación de indefensión.

La Corte Suprema regulará mediante auto acordado los criterios que las Cortes de Apelaciones deberán tener a la vista para aprobar este tipo de funcionamiento excepcional[288].

Art. 69. Los Presidentes de las Cortes de Apelaciones formarán el último día hábil de cada semana una tabla de los asuntos que verá el tribunal en la semana siguiente, que se encuentren en estado de relación. Se consideran expedientes en estado de relación aquellos que hayan sido previamente revisados y certificados al efecto por el relator que corresponda[289].

En las Cortes de Apelaciones que consten de más de una sala se formarán tantas tablas cuantas sea el número de salas y se distribuirán entre ellas por sorteo, en audiencia pública. Sin perjuicio de lo anterior, los asuntos que según la materia deban ser conocidos por las salas a que se refieren los incisos séptimo y octavo del artículo 66, serán asignados a éstas por el Presidente del tribunal, quien lo determinará sin ulterior recurso[290].

---

288 Artículo agregado por el art. 6° N° 3 de la Ley N° 21.394, de 30 de noviembre de 2021.

289 Inciso sustituido por el art. 3° N° 2 de la Ley N° 18.882, de 20 de diciembre de 1989.

290 Inciso modificado por el art. 6° N° 5 de la Ley N° 20.322, de 27 de enero de 2009.

En las tablas deberá designarse un día de la semana para conocer las causas criminales y otro día distinto para conocer las causas de familia, sin perjuicio de la preferencia que la ley o el tribunal les acuerden[291].

Sin embargo, los recursos de amparo y las apelaciones relativas a la libertad de los imputados u otras medidas cautelares personales en su contra serán de competencia de la sala que haya conocido por primera vez del recurso o de la apelación, o que hubiere sido designada para tal efecto, aunque no hubiere entrado a conocerlos[292].

Serán agregados extraordinariamente a la tabla del día siguiente hábil al de su ingreso al tribunal, o el mismo día, en casos urgentes:

1° Las apelaciones relativas a la prisión preventiva de los imputados u otras medidas cautelares personales en su contra;

2° Los recursos de amparo, y

3° Las demás que determinen las leyes[293].

Serán agregados extraordinariamente a la tabla del día siguiente hábil al de su ingreso al tribunal, o el mismo día, en casos urgentes: 1° las apelaciones y consultas relativas a la libertad provisional de los inculpados y procesados; 2° los recursos de amparo; y 3° las demás que determinen las leyes[294].

Se agregarán extraordinariamente, también, las apelaciones de las resoluciones relativas al auto de procesamiento señaladas en el inciso cuarto, en causas en que haya procesados privados de libertad. La agregación se hará a la tabla del día que determine el Presidente de la Corte, dentro del término de cinco días desde el ingreso de los autos a la Secretaría del Tribunal[295-296].

---

291 Inciso sustituido por el art. 120 N° 5 de la Ley N° 19.968, de 30 de agosto de 2004.

292 Inciso reemplazado por el art. 1° N° 8 letra a) de la Ley N° 19.708, de 5 de enero de 2001.

293 Inciso reemplazado por el art. 1° N° 8 letra a) de la Ley N° 19.708, de 5 de enero de 2001.

294 Inciso modificado por el art. 9° de la Ley N° 19.047, de 14 de febrero de 1991.

295 Inciso modificado por el art. 9° de la Ley N° 19.047, de 14 de febrero de 1991.

296 Antes de las modificaciones indicadas en las notas precedentes, este artículo había sido modificado por el art. 1° del D.L. N° 1.682, de 25 de enero de 1977; y por el

Art. 70. La tramitación de los asuntos entregados a las Cortes de Apelaciones corresponderá, en aquellas que se compongan de más de una sala, a la primera[297].

Para dictar las providencias de mera sustanciación bastará un solo ministro.

Se entienden por providencias de mera sustanciación las que tienen por objeto dar curso progresivo a los autos, sin decidir ni prejuzgar ninguna cuestión debatida entre partes.

Sin embargo, deberán dictarse por la sala respectiva las resoluciones de tramitación que procedan cuando ya estén conociendo de un asunto.

Art. 71. La vista y conocimiento en cuenta de las causas y asuntos incidentales de las Cortes de Apelaciones, se regirán por las reglas de los Códigos de Procedimiento Civil y de Procedimiento Penal o Procesal Penal, según corresponda[298].

§ 2. Los Acuerdos de las Cortes de Apelaciones

Art. 72. Las Cortes de Apelaciones deberán funcionar, para conocer y decidir los asuntos que les estén encomendados, con un número de miembros que no sea inferior al mínimum determinado en cada caso por la ley, y sus resoluciones se adoptarán por mayoría absoluta de votos conformes.

Art. 73. Derogado[299].

Art. 74. Si con ocasión de conocer alguna causa en materia criminal, se produce una dispersión de votos entre los miembros de la Corte, se seguirá las reglas señaladas para los tribunales de juicio oral en lo penal[300].

---

art. 2° N° 6 de la Ley N° 17.590, de 31 de diciembre de 1971.

297 Inciso sustituido por el art. 1° N° 10 de la Ley N° 18.969, de 10 de marzo de 1990.

298 Artículo modificado por el art. 1° N° 9 de la Ley N° 19.708, de 5 de enero de 2001. Previamente había sido sustituido por el art. 2° N° 7 de la Ley N° 17.590, de 31 de diciembre de 1971.

299 Artículo derogado por el art. 11 de la Ley N° 19.665, de 9 de marzo de 2000.

300 Artículo sustituido por el art. 1° N° 10 de la Ley N° 19.708, de 5 de enero de 2001.

Art. 75. No podrán tomar parte en ningún acuerdo los que no hubieren concurrido como jueces a la vista del negocio.

Art. 76. Ningún acuerdo podrá efectuarse sin que tomen parte todos los que como jueces hubieren concurrido a la vista, salvo los casos de los artículos siguientes.

Art. 77. Si antes del acuerdo falleciere, fuere destituido o suspendido de sus funciones, trasladado o jubilado, alguno de los Jueces que concurrieron a la vista se procederá a ver de nuevo el negocio[301].

Art. 78. Si antes del acuerdo se imposibilitare por enfermedad alguno de los jueces que concurrieron a la vista, se esperará hasta por treinta días su comparecencia al tribunal; y si, transcurrido este término, no pudiere comparecer, se hará nueva vista.

Podrá, también, en este caso, verse de nuevo el asunto antes de la expiración de los treinta días, si todas las partes convinieren en ello.

Art. 79. Sin perjuicio de lo dispuesto en los arts. 77 y 78, todos los jueces que hubieren asistido a la vista de una causa quedan obligados a concurrir al fallo de la misma, aunque hayan cesado en sus funciones, salvo que, a juicio del tribunal, se encuentren imposibilitados física o moralmente para intervenir en ella.

No se efectuará el pago de ninguna jubilación de Ministros de Corte, mientras no acrediten haber concurrido al fallo de las causas, a menos que comprueben la imposibilidad de que se trata en el inciso anterior.

Art. 80. En los casos de los artículos 77, 78 y 79 no se verá de nuevo la causa aunque deje de tomar parte en el acuerdo alguno o algunos de los que concurrieron a la vista, siempre que el fallo sea acordado por el

---

301 Artículo reemplazado por el art. único letra a) de la Ley Nº 12.473, de 12 de agosto de 1957.

voto conforme de la mayoría del total de jueces que haya intervenido en la vista de la causa[302].

Art. 81. Las Cortes de Apelaciones celebrarán sus acuerdos privadamente; pero podrán llamar a ellos a los relatores u otros empleados cuando lo estimen necesario.

Art. 82. Cuando alguno de los miembros del tribunal necesite estudiar con más detenimiento el asunto que va a fallarse, se suspenderá el debate y se señalará, para volver a la discusión y al acuerdo, un plazo que no exceda de treinta días, si varios ministros hicieren la petición, y de quince días cuando la hiciere uno solo[303].

Art. 83. En los acuerdos de los tribunales colegiados, después de debatida suficientemente la cuestión o cuestiones promovidas, se observarán las reglas siguientes para formular la resolución:

1°) Se establecerán primeramente con precisión los hechos sobre que versa la cuestión que debe fallarse, sin entrar en apreciaciones ni observaciones que no tengan por exclusivo objeto el esclarecimiento de los hechos;

2°) Si en el debate se hubiere suscitado cuestión sobre la exactitud o falsedad de uno o más de los hechos controvertidos entre las partes, cada una de las cuestiones suscitadas será resuelta por separado;

3°) La cuestión que ya hubiere sido resuelta servirá de base, en cuanto la relación o encadenamiento de los hechos lo exigiere, para la decisión de las demás cuestiones que en el debate se hubieren suscitado;

4°) Establecidos los hechos en la forma prevenida por las reglas anteriores, se procederá a aplicar las leyes que fueren del caso, si el tribunal estuviere de acuerdo en este punto;

---

302 Artículo sustituido por el art. único letra b) de la Ley N° 12.473, de 12 de agosto de 1957.

303 El inciso 2° de esta disposición fue eliminado por el art. 9° del D.L. N° 2.416, de 10 de enero de 1979.

5°) Si en el debate se hubieren suscitado cuestiones de derecho, cada una de ellas será resuelta por separado, y las cuestiones resueltas servirán de base para la resolución de las demás; y

6°) Resueltas todas las cuestiones de hecho y de derecho que se hubieren suscitado, las resoluciones parciales del tribunal se tomarán por base para dictar la resolución final del asunto.

Art. 84. En los acuerdos de los tribunales colegiados dará primero su voto el ministro menos antiguo, y continuarán los demás en orden inverso al de su antigüedad. El último voto será el del Presidente.

Art. 85. Se entenderá terminado el acuerdo cuando se obtenga mayoría legal sobre la parte resolutiva del fallo y sobre un fundamento, a lo menos, en apoyo de cada uno de los puntos que dicho fallo comprenda.

Obtenido este resultado, se redactará la resolución por el ministro que el tribunal señalare, el cual se ceñirá estrictamente a lo aceptado por la mayoría.

Si se suscitare dificultad acerca de la redacción, será decidida por el tribunal.

Aprobada la redacción, se firmará la sentencia por todos los miembros del tribunal que hayan concurrido al acuerdo, a más tardar en el término de tercero día; y en ella se expresará, al final, el nombre del ministro que la hubiere redactado.

De la designación del ministro que deba redactar el fallo acordado se dejará constancia en el proceso en un decreto firmado por todos los ministros que concurrieron al acuerdo. Este decreto será puesto en conocimiento de las partes el día de su fecha.

El secretario certificará, en una diligencia estampada en los autos, la fecha en que el ministro entregue redactado el proyecto de sentencia.

Art. 86. Cuando en los acuerdos para formar resolución resultare discordia de votos, cada opinión particular será sometida separadamente a votación y si ninguna de ellas obtuviere mayoría absoluta, se excluirá la opinión que reúna menor número de sufragios en su favor, repitiéndose la votación entre las restantes.

Si la exclusión pudiere corresponder a más de una opinión por tener igual número de votos, decidirá el tribunal cuál de ellas debe ser excluida; y si tampoco resultare mayoría para decidir la exclusión, se llamarán tantos jueces cuantos sean necesarios para que cualquiera de las opiniones pueda formar sentencia, debiendo, en todo caso, quedar constituido el tribunal con un número impar de miembros.

Los jueces que hubieren sostenido una opinión excluida, deberán optar por alguna de las otras sometidas a votación.

El procedimiento de este artículo se repetirá cada vez que ocurran las circunstancias mencionadas en él.

Art. 87. Cuando en el caso del inciso segundo del artículo anterior se llamaren otros jueces para dirimir una discordia, se verá la causa por los mismos miembros que hubieren asistido a la primera vista y los nuevamente llamados.

Antes de comenzar el acto podrán los jueces discordantes aceptar por sí solos una opinión que reúna la mayoría necesaria para formar sentencia, quedando sin lugar la nueva vista, la cual se efectuará únicamente en el caso de mantenerse la discordia.

Si, vista de nuevo la causa, ninguna opinión obtuviere mayoría legal, se limitará la votación a las que hubieren quedado pendientes al tiempo de llamarse a los nuevos jueces.

En caso de nueva vista de una causa por discordia ocurrida en la primera, el Presidente del tribunal podrá indicar a los abogados de las partes el punto materia del empate para que limiten a él sus alegaciones.

Art. 88. Derogado[304].

Art. 89. En los autos y sentencias definitivas e interlocutorias de los tribunales colegiados, se expresará nominalmente qué miembros han concurrido con su voto a formar sentencia y qué miembros han sostenido opinión contraria, lo que quedará registrado electrónicamente.

---

304 Artículo derogado por el art. 11 de la Ley Nº 19.665, de 9 de marzo de 2000.

Podrán también consignarse electrónicamente las razones especiales que algún miembro de la mayoría haya tenido para formar sentencia y que no se hubieren insertado en ella.

La sentencia, su disidencia y las prevenciones estarán disponibles en la página de internet del Poder Judicial. Estos documentos podrán publicarse por la Corte Suprema en la Gaceta de los Tribunales o en otras publicaciones que disponga al efecto[305].

§ 3. Los Presidentes de las Cortes de Apelaciones

Art. 90. A los Presidentes de las Cortes de Apelaciones, fuera de las atribuciones que otras disposiciones les otorgan, les corresponden especialmente las que en seguida se indican:

1°) Presidir el respectivo tribunal en todas sus reuniones públicas;

2°) Instalar diariamente la sala o salas, según el caso, para su funcionamiento, haciendo llamar, si fuere necesario, a los funcionarios que deben integrarlas. Se levantará acta de la instalación, autorizada por el secretario, indicándose en ella los nombres da los ministros asistentes, y de los que no hubieren concurrido, con expresión de la causa que motivare su inasistencia. Una copia de esta acta se fijará en la tabla de la sala correspondiente;

3°) Formar el último día hábil de cada semana, en conformidad a la ley, las tablas de que deba ocuparse el tribunal o sus salas en la semana siguiente. Se destinará un día, por lo menos, fuera de las horas ordinarias de audiencia, para el conocimiento y fallo de los recursos de queja y de las causas que hayan quedado en acuerdo, en el caso del artículo 82.o[306];

4°) Abrir y cerrar las sesiones del tribunal, anticipar o prorrogar las horas del despacho en caso que así lo requiera algún asunto urgente y grave y convocar extraordinariamente al tribunal cuando fuere necesario;

---

305 Artículo reemplazado por el art. 13 N° 1 de la Ley N° 20.886, de 18 de diciembre de 2015.

306 Número reemplazado por el art. 3° N° 21 de la Ley N° 11.183, de 10 de junio de 1953.

5°) Mantener el orden dentro de la sala del tribunal, amonestando a cualquiera persona que lo perturbe y aun haciéndole salir de la sala en caso necesario;

6°) Dirigir los debates del tribunal, concediendo la palabra a los miembros que la pidieren;

7°) Fijar las cuestiones que hayan de debatirse y las proposiciones sobre las cuales haya de recaer la votación;

8°) Poner a votación las materias discutidas cuando el tribunal haya declarado concluido el debate;

9° Enviar al Presidente de la Corte Suprema, antes del quince de Febrero de cada año, la estadística a que se refiere el artículo 589; y

10°) Dar cuenta al Presidente de la Corte Suprema de las causas en que no se haya dictado sentencia en el plazo de treinta días, contados desde el término de la vista, y de los motivos del retardo.

Las resoluciones que el Presidente dictare en uso de las atribuciones que se le confieren en este artículo, exceptuadas las de los números 1, 2, 9 y 10, no podrán en caso alguno prevalecer contra el voto del tribunal.

Art. 91. En ausencia del Presidente de una Corte de Apelaciones, hará sus veces el ministro más antiguo de los que se encontraren actualmente reunidos en la sala del tribunal.

Art. 92. Los Presidentes de las salas tendrán las atribuciones señaladas en los números 1, 4, 5, 6, 7 y 8 del artículo 90.

TÍTULO VI
La Corte Suprema

§ 1. Su organización y atribuciones

Art. 93. La Corte Suprema se compondrá de veintiún miembros, uno de los cuales será su Presidente[307].

---

[307] Inciso modificado por el art. 1° N° 11 letra a) de la Ley N° 19.708, 5 de enero de 2001.

El Presidente será nombrado por la misma Corte, de entre sus miembros, y durará en sus funciones dos años, no pudiendo ser reelegido[308].

Los demás miembros se llamarán ministros y gozarán de precedencia los unos respecto de los otros por el orden de su antigüedad.

La Corte Suprema tendrá un fiscal judicial, un secretario, un prosecretario y ocho relatores[309].

Art. 94. La Corte Suprema tendrá su sede en la capital de la República.

Art. 95. La Corte Suprema funcionará dividida en salas especializadas o en pleno.

Para el conocimiento de los asuntos a que se refiere el artículo 98, la Corte funcionará ordinariamente dividida en tres salas o extraordinariamente en cuatro, correspondiéndole a la propia Corte determinar uno u otro modo de funcionamiento.

Durante el funcionamiento extraordinario de la Corte Suprema, el tribunal designará los relatores interinos que estime necesarios, quienes, durante el tiempo que sirvieren el cargo, gozarán de igual remuneración que los titulares.

En cualquier caso, las salas deberán funcionar con no menos de cinco jueces cada una y el pleno con la concurrencia de once de sus miembros a lo menos.

Corresponderá a la propia Corte, mediante auto acordado, establecer la forma de distribución de sus ministros entre las diversas salas de su funcionamiento ordinario o extraordinario. La distribución de ministros que se efectúe permanecerá invariable por un período de, a lo menos, dos años.

---

308 Inciso modificado por el art. 1° N° 11 letra b) de la Ley N° 19.708, 5 de enero de 2001. Previamente había sido modificado por el art. 1° N° 4 letra a) de la Ley N° 19.374, de 18 de febrero de 1995; por el art. único N° 3 de la Ley N° 18.783, de 16 de febrero de 1989; e incluido por el art. 3° N° 22 de la Ley N° 11.183, de 10 de junio de 1953.

309 Inciso modificado por el art. 11 de la Ley N° 19.665, de 9 de marzo de 2000. Previamente había sido modificado por el art. 1° N° 4 letra b) de la Ley N° 19.374, de 18 de febrero de 1995.

La integración de sala será facultativa para el Presidente de la Corte. Si opta por hacerlo, podrá integrar cualquiera de las salas.

Cada sala en que se divida la Corte Suprema será presidida por el ministro más antiguo, cuando no esté presente el Presidente de la Corte[310].

Art. 96. Corresponde a la Corte Suprema en pleno:

1° Conocer del recurso de inaplicabilidad reglado en el artículo 80 de la Constitución Política de la República y de las contiendas de competencia de que trata el inciso final de su artículo 79;

2° Conocer de las apelaciones que se deduzcan en las causas por desafuero de las personas a quienes les fueren aplicables los incisos segundo, tercero y cuarto del artículo 58 de la Constitución Política[311];

3° Conocer en segunda instancia, de los juicios de amovilidad fallados en primera por las Cortes de Apelaciones o por el Presidente de la Corte Suprema, seguidos contra jueces de letras o Ministros de Cortes de Apelaciones, respectivamente;

4° Ejercer las facultades administrativas, disciplinarias y económicas que las leyes le asignan, sin perjuicio de las que les correspondan a las salas en los asuntos de que estén conociendo, en conformidad a los artículos 542 y 543. En uso de tales facultades, podrá determinar la forma de funcionamiento de los tribunales y demás servicios judiciales, fijando los días y horas de trabajo en atención a las necesidades del servicio;

5° Informar al Presidente de la República, cuando se solicite su dictamen, sobre cualquier punto relativo a la administración de justicia y sobre el cual no exista cuestión de que deba conocer;

6° Informar las modificaciones que se propongan a la ley orgánica constitucional relativa a la Organización y Atribuciones de los Tribunales, de acuerdo a lo dispuesto en el artículo 74 de la Constitución Política;

---

310 Artículo reemplazado por el art. 1° N° 5 de la Ley N° 19.374, de 18 de febrero de 1995.

311 Número modificado por el art. 2° N° 2 de la Ley N° 19.678, de 5 de mayo de 2000.

7° Conocer y resolver la concesión o revocación de la libertad condicional, en los casos en que se hubiere impuesto el presidio perpetuo calificado.

La resolución, en este caso, deberá ser acordada por la mayoría de los miembros en ejercicio[312].

8° Conocer de todos los asuntos que leyes especiales le encomiendan expresamente.

Todos los autos acordados de carácter y aplicación general que dicte la Corte Suprema deberán ser publicados en el Diario Oficial.

Art. 97. Las sentencias que dicte la Corte Suprema al fallar los recursos de casación de fondo y forma, de nulidad en materia penal, de queja, de protección y de amparo, así como la revisión de sentencias firmes, no son susceptibles de recurso alguno, salvo el de aclaración, rectificación y enmienda que establece el artículo 182 del Código de Procedimiento Civil.

Toda solicitud de reposición o reconsideración de las resoluciones a que se refiere este artículo será inadmisible y rechazada de plano por el Presidente de la Corte, salvo si se pide la reposición a que se refieren los artículos 778, 781 y 782 del Código de Procedimiento Civil[313].

Art. 98. Las salas de la Corte Suprema conocerán:

1.- De los recursos de casación en el fondo:

2.- De los recursos de casación en la forma interpuestos contra las sentencias dictadas por las Cortes de Apelaciones o por un tribunal arbitral de segunda instancia constituido por árbitros de derecho en los casos en que estos árbitros hayan conocido de negocios de la competencia de dichas Cortes;

---

312 Número sustituido por el art. 4° N° 3 de la Ley N° 19.734, de 5 de junio de 2001.

313 Artículo sustituido por el art. 1° N° 12 de la Ley N° 19.708, de 5 de enero de 2001.

3.- De los recursos de nulidad interpuestos en contra de las sentencias definitivas dictadas por los tribunales con competencia en lo criminal, cuando corresponda de acuerdo a la ley procesal penal[314];

4.- De las apelaciones deducidas contra las sentencias dictadas por las Cortes de Apelaciones en los recursos de amparo y de protección;

5.- De los recursos de revisión y de las resoluciones que recaigan sobre las querellas de capítulos[315];

6.- En segunda instancia, de las causas a que se refieren los números 2° y 3° del artículo 53;

7.- De los recursos de queja, pero la aplicación de medidas disciplinarias será de la competencia del tribunal pleno;

8.- De los recursos de queja en juicio de cuentas contra las sentencias de segunda instancia dictadas con falta o abuso, con el solo objeto de poner pronto remedio al mal que lo motiva[316];

9.- De las solicitudes que se formulen, de conformidad a la ley procesal, para declarar si concurren las circunstancias que habilitan a la autoridad requerida para negarse a proporcionar determinada información o para oponerse a la entrada y registro de lugares religiosos, edificios en que funcione una autoridad pública o recintos militares o policiales[317].

10.- De los demás negocios judiciales de que corresponda conocer a la Corte Suprema y que no estén entregados expresamente al conocimiento del pleno.

Art. 98 bis. La Corte Suprema podrá autorizar por razones de buen servicio a fin de cautelar la eficiencia del sistema judicial para garantizar el acceso a la justicia o la vida o integridad de las personas, por resolución

---

314 Número agregado por el art. 1° N° 13 letra a) de la Ley N° 19.708, de 5 de enero de 2001.

315 Número modificado por el art. 1° N° 13 letra b) de la Ley N° 19.708, de 5 de enero de 2001.

316 Número modificado por el art. 1° N° 13 letra c) de la Ley N° 19.708, de 5 de enero de 2001.

317 Número agregado por el art. 1° N° 13 letra d) de la Ley N° 19.708, de 5 de enero de 2001.

fundada, la adopción de un sistema de funcionamiento excepcional que la habilite a realizar la vista de las causas sometidas a su conocimiento en forma remota por videoconferencia. La propuesta de funcionamiento excepcional será elaborada por su presidente y deberá ser aprobada por el pleno. Dicha propuesta tendrá una duración máxima de un año, la que se podrá prorrogar por una sola vez por el mismo período, sin necesidad de una nueva solicitud.

En este caso, tendrá aplicación lo dispuesto en los artículos 223 y 223 bis del Código de Procedimiento Civil.

Con todo, cualquiera de las partes podrá solicitar, hasta las 12:00 horas del día anterior a la vista de la causa, que ésta se desarrolle de forma presencial, invocando razones graves que imposibiliten o dificulten su participación de manera significativa, o que por circunstancias particulares, quede en una situación de indefensión[318].

Art. 99. Corresponderá a la Corte Suprema, mediante auto acordado, establecer cada dos años las materias de que conocerá cada una de las salas en que ésta se divida, tanto en funcionamiento ordinario como extraordinario. Al efecto, especificará la o las salas que conocerán de materias civiles, penales, constitucionales, contencioso administrativas, laborales, de menores, tributarias u otras que el propio tribunal determine. Asimismo, señalará la forma y periodicidad en que las salas especializadas decidirán acerca de las materias indicadas en el inciso primero del artículo 781 y en los incisos primero y segundo del artículo 782, ambos del Código de Procedimiento Civil, respecto de los recursos de casación que hayan ingresado hasta quince días antes de la fecha en que se deba resolver sobre la materia. En todo caso, la mencionada periodicidad no podrá ser superior a tres meses.

Corresponderá al Presidente de la Corte Suprema, sin ulterior recurso, asignar los asuntos a cada una de las salas, según la materia en que incidan, en conformidad a lo dispuesto en el inciso anterior.

---

[318] Artículo agregado por el art. 6º Nº 4 de la Ley Nº 21.394, de 30 de noviembre de 2021.

No obstante lo dispuesto en el inciso primero, la Corte Suprema, siempre mediante auto acordado, podrá modificar la distribución de las materias de que conoce cada una de las salas, cuando una repartición más equitativa de las mismas así lo requiera.

En caso que ante la Corte Suprema se encuentren pendientes distintos recursos de carácter jurisdiccional que incidan en una misma causa, cualesquiera sea su naturaleza, éstos deberán acumularse y verse conjunta y simultáneamente en una misma sala. La acumulación deberá hacerse de oficio, sin perjuicio del derecho de las partes a requerir el cumplimiento de esta norma[319].

Art. 100. La Corte Suprema, mediante auto acordado, dictará normas para prevenir el consumo indebido de sustancias o drogas estupefacientes o sicotrópicas por parte de los funcionarios judiciales.

Ese auto acordado contendrá, además, un procedimiento de control de consumo aplicable a los miembros del escalafón primario. Dicho procedimiento de control comprenderá a todos los integrantes de un grupo o sector de funcionarios que se determinará en forma aleatoria, se aplicará en forma reservada y resguardará la dignidad e intimidad de ellos, observando las prescripciones de la ley N° 19.628, sobre protección de los datos de carácter personal. Sólo será admisible como prueba de la dependencia una certificación médica, basada en los exámenes que correspondan[320].

Art. 101. Cuando existieren desequilibrios entre las dotaciones de los jueces y la carga de trabajo entre tribunales de una misma jurisdicción, la Corte Suprema, a solicitud de la Corte de Apelaciones respectiva, previo informe de la Corporación Administrativa del Poder Judicial, en que consten los datos objetivos para su procedencia y siempre que lo permita la disponibilidad presupuestaria del Poder Judicial, podrá destinar transitoriamente y de manera rotativa a uno o más jueces integrantes de los

---

319 Artículo reemplazo por el art. 1° N° 8 de la Ley N° 19.374, de 18 de febrero de 1995.

320 Artículo intercalado por el art. 75 N° 1 de la Ley N° 20.000, de 16 de febrero de 2005.

Tribunales de Garantía, Tribunales de Juicio Oral en lo Penal, Tribunales de Familia, Tribunales Laborales, Tribunales de Cobranza Laboral y Previsional y juzgados con competencia común a que hace referencia el artículo 27 bis, a desempeñar sus funciones preferentemente en otro tribunal de su misma especialidad.

Dicha facultad podrá ejercerse sólo entre tribunales de territorios jurisdiccionales pertenecientes a una misma Corte de Apelaciones, por un plazo máximo de seis meses por cada juez, sin renovación inmediata y entre tribunales que, en todo o en parte, compartan el mismo territorio jurisdiccional o que sean de territorios jurisdiccionales contiguos.

No obstante, podrá destinarse a un juez a un tribunal de un territorio jurisdiccional no contiguo, contando con su acuerdo expreso y previo informe de la Corporación Administrativa del Poder Judicial, el que deberá señalar fundadamente las razones que hacen necesario o conveniente para el servicio judicial proceder de la manera indicada. También podrá renovarse inmediatamente una destinación, cuando se cuente para ello con el acuerdo del juez respectivo.

La Corte Suprema designará al juez destinado dando preferencia a aquellos que manifiesten su interés en ser destinados transitoriamente.

Esta facultad no podrá ejercerse con respecto al juez presidente del tribunal ni afectar en forma simultánea a un porcentaje superior al cincuenta por ciento de los jueces integrantes de cada tribunal.

El ejercicio de esta facultad no modificará el sistema de remuneración, de calificación o el régimen estatutario de los jueces destinados, ni tampoco podrá importar deterioro en su condición funcionaria, personal o familiar. Sin embargo, en caso que el juez sea destinado a un tribunal que por su ubicación, le corresponda una mayor remuneración, será aplicable, mientras dure su destinación, la escala de remuneraciones correspondiente a dicho tribunal. El juez que estime que su destinación le significa un menoscabo en aquellas condiciones, podrá solicitar fundadamente la revocación de la medida a la Corte Suprema dentro de los cinco días siguientes a su notificación.

La obligación señalada en el artículo 311 se entenderá cumplida por el juez transitoriamente destinado, para todos los efectos legales, por el hecho de verificarse respecto de su tribunal de origen.

En ningún caso, la facultad establecida en este artículo podrá ser empleada como mecanismo de sanción o menoscabo en contra de los jueces destinados, ni tampoco ser utilizada reiteradamente respecto de un mismo juez.

Sin perjuicio de lo señalado en el inciso segundo, la Corte Suprema podrá ejercer la facultad de destinación entre tribunales ubicados dentro de la Región Metropolitana, aun cuando dependan de distintas Cortes de Apelaciones[321].

Art. 101 bis. Cuando existieren desequilibrios entre las dotaciones de los ministros, secretarios, fiscales judiciales, relatores y funcionarios; y la carga de trabajo entre las Cortes de Apelaciones de Santiago y de San Miguel de la Región Metropolitana, por razones de buen servicio con el fin de cautelar la eficiencia del sistema judicial para garantizar el acceso a la justicia o la vida o integridad de las personas, la Corte Suprema podrá, por resolución fundada, a solicitud del Presidente de la Corte de Apelaciones respectiva, previo informe de la Corporación Administrativa del Poder Judicial, en que consten los datos objetivos para su procedencia, destinar transitoriamente a uno o más ministros, secretarios, fiscales judiciales, relatores o funcionarios de Corte a desempeñar sus funciones preferentemente en la otra Corte. Los destinados sólo podrán asumir el mismo cargo y labor que respectivamente desempeñaban en la Corte de origen.

Dicha facultad podrá ejercerse excepcionalmente entre las Cortes mencionadas por un plazo mínimo de seis meses y máximo de un año por cada ministro, secretario, fiscal judicial, relator o funcionario, sin renovación inmediata.

La solicitud deberá presentarse por la respectiva Corte de Apelaciones, debiendo indicar en ella el tiempo por el cual se solicita, el que no podrá ser menor a seis meses ni superior a un año. Dicha petición,

---

321 Artículo introducido por el art. 1° de la Ley N° 20.628, de 28 de septiembre de 2012.

acompañada con el respectivo informe de la Corporación Administrativa del Poder Judicial a que alude el inciso primero, oyendo previamente a las respectivas Cortes de Apelaciones, será conocida y resuelta por la Corte Suprema considerando la proyección necesaria para superar los desequilibrios y cautelar el buen servicio a que alude el inciso primero. En sus informes deberán las Cortes de Apelaciones respectivas incluir la nómina de ministros, secretarios, fiscales judiciales, relatores y funcionarios que presten su anuencia para ser preferidos en su destinación a la otra Corte.

La Corte Suprema designará al ministro, secretario, fiscal judicial, relator o funcionario destinado dando preferencia a aquellos que manifiesten su interés en ser destinados transitoriamente.

Esta facultad no podrá ejercerse con respecto al ministro presidente del tribunal ni afectar en forma simultánea a un porcentaje superior al cincuenta por ciento de los ministros, secretarios, fiscales judiciales, relatores o funcionarios integrantes de cada Corte.

El ejercicio de esta facultad no modificará el sistema de remuneración, de calificación o el régimen estatutario de los ministros, secretarios, fiscales judiciales, relatores o funcionarios destinados, ni tampoco podrá importar deterioro en su condición funcionaria, personal o familiar.

La obligación señalada en el artículo 311 se entenderá cumplida por el ministro transitoriamente destinado, para todos los efectos legales, por el hecho de verificarse respecto de su tribunal de origen.

En ningún caso, la facultad establecida en este artículo podrá ser empleada como mecanismo de sanción o menoscabo en contra de los ministros, secretarios, fiscales judiciales, relatores o funcionarios destinados, ni tampoco ser utilizada reiteradamente respecto de alguno de ellos sin contar con su anuencia previa. No podrá ser destinado quien que se encuentre sometido a un proceso disciplinario o cumpliendo una sanción administrativa[322].

---

[322] Artículo agregado por el art. 6° N° 5 de la Ley N° 21.394, de 30 de noviembre de 2021.

Art. 102. El primer día hábil de marzo la Corte Suprema iniciará sus funciones en audiencia pública, a la cual deberán concurrir su fiscal judicial y los miembros y fiscales judiciales de la Corte de Apelaciones de Santiago[323].

El Presidente de la Corte Suprema dará cuenta en esta audiencia:

1°) Del trabajo efectuado por el tribunal en el año judicial anterior;

2°) Del que haya quedado pendiente para el año que se inicia;

3°) De los datos que se hayan remitido al tribunal por las Cortes de Apelaciones en conformidad al artículo 90 N° 9, de la apreciación que le mereciere la labor de estos tribunales y de las medidas que a su juicio o a juicio del tribunal fuere necesario adoptar para mejorar la administración de justicia; y

4°) De las dudas y dificultades que hayan ocurrido a la Corte Suprema y a las Cortes de Apelaciones en la inteligencia y aplicación de las leyes y de los vacíos que se noten en ellas y de que se haya dado cuenta al Presidente de la República en cumplimiento del artículo 5° del Código Civil.

Esta exposición será publicada en el Diario Oficial y en la Gaceta de los Tribunales[324].

Art. 103. Es aplicable a la Corte Suprema lo dispuesto para los acuerdos de los tribunales de juicio oral en lo penal en los artículos 19 y 20, y de las Cortes de Apelaciones en los artículos 72, 74 y siguientes, hasta el 89 inclusive[325].

---

323 Inciso modificado por el art. 11 de la Ley N° 19.665, de 9 de marzo de 2000. Previamente había sido reemplazado por el art. 1° N° 16 de la Ley N° 18.969, de 10 de marzo de 1990.

324 El inciso final fue eliminado por el art. 1° N° 10 de la Ley N° 19.374, de 18 de febrero de 1995.

325 Artículo sustituido por el art. 11 de la Ley N° 19.665, de 9 de marzo de 2000. Cabe hacer presente que el art. 4° N° 4 de la Ley N° 19.734, de 5 de junio de 2001, modificó este artículo en el sentido de suprimir la expresión "73 inciso segundo" y la coma (,) que le sigue. Sin embargo la frase referida no se encuentra en el texto vigente, razón por la que la modificación indicada no se pudo efectuar.

Art. 104. Dentro de las horas ordinarias de su funcionamiento y antes de la vista de las causas, el tribunal se ocupará con preferencia, según el orden que fije el Presidente, en los asuntos que deban resolverse en cuenta, en el estudio de proyectos de sentencias, y en el acuerdo de las mismas.

§ 2. El Presidente de la Corte Suprema

Art. 105. Corresponde al Presidente de la Corte Suprema, sin perjuicio de las atribuciones que otras disposiciones le otorgan:

1°) Ejercer con respecto a la Corte Suprema las facultades que los N°s 1, 2, 4, 5, 6, 7 y 8 del artículo 90 de este Código confieren a los presidentes de las Cortes de Apelaciones;

2°) Formar la tabla para cada sala, según el orden de preferencia asignado a las causas y hacer la distribución del trabajo entre los relatores y demás empleados del tribunal.

Previo estudio de los asuntos que deberán ocupar la atención del tribunal en cada semana, su Presidente formará la tabla con las siguientes indicaciones: día en que la Corte funcionará en un solo cuerpo; días en que se dividirá en dos o tres salas; días que se destinarán a los acuerdos y horas precisas en que se dará comienzo a la vista de las causas[326].

Si en alguna ocasión y por motivos graves y urgentes, acordare el tribunal retardar estas horas, dará de ello inmediata noticia a los abogados, por medio de un cartel que se fijará en la tabla, suscrito por el secretario;

3°) Atender al despacho de la cuenta diaria y dictar los decretos o providencias de mera sustanciación de los asuntos de que corresponda conocer al tribunal, o a cualquiera de sus salas;

4°) Vigilar la formación del rol general de las causas que ingresen al tribunal y de los roles especiales para las causas que califique de despacho urgente u ordinario;

---

[326] Inciso modificado por el art. 2° N° 13 de la Ley N° 17.590, de 31 de diciembre de 1971.

5°) Disponer la formación de la estadística del movimiento judicial de la Corte Suprema y de las Cortes de Apelaciones, en conformidad a los estados bimestrales que éstas deben pasar;

6°) Adoptar las medidas convenientes para que las causas de que conocen la Corte Suprema y las Cortes de Apelaciones, se fallen dentro del plazo que establece la ley y velar porque las Cortes de Apelaciones cumplan igual obligación respecto de las causas de que conocen los jueces de sus respectivas jurisdicciones[327], y

7°) Oír y resolver las reclamaciones que se interpongan contra los subalternos de la Corte Suprema[328].

8°) Suprimido[329].

El Ministro que ejerciere este cargo tendrá la facultad de convocar extraordinariamente al Tribunal siempre que algún asunto urgente y grave así lo exija.

En caso de licencia, imposibilidad u otra causa accidental, será reemplazado por el Ministro más antiguo del mismo Tribunal que se halle presente.

Art. 106. El Presidente de la Corte Suprema desempeñará las atribuciones a que se refieren los 7 últimos números del artículo precedente, fuera de las horas ordinarias de audiencia. La cuenta deberá despacharla, en todo caso, antes de la hora fijada para la instalación del tribunal.

Art. 107. Los presidentes de las salas de la Corte Suprema, tendrán las atribuciones que el artículo 92 confiere a los presidentes de las salas de las Cortes de Apelaciones.

---

327 Número modificado por el art. 1° N° 2 letra a) de la Ley N° 20.774, de 4 de septiembre de 2014.

328 Número modificado por el art. 1° N° 2 letra a) de la Ley N° 20.774, de 4 de septiembre de 2014.

329 Número suprimido por el art. 1° N° 2 letra a) de la Ley N° 20.774, de 4 de septiembre de 2014.

TÍTULO VI bis
De la realización de audiencias bajo la modalidad semipresencial o vía remota en los procedimientos penales en trámite ante los juzgados de garantía, los tribunales de juicio oral en lo penal, las Cortes de Apelaciones y la Corte Suprema[330]

Artículo 107 bis. En los procedimientos penales, en trámite ante sí, los juzgados de garantía, los tribunales de juicio oral en lo penal, las Cortes de Apelaciones y la Corte Suprema podrán decretar el desarrollo de audiencias bajo la modalidad semipresencial, consistente en la comparecencia vía remota de uno o más de los intervinientes o partes, estando siempre el tribunal presente, sin perjuicio de las disposiciones del Código Procesal Penal o del Código de Procedimiento Penal, según corresponda.

Lo dispuesto en el inciso precedente no procederá respecto de las audiencias de juicio. Sin perjuicio de lo anterior, tratándose de las declaraciones del imputado, la víctima, testigos y peritos, el tribunal podrá autorizar la comparecencia por vía remota, en los siguientes casos:

1. Cuando exista la necesidad de brindar protección a las víctimas y testigos que presten declaración, según lo dispuesto en el artículo 308 del Código Procesal Penal.

2. Cuando el imputado se encuentre privado de libertad y deba comparecer por vía remota en el establecimiento o recinto en que permanece. El tribunal deberá adoptar las medidas necesarias para el cumplimiento del artículo 327 del Código Procesal Penal.

3. Cuando, atendida la situación de la víctima o el imputado, el traslado al lugar del juicio resulte muy dispendioso.

4. Cuando el perito tenga su domicilio fuera del lugar del juicio, o se encuentre fuera del lugar del juicio por causa justificada; o tratándose de perito que tenga la calidad de funcionario público, y el traslado al tribunal pueda afectar el cumplimiento de sus funciones.

---

[330] Título incorporado por el art. 6º Nº 6 de la Ley Nº 21.394, de 30 de noviembre de 2021.

5. Cuando el testigo sea funcionario público, y esté fuera del lugar del juicio por encontrarse gozando de permiso o feriado.

El tribunal podrá exigir, cuando sea procedente, que la comparecencia vía remota de los intervinientes o partes respectivas, sea ante el tribunal con competencia en materia penal más cercano al lugar donde se encuentren.

Para efectos de lo dispuesto en los incisos precedentes, el tribunal examinará previamente que bajo esta modalidad no se vulneran las garantías del debido proceso contempladas en la Constitución Política de la República y en los tratados internacionales ratificados por Chile y que se encuentren vigentes[331].

Artículo 107 ter. Sin perjuicio de lo dispuesto en el artículo anterior, en situaciones excepcionales, cuando las circunstancias lo aconsejaren, a fin de cautelar la vida e integridad de las personas, el acceso a la justicia y la eficiencia del sistema judicial, las Cortes de Apelaciones, previo informe de la Corporación Administrativa del Poder Judicial, podrán disponer, mediante resolución fundada, la adopción de un sistema de funcionamiento de excepcionalidad que habilite a la Corte, a los juzgados de garantía y a los tribunales de juicio oral en lo penal, a proceder en forma remota por videoconferencia, como también bajo la modalidad semipresencial, en la realización de las audiencias de los procedimientos penales en trámite ante sí.

A su turno, la Corte Suprema podrá disponer, mediante resolución fundada, la adopción de un sistema de funcionamiento de excepcionalidad que la habilite a proceder en forma remota por videoconferencia, como también bajo la modalidad semipresencial, en la realización de las audiencias de los procedimientos penales en trámite ante sí, ante situaciones excepcionales, cuando las circunstancias lo aconsejaren, a fin de cautelar la vida e integridad de las personas, el acceso a la justicia, y la eficiencia del sistema judicial. Asimismo, cuando las

---

331 Artículo incorporado por el art. 6º Nº 6 de la Ley Nº 21.394, de 30 de noviembre de 2021.

circunstancias de la situación excepcional lo hicieren necesario, la Corte Suprema además podrá disponer, mediante resolución fundada, la adopción de un sistema de funcionamiento de excepcionalidad para las audiencias de los procedimientos penales en trámite ante las Cortes de Apelaciones, los juzgados de garantía y los tribunales de juicio oral en lo penal de todo el país.

El sistema de funcionamiento de excepcionalidad que decrete una corte de conformidad con las disposiciones de los incisos anteriores, podrá tener una duración máxima de un año. Con todo, podrá prorrogarse, si se mantienen las circunstancias de la situación de excepción, en cuyo caso, la vigencia total del sistema de funcionamiento de excepcionalidad y sus prórrogas no podrá ser superior a dos años.

Dispuesto un sistema de funcionamiento de excepcionalidad, de conformidad con las disposiciones de los incisos anteriores, los tribunales respectivos se sujetarán a las normas de funcionamiento que disponga la Corte en su resolución y a las reglas de los incisos siguientes.

En el caso del juicio oral, el tribunal citará a los intervinientes a una audiencia de factibilidad, para efectos de determinar su desarrollo de forma presencial, semipresencial o vía remota. En ésta, el tribunal podrá decretar el desarrollo de la audiencia del juicio oral vía remota o de manera semipresencial, cuando existiere acuerdo entre el fiscal, el defensor y el querellante, si lo hubiere, y previo examen de que las condiciones acordadas para la realización de la audiencia no vulneran las garantías del debido proceso contempladas en la Constitución Política de la República y en los tratados internacionales ratificados por Chile y que se encuentren vigentes. Si no existiera dicho acuerdo, el tribunal igualmente podrá decretar su desarrollo vía remota o de manera semipresencial, siempre que estimare que bajo esta modalidad no se vulneran las garantías del debido proceso. De la resolución del tribunal, tanto el fiscal, como el defensor, o el querellante si lo hubiere, podrán oponerse, lo que será resuelto en la misma audiencia de factibilidad.

En el caso del juicio oral simplificado, el tribunal podrá decretar su desarrollo de manera presencial, semipresencial, o por vía remota, examinando previamente que bajo estas últimas dos modalidades no se vulneran las garantías del debido proceso contempladas en la Constitución Política de la República y en los tratados internacionales ratificados por Chile y que se encuentren vigentes. Sin perjuicio de lo anterior, cualquiera de los intervinientes podrá solicitar de manera fundada que se efectúe una audiencia de factibilidad, en los términos del inciso precedente, debiendo el tribunal resolver si ésta es o no necesaria.

Respecto de las demás audiencias, una vez notificado a los intervinientes que la audiencia respectiva se realizará por vía remota o semipresencial, el fiscal, el defensor o el querellante, si lo hubiere, podrán oponerse por escrito dentro del plazo de cuarenta y ocho horas, por considerar que pudieren afectarse las garantías del debido proceso contempladas en la Constitución Política de la República y en los tratados internacionales ratificados por Chile y que se encuentren vigentes. El tribunal resolverá, inmediatamente y por la vía más expedita, según los argumentos presentados por los intervinientes.

En toda audiencia que se desarrolle en forma remota por videoconferencia o bajo la modalidad semipresencial en que deba intervenir el imputado, el tribunal velará que exista una comunicación directa, permanente y confidencial entre el imputado y su defensa[332].

TÍTULO VII
La Competencia

§ 1. Reglas generales

Art. 108. La competencia es la facultad que tiene cada juez o tribunal para conocer de los negocios que la ley ha colocado dentro de la esfera de sus atribuciones.

Art. 109. Radicado con arreglo a la ley el conocimiento de un negocio ante tribunal competente, no se alterará esta competencia por causa sobreviniente.

---

332 Artículo incorporado por el art. 6° N° 6 de la Ley N° 21.394, de 30 de noviembre de 2021.

Art. 110. Una vez fijada con arreglo a la ley la competencia de un juez inferior para conocer en primera instancia de un determinado asunto, queda igualmente fijada la del tribunal superior que debe conocer del mismo asunto en segunda instancia.

Art. 111. El tribunal que es competente para conocer de un asunto lo es igualmente para conocer de todas las incidencias que en él se promuevan.

Lo es también para conocer de las cuestiones que se susciten por vía de reconvención o de compensación, aunque el conocimiento de estas cuestiones, atendida su cuantía, hubiere de corresponder a un juez inferior si se entablaran por separado.

Art. 112. Siempre que según la ley fueren competentes para conocer de un mismo asunto dos o más tribunales, ninguno de ellos podrá excusarse del conocimiento bajo el pretexto de haber otros tribunales que puedan conocer del mismo asunto; pero el que haya prevenido en el conocimiento excluye a los demás, los cuales cesan desde entonces de ser competentes.

Art. 113. La ejecución de las resoluciones corresponde a los tribunales que las hubieren pronunciado en primera o en única instancia.

No obstante, la ejecución de las sentencias penales y de las medidas de seguridad previstas en la ley procesal penal será de competencia del juzgado de garantía que hubiere intervenido en el respectivo procedimiento penal.

De igual manera, los tribunales que conozcan de la revisión de las sentencias firmes o de los recursos de apelación, de casación o de nulidad contra sentencias definitivas penales, ejecutarán los fallos que dicten para su sustanciación.

Podrán también decretar el pago de las costas adeudadas a los funcionarios que hubieren intervenido en su tramitación, reservando el de las demás costas para que sea decretado por el tribunal de primera instancia[333].

---

[333] Artículo reemplazado por el art. 1° N° 14 de la Ley N° 19.708, de 5 de enero de 2001.

Art. 114. Siempre que la ejecución de una sentencia definitiva hiciere necesaria la iniciación de un nuevo juicio, podrá éste deducirse ante el tribunal que menciona el inciso primero del artículo precedente o ante el que sea competente en conformidad a los principios generales establecidos por la ley, a elección de la parte que hubiere obtenido en el pleito.

§ 2. Reglas que determinan la cuantía de las materias judiciales

Art. 115. En los asuntos civiles la cuantía de la materia se determina por el valor de la cosa disputada.

En los asuntos criminales se determina por la pena que el delito lleva consigo.

Art. 116. Si el demandante acompañare documentos que sirvan de apoyo a su acción y en ellos apareciere determinado el valor de la cosa disputada, se estará para determinar la competencia a lo que conste de dichos documentos.

Para determinar la cuantía de las obligaciones en moneda extranjera, podrá acompañar el actor, al tiempo de presentar la demanda, un certificado expedido por un Banco, que exprese en moneda nacional la equivalencia de la moneda extranjera demandada. Dicho certificado no podrá ser anterior en más de quince días a la fecha de la presentación de la demanda[334].

Art. 117. Si el demandante no acompañare documentos o si de ellos no apareciere esclarecido el valor de la cosa, y la acción entablada fuere personal, se determinará la cuantía de la materia por la apreciación que el demandante hiciere en su demanda verbal o escrita.

Art. 118. Si la acción entablada fuere real y el valor de la cosa no apareciere determinado del modo que se indica en el artículo 116, se estará a la apreciación que las partes hicieren de común acuerdo.

---

334 Inciso agregado por el art. 200 de la Ley N° 13.305, de 6 de abril de 1959.

Por el simple hecho de haber comparecido ante el juez para cualquiera diligencia o trámite del juicio todas las partes juntas o cada una de ellas separadamente, sin que ninguna haya entablado reclamo por incompetencia nacida del valor de la cosa disputada, se presume de derecho el acuerdo de que habla el inciso anterior y se establece la competencia del juez para seguir conociendo del litigio que ante él se hubiere entablado.

Art. 119. Si el valor de la cosa demandada por acción real no fuere determinado del modo que se indica en el artículo anterior, el juez ante quien se hubiere entablado la demanda nombrará un perito para que avalúe la cosa, y se reputará por verdadero valor de ella, para el efecto de determinar la cuantía del juicio, el que dicho perito le fijare.

Art. 120. Cualquiera de las partes puede, en los casos en que el valor de la cosa disputada no aparezca esclarecido por los medios indicados en este Código, hacer las gestiones convenientes para que dicho valor sea fijado antes de que se pronuncie la sentencia.

Puede también el tribunal dictar de oficio las medidas y órdenes convenientes para el mismo efecto.

Art. 121. Si en una misma demanda se entablaren a la vez varias acciones, en los casos en que puede esto hacerse conforme a lo prevenido en el Código de Procedimiento, se determinará la cuantía del juicio por el monto a que ascendieren todas las acciones entabladas.

Art. 122. Si fueren muchos los demandados en un mismo juicio, el valor total de la cosa o cantidad debida determinará la cuantía de la materia, aun cuando por no ser solidaria la obligación no pueda cada uno de los demandados ser compelido al pago total de la cosa o cantidad, sino tan sólo al de la parte que le correspondiere.

Art. 123. Derogado[335].

---

[335] Artículo derogado por el art. 16 del D.L. Nº 2.416, de 10 de enero de 1979.

Art. 124. Si el demandado al contestar la demanda entablare reconvención contra el demandante, la cuantía de la materia se determinará por el monto a que ascendieren la acción principal y la reconvención reunidas; pero para estimar la competencia se considerará el monto de los valores reclamados por vía de reconvención separadamente de los que son materia de la demanda.

No podrá deducirse reconvención sino cuando el tribunal tenga competencia para conocer de ella, estimada como demanda, o cuando sea admisible la prórroga de jurisdicción. Podrá también deducirse aun cuando por su cuantía la reconvención debiera ventilarse ante un juez inferior.

Inciso derogado[336].

Art. 125. El valor de lo disputado se determinará en los juicios de desahucio o de restitución de la cosa arrendada por el monto de la renta o del salario convenido para cada período de pago; y en los de reconvenciones, por el monto de las rentas insolutas.

Art. 126. Si lo que se demanda fuere el resto insoluto de una cantidad mayor que hubiere sido antes pagada en parte, se atenderá, para determinar la cuantía de la materia, únicamente al valor del resto insoluto.

Art. 127. Si se trata del derecho a pensiones futuras que no abracen un tiempo determinado, se fijará la cuantía de la materia por la suma a que ascendieren dichas pensiones en un año. Si tienen tiempo determinado, se atenderá al monto de todas ellas.

Pero si se tratare del cobro de una cantidad procedente de pensiones periódicas ya devengadas, la determinación se hará por el monto a que todas ellas ascendieren.

Art. 128. Si el valor de la cosa disputada se aumentare o disminuyere durante la instancia, no sufrirá alteración alguna la determinación que antes se hubiere hecho con arreglo a la ley.

---

336 Inciso eliminado por el art. 2° letra n) de la Ley N° 16.437, de 23 de febrero de 1966.

Art. 129. Tampoco sufrirá la determinación alteración alguna en razón de lo que se deba por intereses o frutos devengados después de la fecha de la demanda, ni de lo que se deba por costas o daños causados durante el juicio.

Pero los intereses, frutos o daños debidos antes de la demanda se agregarán al capital demandado, y se tomarán en cuenta para determinar la cuantía de la materia.

Art. 130. Para el efecto de determinar la competencia se reputarán de mayor cuantía los negocios que versen sobre materias que no estén sujetas a una determinada apreciación pecuniaria. Tales son, por ejemplo:

1°) Las cuestiones relativas al estado civil de las personas;

2°) Las relacionadas con la separación judicial o de bienes entre marido y mujer, o con la crianza y cuidado de los hijos[337];

3°) Las que versen sobre validez o nulidad do disposiciones testamentarias, sobre petición de herencia, o sobre apertura y protocolización de un testamento y demás relacionadas con la apertura de la sucesión; y

4°) Las relativas al nombramiento de tutores y curadores, a la administración de estos funcionarios, a su responsabilidad, a sus excusas y a su remoción.

Art. 131. Se reputarán también, en todo caso, como materias de mayor cuantía, para el efecto de determinar la competencia del juez, las que en seguida se indican:

1°) El derecho al goce de los créditos de un capital acensuado; y

2°) Todas las cuestiones relativas a procedimientos concursales de reorganización o de liquidación entre el deudor y los acreedores[338].

Art. 132. Para determinar la gravedad o levedad en materia criminal, se estará a lo dispuesto en el Código Penal.

---

337 Número sustituido por el art. 8° N° 1 de la Ley N° 19.947, de 17 de mayo de 2004.

338 Número sustituido por el art. 349 N° 1 de la Ley N° 20.720, de 9 de enero de 2014.

§ 3. Supresión del fuero personal en algunos negocios judiciales

Art. 133. No se considerará el fuero de que gocen las partes en los juicios de minas, posesorios, sobre distribución de aguas, particiones, en los que se tramiten breve y sumariamente y en los demás que determinen las leyes.

Tampoco se tomará en cuenta el que tengan los acreedores en el procedimiento concursal de liquidación ni el de los interesados en los asuntos no contenciosos[339].

§ 4. Reglas que determinan la competencia en materias civiles entre tribunales de igual jerarquía

Art. 134. En general, es juez competente para conocer de una demanda civil o para intervenir en un acto no contencioso, el del domicilio del demandado o interesado, sin perjuicio de las reglas establecidas en los artículos siguientes y de las demás excepciones legales.

Art. 135. Si la acción entablada fuere inmueble, será competente para conocer del juicio el juez del lugar que las partes hayan estipulado en la respectiva convención. A falta de estipulación será competente, a elección del demandante:

1° El juez del lugar donde se contrajo la obligación; o

2° El del lugar donde se encontrare la especie reclamada.

Si el inmueble o inmuebles que son objeto de la acción estuvieren situados en distintos territorios jurisdiccionales, será competente cualquiera de los jueces en cuya comuna o agrupación de comunas estuvieren situados[340].

Art. 136. Derogado[341].

---

339 Inciso modificado por el art. 349 N° 2 de la Ley N° 20.720, de 9 de enero de 2014.

340 Artículo sustituido por el art. 1° N° 17 de la Ley N° 18.969, de 10 de marzo de 1990.

341 Artículo derogado por el art. 1° N° 18 de la Ley N° 18.969, de 10 de marzo de 1990.

Art. 137. Si una misma acción tuviere por objeto reclamar cosas muebles e inmuebles, será juez competente el del lugar en que estuvieren situados los inmuebles.

Esta regla es aplicable a los casos en que se entablen conjuntamente dos o más acciones, con tal que una de ellas por lo menos sea inmueble.

Art. 138. Si la acción entablada fuere de las que se reputan muebles con arreglo a lo prevenido en los artículos 580 y 581 del Código Civil, será competente el juez del lugar que las partes hayan estipulado en la respectiva convención.

A falta de estipulación de las partes, lo será el del domicilio del demandado[342].

Art. 139. Si una misma demanda comprendiere obligaciones que deban cumplirse en diversos territorios jurisdiccionales, será competente para conocer del juicio el juez del lugar en que se reclame el cumplimiento de cualquiera de ellas[343].

Art. 140. Si el demandado tuviere su domicilio en dos o más lugares, podrá el demandante entablar su acción ante el juez de cualquiera de ellos.

Art. 141. Si los demandados fueren dos o más y cada uno de ellos tuviere su domicilio en diferente lugar, podrá el demandante entablar su acción ante el juez de cualquier lugar donde esté domiciliado uno de los demandados, y en tal caso quedarán los demás sujetos a la jurisdicción del mismo juez.

Art. 142. Cuando el demandado fuere una persona jurídica, se reputará por domicilio, para el objeto de fijar la competencia del juez, el lugar donde tenga su asiento la respectiva corporación o fundación.

Y si la persona jurídica demandada tuviere establecimientos, comisiones u oficinas que la representen en diversos lugares, como sucede con las

---

342 Artículo sustituido por el art. 1° N° 19 de la Ley N° 18.969, de 10 de marzo de 1990.

343 Artículo sustituido por el art. 1° N° 20 de la Ley N° 18.969, de 10 de marzo de 1990.

sociedades comerciales, deberá ser demandada ante el juez del lugar donde exista el establecimiento, comisión u oficina que celebró el contrato o que intervino en el hecho que da origen al juicio.

Art. 143. Es competente para conocer de los interdictos posesorios el juez de letras del territorio jurisdiccional en que estuvieren situados los bienes a que se refieren. Si ellos, por su situación, pertenecieren a varios territorios jurisdiccionales, será competente el juez de cualquiera de éstos[344].

Art. 144. Será juez competente para conocer de los juicios de distribución de aguas el de la comuna o agrupación de comunas en que se encuentra el predio del demandado. Si el predio estuviere ubicado en comunas o agrupaciones de comunas cuyo territorio correspondiere a distintos juzgados, será competente el de cualquiera de ellas[345].

Art. 145. La justificación, regulación y repartimiento de la avería común se harán ante el tribunal que designa el Código de Comercio.

Art. 146. Conocerá de todos los asuntos a que se refiere el Código de Minas, el juez letrado que tenga jurisdicción en la comuna o agrupación de comunas en que esté ubicada la pertenencia. Lo cual se entiende sin perjuicio de las disposiciones especiales que se establecen en el mismo Código de Minas, en este Código y en el de Procedimiento Civil[346].

Art. 147. Será juez competente para conocer de las demandas de alimentos el del domicilio del alimentante o alimentario, a elección de este

---

344 Artículo sustituido por el art. 1° N° 21 de la Ley N° 18.969, de 10 de marzo de 1990.

345 Artículo sustituido por el art. 4° N° 18 de la Ley N° 18.776, de 18 de enero de 1989.

346 Artículo modificado por el art. 4° N° 19 de la Ley N° 18.776, de 18 de enero de 1989. Previamente había sido modificado por el art. 12 de la Ley N° 18.176, de 25 de octubre de 1982.

último. Asimismo, ello se aplicará a las solicitudes de aumento de pensiones alimenticias decretadas[347].

De las solicitudes de cese o rebaja de la pensión decretada conocerá el tribunal del domicilio del alimentario[348].

Asimismo, será juez competente para conocer de las acciones de reclamación de filiación contempladas en el Párrafo 2° del Título VIII del Libro I del Código Civil el del domicilio del demandado o demandante, a elección de este último[349].

Art. 148. Será juez competente para conocer del juicio de petición de herencia, del de desheredamiento y del de validez o nulidad de disposiciones testamentarias, el del lugar donde se hubiere abierto la sucesión del difunto con arreglo a lo dispuesto por el artículo 955 del Código Civil.

El mismo juez será también competente para conocer de todas las diligencias judiciales relativas a la apertura de la sucesión, formación de inventarios, tasación y partición de los bienes que el difunto hubiere dejado.

Art. 149. Cuando una sucesión se abra en el extranjero y comprenda bienes situados dentro del territorio chileno, la posesión efectiva de la herencia deberá pedirse en el lugar en que tuvo el causante su último domicilio en Chile, o en el domicilio del que la pida si aquél no lo hubiere tenido.

Art. 150. Será juez competente para conocer del nombramiento de tutor o curador y de todas las diligencias que, según la ley, deben preceder a la administración de estos cargos, el del lugar donde tuviere su domicilio el pupilo, aunque el tutor o curador nombrado tenga el suyo en lugar diferente.

---

[347] Inciso modificado por el art. 2° N° 1 de la Ley N° 20.152, de 9 de enero de 2007. Previamente había sido reemplazado por el art. 3° de la Ley N° 19.741, de 24 de julio de 2001.

[348] Inciso sustituido por el art. 2° N° 2 de la Ley N° 20.152, de 9 de enero de 2007. Previamente había sido reemplazado por el art. 3° de la Ley N° 19.741, de 24 de julio de 2001.

[349] Inciso agregado por el art. 2° de la Ley N° 20.030, de 5 de julio de 2005.

El mismo juez será competente para conocer de todas las incidencias relativas a la administración de la tutela o curaduría, de las incapacidades o excusas de los guardadores y de su remoción.

Art. 151. En los casos de presunción de muerte por desaparecimiento, el juez del lugar en que el desaparecido hubiere tenido su último domicilio será competente para declarar la presunción de muerte y para conferir la posesión provisoria o definitiva de los bienes del desaparecido a las personas que justifiquen tener derecho a ellos.

Art. 152. Para nombrar curador a los bienes de un ausente o a una herencia yacente, será competente el juez del lugar en que el ausente o el difunto hubiere tenido su último domicilio.

Para nombrar curador a los derechos eventuales del que está por nacer, será competente el juez del lugar en que la madre tuviere su domicilio.

Art. 153. Para aprobar o autorizar la enajenación, hipotecación o arrendamiento de inmuebles, es competente el juez del lugar donde éstos estuvieren situados.

Art. 154. Será juez competente en materia de procedimientos concursales entre deudores y acreedores el del lugar en que el deudor tuviere su domicilio[350].

Art. 155. Será tribunal competente para conocer de la petición para entrar en el goce de un censo de transmisión forzosa el del territorio jurisdiccional en donde se hubiere inscrito el censo. Si el censo se hubiere redimido, el del territorio jurisdiccional donde se hubiere inscrito la redención. Si el censo no estuviere inscrito ni se hubiera redimido, el del territorio jurisdiccional donde se hubiere declarado el derecho del último censualista[351].

---

[350] Número modificado por el art. 349 Nº 3 de la Ley Nº 20.720, de 9 de enero de 2014.

[351] Artículo modificado por el art. 4º Nº 20 de la Ley Nº 18.776, de 18 de enero de 1989.

Art. 156. Derogado[352].

§ 5. Reglas que determinan la competencia en materias criminales entre tribunales de igual jerarquía

Art. 157. Será competente para conocer de un delito el tribunal en cuyo territorio se hubiere cometido el hecho que da motivo al juicio.

El juzgado de garantía del lugar de comisión del hecho investigado conocerá de las gestiones a que diere lugar el procedimiento previo al juicio oral.

El delito se considerará cometido en el lugar donde se hubiere dado comienzo a su ejecución.

Sin perjuicio de lo dispuesto en el inciso segundo, cuando las gestiones debieren efectuarse fuera del territorio jurisdiccional del juzgado de garantía y se tratare de diligencias urgentes, la autorización judicial previa podrá ser concedida por el juez de garantía del lugar donde deban realizarse. Asimismo, si se suscitare conflicto de competencia entre jueces de varios juzgados de garantía, cada uno de ellos estará facultado para otorgar las autorizaciones o realizar las actuaciones urgentes, mientras no se dirimiere la competencia.

La competencia a que se refiere este artículo, así como la de las Cortes de Apelaciones, no se alterará por razón de haber sido comprometidos por el hecho intereses fiscales[353].

Art. 158. Derogado[354].

Art. 159. Si en ejercicio de las facultades que la ley procesal penal confiere al Ministerio Público, éste decidiere investigar en forma conjunta hechos constitutivos de delito en los cuales, de acuerdo al artículo 157 de este Código, correspondiere intervenir a más de un juez de garantía, continuará conociendo de las gestiones relativas a dichos procedimientos

---

352 Artículo derogado por el art. 16 del D.L. Nº 2.416, de 10 de enero de 1979.

353 Artículo sustituido por el art. 1º Nº 15 de la Ley Nº 19.708, de 5 de enero de 2001.

354 Artículo derogado por el art. 1º Nº 16 de la Ley Nº 19.708, de 5 de enero de 2001.

el juez de garantía del lugar de comisión del primero de los hechos investigados.

En el evento previsto en el inciso anterior, el Ministerio Público comunicará su decisión en cada uno de los procedimientos que se seguirán en forma conjunta, para lo cual solicitará la citación a una audiencia judicial de todos los intervinientes en ellos.

El o los jueces de garantía inhibidos harán llegar copias de los registros que obraren en su poder al juez de garantía al que correspondiere continuar conociendo de las gestiones a que diere lugar el procedimiento.

Sin perjuicio de lo previsto en los incisos precedentes, si el Ministerio Público decidiere posteriormente separar las investigaciones que llevare conjuntamente, continuarán conociendo de las gestiones correspondientes los jueces de garantía competentes de conformidad al artículo 157. En dicho evento se procederá del modo señalado en los incisos segundo y tercero de este artículo[355].

Art. 160. Derogado[356].

Art. 161. Derogado[357].

Art. 162. Derogado[358].

Art. 163. Derogado[359].

Art. 164. Cuando se dictaren distintas sentencias condenatorias en contra de un mismo imputado, los tribunales que dictaren los fallos posteriores al primero no podrán considerar circunstancias modificatorias que de haberse acumulado los procesos no se hubieren podido tomar en cuenta. Deberán, asimismo, regular la pena de modo tal que el conjunto de penas

---

355 Artículo sustituido por el art. 1° N° 17 de la Ley N° 19.708, de 5 de enero de 2001.

356 Artículo derogado por el art. 1° N° 18 de la Ley N° 19.708, de 5 de enero de 2001.

357 Artículo derogado por el art. 1° N° 18 de la Ley N° 19.708, de 5 de enero de 2001.

358 Artículo derogado por el art. 16 del D.L. N° 2.416, de 10 de enero de 1979.

359 Artículo derogado por el art. 1° N° 18 de la Ley N° 19.708, de 5 de enero de 2001.

no pueda exceder de aquella que hubiere correspondido de haberse juzgado conjuntamente los delitos.

En los casos del inciso anterior, el tribunal que dictare el fallo posterior deberá modificarlo, de oficio o a petición del afectado, a objeto de adecuarlo a lo allí dispuesto[360].

Art. 165. Derogado[361].

Art. 166. Derogado[362].

Art. 167. Las competencias propias de los Jueces de Garantía y de los Tribunales Orales en lo Penal respecto de los delitos perpetrados fuera del territorio nacional que fueren de conocimiento de los tribunales chilenos serán ejercidas, respectivamente, por los Tribunales de Garantía y Orales en lo Penal de la jurisdicción de la Corte de Apelaciones de Santiago, conforme al turno que dicho tribunal fije a través de un auto acordado[363].

Art. 168. Derogado[364].

Art. 169. Derogado[365].

Art. 170. Derogado[366].

Art. 170 bis. Derogado[367].

---

360 Artículo reemplazado por el art. 11 de la Ley Nº 19.665, de 9 de marzo de 2000.
361 Artículo derogado por el art. 11 de la Ley Nº 19.665, de 9 de marzo de 2000.
362 Artículo derogado por el art. 16 del D.L. Nº 2.416, de 10 de enero de 1979.
363 Artículo sustituido por el art. 9º de la Ley Nº 20.074, de 14 de noviembre de 2005.
364 Artículo derogado por el art. 11 de la Ley Nº 19.665, de 9 de marzo de 2000.
365 Artículo derogado por el art. 9º Nº 3 de la Ley Nº 20.477, de 30 de diciembre de 2010.
366 Artículo derogado por el art. 11 de la Ley Nº 19.665, de 9 de marzo de 2000.
367 Artículo derogado por el art. 11 de la Ley Nº 19.665, de 9 de marzo de 2000.

§ 6. Reglas sobre competencia civil de los tribunales en lo criminal

Art. 171. La acción civil que tenga por objeto la restitución de la cosa o la imposición del comiso de las ganancias provenientes del delito o, en los casos en que la ley lo disponga aun sin sentencia condenatoria, del hecho ilícito que corresponde al delito, deberán interponerse siempre ante el tribunal que conozca las gestiones relacionadas con el respectivo procedimiento penal[368].

Dicho tribunal conocerá también todas las restantes acciones que la víctima deduzca respecto del imputado para perseguir las responsabilidades civiles derivadas del hecho punible, y que no interponga en sede civil.

Con la excepción indicada en el inciso primero, las otras acciones encaminadas a obtener la reparación de las consecuencias civiles del hecho punible que interpusieren personas distintas de la víctima, o se dirigieren contra personas diferentes del imputado, sólo podrán interponerse ante el tribunal civil que fuere competente de acuerdo a las reglas generales.

El tribunal civil mencionado en el inciso anterior será competente para conocer de la ejecución de la decisión civil de las sentencias definitivas dictadas por los jueces con competencia penal, así como de la sentencia que imponga el comiso de las ganancias provenientes del hecho ilícito que corresponda al delito o, en su caso, del valor equivalente a los efectos o instrumentos del delito[369].

Art. 172. Derogado[370].

Art. 173. Si en el juicio criminal se suscita cuestión sobre un hecho de carácter civil que sea uno de los elementos que la ley penal estime para definir el delito que se persigue, o para agravar o disminuir la pena, o para no estimar culpable al autor, el tribunal con competencia en lo criminal se pronunciará sobre tal hecho[371].

---

368 Inciso sustituido por el art. 5° letra a) de la Ley N° 21.577, de 15 de junio de 2023.
369 Inciso sustituido por el art. 5° letra b) de la Ley N° 21.577, de 15 de junio de 2023.
370 Artículo derogado por el art. 1° N° 21 de la Ley N° 19.708, de 5 de enero de 2001.
371 Inciso modificado por el art. 11 de la Ley N° 19.665, de 3 de marzo de 2000.

Pero las cuestiones sobre validez de matrimonio y sobre cuentas fiscales, serán juzgadas previamente por el tribunal a quien la ley tiene encomendado el conocimiento de ellas.

La disposición del inciso precedente se aplicará también a las cuestiones sobre estado civil cuya resolución deba servir de antecedente necesario para el fallo de la acción penal persecutoria, de los delitos de usurpación, ocultación o supresión de estado civil.

En todo caso, la prueba y decisión de las cuestiones civiles que es llamado a juzgar el tribunal que conoce de los juicios criminales, se sujetarán a las disposiciones del derecho civil.

Art. 174. Si contra la acción penal se pusieren excepciones de carácter civil concernientes al dominio o a otro derecho real sobre inmuebles, podrá suspenderse el juicio criminal, cuando dichas excepciones aparecieren revestidas de fundamento plausible y de su aceptación, por la sentencia que sobre ellas recaiga, hubiere de desaparecer el delito.

El conocimiento de esas excepciones corresponde al tribunal en lo civil.

§ 7. Reglas que determinan la distribución de causas en aquellas comunas o agrupación de comunas en cuyo territorio existan dos o más jueces con igual competencia[372]

Art. 175. En las comunas o agrupaciones de comunas en donde hubiere más de un juez de letras, deberá presentarse ante la secretaría del Primer Juzgado de Letras toda demanda o gestión judicial que se iniciare y que deba conocer alguno de dichos jueces, a fin de que se designe a aquel de ellos que lo hará.

Esta designación se efectuará mediante un sistema informático idóneo, asignando a cada causa un número de orden según su naturaleza. En

---

[372] El título del párrafo fue sustituido por el art. 4º Nº 28 de la Ley Nº 18.776, de 18 de enero de 1989.

todo caso, deberá velar por una distribución equitativa entre los distintos tribunales[373].

Lo dispuesto en este artículo no se aplicará a los juzgados de garantía ni a los tribunales de juicio oral en lo penal, que se regirán por las normas especiales que los regulan[374].

Art. 176. En los lugares de asiento de Corte en que hubiere más de un juez de letras en lo civil, deberá presentarse a la Corte toda demanda o gestión judicial que se iniciare y que deba conocer alguno de dichos jueces, a fin de que se designe el juez a quien corresponda su conocimiento[375].

Esta designación se hará electrónicamente por orden del presidente del tribunal, asignando a cada causa un número de orden, según su naturaleza[376].

Art. 177. Derogado[377].

Art. 178. No obstante lo dispuesto en los artículos 175 y 176, serán de la competencia del Juez que hubiere sido designado anteriormente, las demandas en juicios que se hayan iniciado por medidas prejudiciales, por medidas preparatorias de la vía ejecutiva o mediante la notificación previa ordenada por el artículo 758 del Código del Procedimiento Civil; todas las gestiones que se susciten con motivo de un juicio ya iniciado y aquellas a

---

373 El primer y segundo inciso de este artículo fueron sustituidos por el art. único Nº 1 de la Ley Nº 20.875, de 6 de noviembre de 2015.

374 Inciso modificado por el art. 2º Nº 1 de la Ley Nº 19.708, de 5 de enero de 2001. Previamente había sido sustituido por el art. 11 de la Ley Nº 19.665, de 9 de marzo de 2000.

375 Inciso modificado por el art. 13 Nº 2 letra a) de la Ley Nº 20.886, de 18 de diciembre de 2015.

376 Inciso reemplazado por el art. 13 Nº 2 letra b) de la Ley Nº 20.886, de 18 de diciembre de 2015.

377 Artículo derogado por el art. 8º de la Ley Nº 17.939, de 13 de junio de 1973.

que dé lugar el cumplimiento de una sentencia, fuera del caso previsto en la parte final del artículo 114[378].

Art. 179. Estarán sujetos a lo dispuesto en los artículos 175 y 176, según el caso, el ejercicio de las facultades que corresponden a los jueces para el conocimiento de los asuntos que tienen por objeto dar cumplimiento a resoluciones o decretos de otros juzgados o tribunales y los asuntos de jurisdicción voluntaria[379].

Art. 180. Derogado[380].

§ 8. De la prórroga de la competencia[381]

Art. 181. Un tribunal que no es naturalmente competente para conocer de un determinado asunto, puede llegar a serlo si para ello las partes, expresa o tácitamente, convienen en prorrogarle la competencia para este negocio[382].

Art. 182. La prórroga de competencia sólo procede en primera instancia, entre tribunales ordinarios de igual jerarquía y respecto de negocios contenciosos civiles[383].

Art. 183. Derogado[384].

---

378 Artículo modificado por el art. único N° 2 de la Ley N° 20.875, de 6 de noviembre de 2015. Previamente había sido reemplazado por el art. 3° N° 30 de la Ley N° 11.183, de 10 de junio de 1953.

379 Artículo sustituido por el art. único N° 3 de la Ley N° 20.875, de 6 de noviembre de 2015.

380 Artículo derogado por el art. 11 de la Ley N° 19.665, de 9 de marzo de 2000.

381 El art. 1° N° 22 de la Ley N° 18.969, de 10 de marzo de 1990, reemplazó la denominación del párrafo 8 del Título VII, "De la prórroga de la jurisdicción", por "De la prórroga de la competencia".

382 Artículo sustituido por el art. 1° N° 23 de la Ley N° 18.969, de 10 de marzo de 1990.

383 Artículo sustituido por el art. 1° N° 24 de la Ley N° 18.969, de 10 de marzo de 1990.

384 Artículo derogado por el art. 1° N° 25 de la Ley N° 18.969, de 10 de marzo de 1990.

Art. 184. Pueden prorrogar competencia todas las personas que según la ley son hábiles para estar en juicio por sí mismas, y por las que no lo son pueden prorrogarla sus representantes legales[385].

Art. 185. La prórroga de competencia sólo surte efectos entre las personas que han concurrido a otorgarla, mas no respecto de otras personas como los fiadores o codeudores[386].

Art. 186. Se prorroga la competencia expresamente cuando en el contrato mismo o en un acto posterior han convenido en ello las partes, designando con toda precisión el juez a quien se someten[387].

Art. 187. Se entiende que prorrogan tácitamente la competencia:

1°) El demandante, por el hecho de ocurrir ante el juez interponiendo su demanda;

2°) El demandado, por hacer, después de personado en el juicio, cualquiera gestión que no sea la de reclamar la incompetencia del juez[388].

§ 9. De la competencia para fallar en única o en primera instancia

Art. 188. La competencia de que se halla revestido un tribunal puede ser o para fallar un asunto en una sola instancia, de modo que la sentencia sea inapelable; o para fallarlo en primera instancia, de manera que la sentencia quede sujeta al recurso de apelación.

Art. 189. Habrá lugar al recurso de apelación en las causas que versaren sobre las materias de que hablan los artículos 130 y 131 de este Código.

---

385 Artículo modificado por el art. 1° N° 26 de la Ley N° 18.969, de 10 de marzo de 1990.

386 Artículo modificado por el art. 1° N° 26 de la Ley N° 18.969, de 10 de marzo de 1990.

387 Artículo modificado por el art. 1° N° 26 de la Ley N° 18.969, de 10 de marzo de 1990.

388 Artículo modificado por el art. 1° N° 26 de la Ley N° 18.969, de 10 de marzo de 1990.

§ 10. De los tribunales que deben conocer en las contiendas y cuestiones de competencia

Art. 190. Las contiendas de competencia serán resueltas por el tribunal que sea superior común de los que estén en conflicto.

Si los tribunales fueren de distinta jerarquía, será competente para resolver la contienda el superior de aquel que tenga jerarquía más alta.

Si dependieren de diversos superiores, iguales en jerarquía, resolverá la contienda el que sea superior del tribunal que hubiere prevenido en el conocimiento del asunto.

Los jueces árbitros de primera, de segunda o de única instancia tendrán por superior, para los efectos de este artículo, a la respectiva Corte de Apelaciones.

Art. 191. Sin perjuicio de las disposiciones expresas en contrario, las contiendas de competencia que se susciten entre tribunales especiales o entre éstos y los tribunales ordinarios, dependientes ambos de una misma Corte de Apelaciones, serán resueltas por ella.

Si dependieren de diversas Cortes de Apelaciones, resolverá la contienda la que sea superior jerárquico del tribunal que hubiere prevenido en el conocimiento del asunto.

Si no pudieren aplicarse las reglas precedentes, resolverá la contienda la Corte Suprema.

Corresponderá también a la Corte Suprema conocer de las contiendas de competencia que se susciten entre las autoridades políticas o administrativas y los tribunales de justicia, que no correspondan al Senado[389].

Art. 192. Las contiendas de competencia serán falladas en única instancia.

---

[389] Artículo sustituido por el art. 1° N° 27 de la Ley N° 18.969, de 10 de marzo de 1990.

Art. 193. Las cuestiones de competencia se regirán por las reglas que señalen al efecto los Códigos de Procedimiento y demás disposiciones legales.

§ 11. De la implicancia y recusación de los jueces y de los abogados integrantes

Art. 194. Los jueces pueden perder su competencia para conocer determinados negocios por implicancia o por recusación declaradas, en caso necesario, en virtud de causas legales.

Art. 195. Son causas de implicancia:

1°) Ser el juez parte en el pleito o tener en él interés personal, salvo lo dispuesto en el N° 18 del artículo siguiente[390];

2°) Ser el juez cónyuge, conviviente civil o pariente consanguíneo en cualquiera de los grados de la línea recta y en la colateral hasta el segundo grado, o ser padre o hijo adoptivo de alguna de las partes o de sus representantes legales[391];

3°) Ser el juez tutor o curador de alguna de las partes, o ser albacea de alguna sucesión, o veedor o liquidador de un procedimiento concursal, o administrador de algún establecimiento, o representante de alguna persona jurídica que figure como parte en el juicio[392];

4°) Ser el juez ascendiente o descendiente, o padre o hijo adoptivo del abogado de alguna de las partes[393];

---

[390] Número modificado por el art. 5° de la Ley N° 10.271, de 2 de abril de 1952.

[391] Número sustituido por el art. 35 i) letra a) de la Ley N° 20.830, de 21 de abril de 2015.

[392] Número modificado por el art. 349 N° 4 de la Ley N° 20.720, de 9 de enero de 2014.

[393] Número reemplazado por el art. 35 i) letra b) de la Ley N° 20.830, de 21 de abril de 2015.

5°) Haber sido el juez abogado o apoderado de alguna de las partes en la causa actualmente sometida a su conocimiento o haber intervenido en ella como mediador[394];

6°) Tener el juez, su cónyuge o conviviente civil, sus ascendientes o descendientes, o su padre o hijo adoptivo, causa pendiente en que deba fallar como juez alguna de las partes[395];

7°) Tener el juez, su cónyuge o conviviente civil, sus ascendientes o descendientes, o su padre o hijo adoptivo, causa pendiente en que se ventile la misma cuestión que el juez debe fallar[396];

8°) Haber el juez manifestado su dictamen sobre la cuestión pendiente, con conocimiento de los antecedentes necesarios para pronunciar sentencia; y

9°) Ser el juez, su cónyuge o conviviente civil, alguno de sus ascendientes o descendientes o su padre o hijo adoptivo, heredero instituido en testamento por alguna de las partes[397].

Lo dicho en este artículo es sin perjuicio de lo dispuesto en el artículo 1324 y en los incisos tercero y cuarto del artículo 1325 del Código Civil[398].

Respecto de los jueces con competencia criminal, son causas de implicancia, además, las siguientes:

1° Haber intervenido con anterioridad en el procedimiento como fiscal o defensor;

2° Haber formulado acusación como fiscal, o haber asumido la defensa, en otro procedimiento seguido contra el mismo imputado, y

---

[394] Número sustituido por el art. 120 N° 6 de la Ley N° 19.968, de 30 de agosto de 2004.

[395] Número sustituido por el art. 35 i) letra c) de la Ley N° 20.830, de 21 de abril de 2015.

[396] Número sustituido por el art. 35 i) letra c) de la Ley N° 20.830, de 21 de abril de 2015.

[397] Número reemplazado por el art. 35 i) letra d) de la Ley N° 20.830, de 21 de abril de 2015.

[398] Inciso agregado por el art. 5° de la Ley N° 10.271, de 2 de abril de 1952.

3º Haber actuado el miembro del tribunal de juicio oral en lo penal como juez de garantía en el mismo procedimiento[399].

Art. 196. Son causas de recusación:

1º) Ser el juez pariente consanguíneo en toda la línea recta y en la colateral hasta el cuarto grado, o afín hasta el segundo grado, de alguna de las partes o de sus representantes legales[400];

2º) Ser el juez ascendiente o descendiente, hermano o cuñado del abogado de alguna de las partes[401];

3º) Tener el juez superior alguno de los parentescos designados en el inciso precedente o en el Nº 4º del artículo 195, con el juez inferior que hubiere pronunciado la sentencia que se trata de confirmar o revocar;

4º) Ser alguna de las partes sirviente, paniaguado o dependiente asalariado del juez, o viceversa;

5º) Ser el juez deudor o acreedor de alguna de las partes o de su abogado; o serlo su cónyuge o conviviente civil o alguno de sus ascendientes, descendientes o parientes colaterales dentro del segundo grado[402].

Sin embargo, no tendrá aplicación la causal del presente número si una de las partes fuere alguna de las instituciones de previsión fiscalizadas por la Superintendencia de Seguridad Social, la Asociación Nacional de Ahorro y Préstamo, o uno de los Servicios de Vivienda y Urbanización o una compañía prestadora de un servicio básico domiciliario, a menos que estas instituciones u organismos ejerciten actualmente cualquier acción judicial contra el juez o contra alguna otra de las personas señaladas o viceversa[403];

---

399 Inciso agregado por el art. 1º Nº 22 de la Ley Nº 19.708, de 5 de enero de 2001.

400 Número reemplazado por el art. 35 ii letra a) de la Ley Nº 20.830, de 21 de abril de 2015.

401 Número reemplazado por el art. 35 ii letra a) de la Ley Nº 20.830, de 21 de abril de 2015.

402 Inciso sustituido por el art. 35 ii letra b) de la Ley Nº 20.830, de 21 de abril de 2015.

403 Inciso modificado por el art. 3º de la Ley Nº 21.081, de 13 de septiembre de 2018. Previamente había sido sustituido por el art. 2º Nº 5 de la Ley Nº 18.705, de 24 de

6°) Tener alguno de los ascendientes o descendientes del juez o los parientes colaterales del mismo dentro del segundo grado, causa pendiente que deba fallar como juez alguna de las partes[404];

7°) Tener alguno de los ascendientes o descendientes del juez o los parientes colaterales del mismo dentro del segundo grado, causa pendiente en que se ventile la misma cuestión que el juez deba fallar[405];

8°) Tener pendientes alguna de las partes pleito civil o criminal con el juez, con su cónyuge o conviviente civil, o con alguno de sus ascendientes, descendientes o parientes colaterales dentro del segundo grado.

Cuando el pleito haya sido promovido por alguna de las partes, deberá haberlo sido antes de la instancia en que se intenta la recusación[406];

9°) Haber el juez declarado como testigo en la cuestión actualmente sometida a su conocimiento;

10) Haber el juez manifestado de cualquier modo su dictamen sobre la cuestión pendiente, siempre que lo hubiere hecho con conocimiento de ella;

11) Ser alguno de los ascendientes o descendientes del juez o alguno de sus parientes colaterales dentro del segundo grado, instituido heredero en testamento por alguna de las partes[407];

12) Ser alguna de las partes heredero instituido en testamento por el juez;

13) Ser el juez socio colectivo, comanditario o de hecho de alguna de las partes, serlo su cónyuge o conviviente civil, o alguno de los ascendien-

---

mayo de 1988.

[404] Número reemplazado por el art. 35 ii letra c) de la Ley N° 20.830, de 21 de abril de 2015.

[405] Número reemplazado por el art. 35 ii letra c) de la Ley N° 20.830, de 21 de abril de 2015.

[406] Número reemplazado por el art. 35 ii letra c) de la Ley N° 20.830, de 21 de abril de 2015.

[407] Número sustituido por el art. 35 ii letra d) de la Ley N° 20.830, de 21 de abril de 2015.

tes o descendientes del mismo juez, o alguno de sus parientes colaterales dentro del segundo grado[408];

14) Haber el juez recibido de alguna de las partes un beneficio de importancia, que haga presumir empeñada su gratitud;

15) Tener el juez con alguna de las partes amistad que se manifieste por actos de estrecha familiaridad;

16) Tener el juez con alguna de las partes enemistad, odio o resentimiento que haga presumir que no se halla revestido de la debida imparcialidad;

17) Haber el juez recibido, después de comenzado el pleito, dádivas o servicios de alguna de las partes, cualquiera que sea su valor o importancia; y

18) Ser partes o tener interés en el pleito una sociedad anónima de que el juez sea accionista.

No obstante lo dispuesto en el inciso precedente, no constituirá causal de recusación la circunstancia de que una de las partes fuere una sociedad anónima abierta[409].

Lo prevenido en el inciso anterior no regirá cuando concurra la causal señalada en el Nº 8 de este artículo. Tampoco regirá cuando el juez, por sí solo o en conjunto con alguna de las personas indicadas en el numerando octavo, fuere dueño de más del diez por ciento del capital social. En estos dos casos existirá causal de recusación[410].

Art. 197. En los casos en que se trate de recusar al juez por parentesco ilegítimo que no esté de antemano reconocido o establecido por los medios legales, no se admitirá otra prueba que la confesión espontánea del juez.

---

408 Número reemplazado por el art. 35 ii letra e) de la Ley Nº 20.830, de 21 de abril de 2015.

409 Inciso agregado por el art. 2º Nº 1 de la Ley Nº 18.804, de 10 de junio de 1989.

410 Inciso agregado por el art. 2º Nº 1 de la Ley Nº 18.804, de 10 de junio de 1989.

Art. 198. Además de las causales de implicancia o recusación de los jueces, que serán aplicables a los abogados llamados a Integrar la Corte Suprema o las Cortes de Apelaciones, será causal de recusación respecto de ellos la circunstancia de patrocinar negocios en que se ventile la misma cuestión que debe resolver el tribunal.

Los abogados o procuradores de las partes podrán, por medio del relator de la causa, recusar sin expresión de causa a uno de los abogados de la lista, no pudiendo ejercer este derecho sino respecto de dos miembros, aunque sea mayor el número de partes litigantes. Esta recusación deberá hacerse antes de comenzar la audiencia en que va a verse la causa, cuando se trate de abogados que hayan figurado en el acta de instalación del respectivo Tribunal, o en el momento de la notificación a que se refiere el artículo 166 del Código de Procedimiento Civil en los demás casos[411].

Para recusar a un abogado integrante de la Corte Suprema deberá pagarse en estampillas un impuesto de $10.852 pesos, y para recusar a un abogado integrante de la Corte de Apelaciones, uno de $7.498 pesos[412].

Art. 199. Los jueces que se consideren comprendidos en alguna de las causas legales de implicancia o recusación, deberán tan pronto como tengan noticia de ello, hacerlo constar en el proceso, declarándose inhabilitados para continuar funcionando, o pidiendo se haga esta declaración por el tribunal de que formen parte.

No obstante, se necesitará de solicitud previa para declarar la inhabilidad de los jueces de la Corte Suprema y de las Cortes de Apelaciones, fundada en cualquiera de las causales de recusación y la de los demás jueces producida por el hecho de ser parte o tener interés en el pleito una

---

[411] Inciso sustituido por el art. 3º Nº 31 de la Ley Nº 11.183, de 10 de junio de 1953.

[412] Inciso modificado por el Acta N° 31-2025 de la Corte Suprema, de 27 de enero de 2025. Previamente había sido modificado por el Acta N° 28-2024, de 29 de enero de 2024; el Acta N° 16-2023 de la Corte Suprema, de 10 de febrero de 2023; el Acta N° 35-2022 de la Corte Suprema, de 7 de febrero de 2022; el Acta N° 35-2021 de la Corte Suprema, de 8 de febrero de 2021; el Acta N° 21-2020 de la Corte Suprema, de 7 de febrero de 2020; el Acta N° 6-2019 de la Corte Suprema, de 25 de enero de 2019; y sustituido por el art. 3° N° 31 de la Ley N° 11.183, de 10 de junio de 1953.

sociedad anónima de que éstos sean accionistas, sin perjuicio en uno y otro caso de que se haga constar en el proceso la existencia de la causal.

Art. 200. La implicancia de los jueces puede y debe ser declarada de oficio o a petición de parte.

La recusación sólo podrá entablarse por la parte a quien, según la presunción de la ley, puede perjudicar la falta de imparcialidad que se supone en el juez.

Art. 201. En los casos en que todas las partes litigantes pudieren alegar una misma causa de recusación contra el Juez, será éste recusable por cualquiera de ellas.

Art. 202. De la implicancia de jueces que sirven en tribunales unipersonales, conocerán ellos mismos.

Art. 203. De la implicancia de jueces que sirven en tribunales colegiados conocerá el tribunal mismo con exclusión del miembro o miembros de cuya implicancia se trata.

Art. 204. De la recusación de un juez de letras conocerá la Corte de Apelaciones.

De la de uno o más miembros de una Corte de Apelaciones conocerá la Corte Suprema.

De la de uno o más miembros de la Corte Suprema conocerá la Corte de Apelaciones de Santiago.

De la de un juez árbitro conocerá el juez ordinario del lugar donde se sigue el juicio[413].

Art. 205. Las sentencias que se dictaren en los incidentes sobre implicancia o recusación serán inapelables, salvo la que pronuncie el juez de tribunal unipersonal desechando la implicancia deducida ante él, aceptan-

---

413 Artículo reemplazado por el art. 4º Nº 32 de la Ley Nº 18.776, de 18 de enero de 1989.

do la recusación en el caso del artículo 129 del Código de Procedimiento Civil, o declarándose de oficio inhabilitado por alguna causal de recusación.

Conocerá de las apelaciones a que se refiere el inciso anterior el tribunal a quien corresponde o correspondería la segunda instancia del negocio en que la implicancia o recusación inciden.

En el caso de un juez árbitro de única o segunda instancia se entiende, para el efecto de este artículo, como tribunal de alzada la Corte de Apelaciones respectiva.

TÍTULO VIII
De la subrogación e integración

Art. 206. En todos los casos en que el juez de garantía falte o no pueda intervenir en determinadas causas, será subrogado por otro juez del mismo juzgado.

Si el juzgado de garantía contare con un solo juez, éste será subrogado por el juez del juzgado con competencia común de la misma comuna o agrupación de comunas y, a falta de éste, por el secretario letrado de este último[414].

Art. 207. Cuando no pueda tener lugar lo dispuesto en el artículo precedente, la subrogación se hará por un juez del juzgado de garantía de la comuna más cercana perteneciente a la jurisdicción de la misma Corte de Apelaciones.

A falta de éste, subrogará el juez del juzgado con competencia común de la comuna o agrupación de comunas más cercana y, en su defecto, el secretario letrado de este último juzgado.

En defecto de todos los designados en las reglas anteriores, la subrogación se hará por los jueces de garantía de las restantes comunas de la misma jurisdicción de la Corte de Apelaciones a la cual pertenezcan, en orden de cercanía.

---

[414] Artículo agregado por el art. 11 de la Ley N° 19.665, de 9 de marzo de 2000.

Para los efectos previstos en este artículo, las Cortes de Apelaciones fijarán cada dos años el orden de cercanía territorial de los distintos juzgados de garantía, considerando la facilidad y rapidez de las comunicaciones entre sus lugares de asiento[415].

Art. 208. Cuando no resultare aplicable ninguna de las reglas anteriores, actuará como subrogante un juez de garantía, a falta de éste un juez de letras con competencia común o, en defecto de ambos, el secretario letrado de este último, que dependan de la Corte de Apelaciones más cercana. Regirán con este objeto las reglas previstas por los incisos segundo, tercero y cuarto del artículo 216[416].

Art. 209. Los jueces de un juzgado de garantía sólo podrán subrogar a otros jueces de garantía, en los casos previstos en los artículos 206 a 208, y a jueces de tribunales de juicio oral en lo penal, en los casos a que se refiere el artículo siguiente[417].

Art. 210. En todos los casos en que una sala de un tribunal de juicio oral en lo penal no pudiere constituirse conforme a la ley por falta de jueces que la integren, subrogará un juez perteneciente al mismo tribunal oral y, a falta de éste, un juez de otro tribunal de juicio oral en lo penal de la jurisdicción de la misma Corte, para lo cual se aplicarán análogamente los criterios de cercanía territorial previstos en el artículo 207. Para estos fines, se considerará el lugar en el que deba realizarse el juicio oral de que se trate.

A falta de un juez de un tribunal de juicio oral en lo penal de la misma jurisdicción, lo subrogará un juez de juzgado de garantía de la misma comuna o agrupación de comunas, que no hubiere intervenido en la fase de investigación.

---

415 Artículo agregado por el art. 11 de la Ley Nº 19.665, de 9 de marzo de 2000.

416 Artículo agregado por el art. 11 de la Ley Nº 19.665, de 9 de marzo de 2000.

417 Artículo modificado por el art. 2º Nº 1 de la Ley Nº 19.708, de 5 de enero de 2001. Previamente había sido agregado por el art. 11 de la Ley Nº 19.665, de 9 de marzo de 2000.

Si no resultare posible aplicar ninguna de las reglas previstas en los incisos anteriores, sea porque los jueces pertenecientes a otros tribunales de juicio oral en lo penal o a los juzgados de garantía no pudieren conocer de la causa respectiva o por razones de funcionamiento de unos y otros, actuará como subrogante un juez perteneciente a algún tribunal de juicio oral en lo penal que dependa de la Corte de Apelaciones más cercana o, a falta de éste, un juez de un juzgado de garantía de esa otra jurisdicción. Regirán, con tal fin, las reglas previstas en los incisos segundo, tercero y cuarto del artículo 216.

En defecto de las reglas precedentes, resultará aplicable lo dispuesto en el artículo 213 o, si ello no resultare posible, se postergará la realización del juicio oral hasta la oportunidad más próxima en que alguna de tales disposiciones resultare aplicable[418].

Art. 210 A. Los jueces pertenecientes a los tribunales de juicio oral en lo penal sólo subrogarán a otros jueces de esos tribunales, de conformidad a lo dispuesto en el artículo anterior[419].

Art. 210 B. Si con ocasión de la aplicación de las reglas previstas en los artículos anteriores hubiere más de un juez que debiere subrogar al juez del juzgado de garantía o al juez del tribunal de juicio oral en lo penal, la subrogación se hará por orden de antigüedad, comenzando por el menos antiguo[420].

---

418 Artículo modificado por el art. 2° N° 1 de la Ley N° 19.708, de 5 de enero de 2001. Previamente había sido agregado por el art. 11 de la Ley N° 19.665, de 9 de marzo de 2000.

419 Artículo modificado por el art. 2° N° 1 de la Ley N° 19.708, de 5 de enero de 2001. Previamente había sido agregado por el art. 11 de la Ley N° 19.665, de 9 de marzo de 2000.

420 Artículo modificado por el art. 2° N° 1 de la Ley N° 19.708, de 5 de enero de 2001. Previamente había sido agregado por el art. 11 de la Ley N° 19.665, de 9 de marzo de 2000.

Art. 211. En todos los casos en que el juez de letras falte o no pueda conocer de determinados negocios, será subrogado por el secretario del mismo tribunal siempre que sea abogado.

Sólo a falta de dicho secretario la subrogación se efectuará en la forma que se establece en los artículos siguientes[421].

Art. 212. Si en la comuna o agrupación de comunas hay dos jueces de letras, aunque sean de distinta jurisdicción, la falta de uno de ellos será suplida por el Secretario del otro que sea abogado, y a falta de éste, por el juez de este otro juzgado[422].

Si hay más de dos jueces de letras de una misma jurisdicción, la subrogación de cada uno se hará, en la forma señalada en el inciso anterior, por el que le siga en el orden numérico de los juzgados y el del primero reemplazará al del último[423].

En caso de haber más de dos de distinta jurisdicción, la subrogación corresponderá a los otros de la misma jurisdicción, conforme al inciso anterior, y si ello no es posible, la subrogación se hará por el secretario que sea abogado y a falta de éste por el juez de la otra jurisdicción a quien corresponda el turno siguiente[424].

Art. 213. En las comunas o agrupaciones de comunas en que haya un solo juez de letras y siempre que el secretario no pueda reemplazarlo, o no pueda tener lugar lo dispuesto en los dos artículos precedentes, el juez de

---

421 Artículo modificado por el art. 12 de la Ley Nº 18.176, de 25 de octubre de 1982.

422 Inciso modificado por el art. 4º Nº 34 de la Ley Nº 18.776, de 18 de enero de 1989. Previamente había sido modificado por art. 12 de la Ley Nº 18.176, de 25 de octubre de 1982; y el art. 2º Nº 20 de la Ley Nº 17.590, de 31 de diciembre de 1971.

423 Inciso modificado por el art. 12 de la Ley Nº 18.176, de 25 de octubre de 1982. Previamente había sido modificado por el art. 2º Nº 21 de la Ley Nº 17.590, de 31 de diciembre de 1971.

424 Inciso modificado por el art. 2º Nº 22 de la Ley Nº 17.590, de 31 de diciembre de 1971.

letras será subrogado por el defensor público o por el más antiguo de ellos, cuando haya más de uno[425].

Si por inhabilidad, implicancia o recusación, el defensor público no puede ejercer las funciones que le encomienda esta ley, ellas serán desempeñadas por algunos de los abogados de la terna que anualmente formará la Corte de Apelaciones respectiva. No se podrá ocurrir al segundo abogado designado en la terna, sino en el caso de faltar o estar inhabilitado el primero, ni al tercero, sino cuando falten o estén inhabilitados los dos anteriores.

En defecto de todos los designados en los incisos precedentes, subrogará el secretario abogado del Juzgado del territorio jurisdiccional más inmediato, o sea, el de aquél con cuya ciudad cabecera sean más fáciles y rápidas las comunicaciones, aunque dependan de distintas Cortes de Apelaciones, pero sin alterarse la jurisdicción de la primitiva Corte. A falta o impedimento de éste, la subrogación la hará el Juez de dicho Tribunal, pudiendo, el uno o el otro, según corresponda, constituirse en el Juzgado que se subroga[426].

Para los efectos de lo establecido en el inciso 2° de este artículo, en el mes de Noviembre de cada año los jueces letrados de las comunas o agrupaciones de comunas en que exista un solo juzgado de letras elevarán a la Corte de Apelaciones respectiva una nómina de los abogados domiciliados en su territorio jurisdiccional, con indicación de su antigüedad y demás observaciones que crean oportunas. En el mes de Enero de cada año las Cortes de Apelaciones elegirán entre los nombres que figuren en esta lista

---

425 Inciso modificado por el art. 4° N° 35 de la Ley N° 18.776 de 18 de enero de 1989. Previamente había sido modificado por el art. 12 de la Ley N° 18.176, de 25 de octubre de 1982.

426 Inciso modificado por el art. 4° N° 35 de la Ley N° 18.776 de 18 de enero de 1989. Previamente había sido reemplazado por el art. 2° N° 23 de la Ley N° 17.590, de 31 de diciembre de 1971.

una terna de los abogados que deban reemplazar al juez de letras en cada uno de esas comunas o agrupaciones de comunas[427].

Art. 214. Para los efectos de la subrogación, se entenderá también que falta el juez, si no hubiere llegado a la hora ordinaria de despacho, o si no estuviere presente para evacuar aquellas diligencias que requieran su intervención personal, como son las audiencias de pruebas, los remates, los comparendos u otras semejantes, de todo lo cual dejará constancia, en los autos, el secretario que actúe en ellos.

En tales casos, la subrogación sólo durará el tiempo de la ausencia.

El secretario dará cuenta mensualmente de estas subrogaciones a la respectiva Corte de Apelaciones, la que deberá dictar las providencias del caso, si este hecho ocurriere con relativa frecuencia.

Los subrogantes sólo podrán dictar sentencias definitivas en aquellos negocios en que conozcan por inhabilidad, implicancia o recusación del titular; pero esta limitación no regirá cuando el subrogante sea un juez de letras, el defensor público o el secretario del respectivo juzgado.

No obstante lo dispuesto en los artículos anteriores, el Secretario del Juzgado que no sea abogado subrogará al Juez para el solo efecto de dictar las providencias de mera substanciación, definidas en el artículo 70 del presente Código[428].

En los juzgados de garantía y en los tribunales de juicio oral en lo penal corresponderá al jefe de la unidad administrativa que tenga a su cargo la función de administración de causas dejar constancia de la subrogación e informar mensualmente de ella a la Corte de Apelaciones[429].

---

427 Inciso modificado por el art. 1° N° 61 letra c) de la Ley N° 19.390, de 30 de mayo de 1995. Previamente había sido modificado por el art. 4° N° 35 de la Ley N° 18.776 de 18 de enero de 1989; y por el art. 12 de la Ley N° 18.176, de 25 de octubre de 1982.

428 Inciso agregado por el art. 1° de la Ley N° 8.949, de 20 de julio de 1948.

429 Inciso modificado por el art. 2° N° 1 de la Ley N° 19.708, de 5 de enero de 2001. Previamente había sido agregado por el art. 11 de la Ley N° 19.665, de 9 de marzo de 2000.

Art. 215. Si por falta o inhabilidad de algunos de sus miembros quedare una Corte de Apelaciones o cualquiera de sus salas sin el número de jueces necesario para el conocimiento y resolución de las causas que les estuvieren sometidas, se integrarán con los miembros no inhabilitados del mismo tribunal, con sus fiscales y con los abogados que se designen anualmente con este objeto.

El llamamiento de los integrantes se hará en el orden indicado y los abogados se llamarán por el orden de su designación en la lista de su nombramiento.

Las salas de las Cortes de Apelaciones no podrán funcionar con mayoría de abogados integrantes, tanto en su funcionamiento ordinario como en el extraordinario[430].

La integración de las salas de la Corte de Santiago se hará preferentemente con los miembros de aquellas que se compongan de cuatro, según el orden de antigüedad.

Art. 216. Si en una Sala de las Cortes de Apelaciones no queda ningún miembro hábil se deferirá el conocimiento del negocio a otra de las Salas de que se componga el Tribunal y si la inhabilidad o impedimento afecta a la totalidad de sus miembros, pasará el asunto a la Corte de Apelaciones que deba subrogar según las reglas siguientes:

Se subrogarán recíprocamente las Cortes de Apelaciones de Arica con la de Iquique; la de Antofagasta con la de Copiapó; la de La Serena con la de Valparaíso; la de Santiago con la de San Miguel; la de Rancagua con la Talca; la de Chillán con la de Concepción y la de Temuco con la de Valdivia[431].

---

[430] Inciso agregado por el art. 2° de la Ley N° 19.810, de 11 de junio de 2002.

[431] Inciso modificado por el art. 13 letra t) N° 1 de la Ley N° 19.592, de 30 de noviembre de 1998. Previamente había sido reemplazado por el art. 4° N° 36 de la Ley N° 18.776, de 18 de enero de 1989.

La Corte de Apelaciones de Puerto Montt será subrogada por la de Valdivia[432].

La Corte de Apelaciones de Punta Arenas lo será por la Puerto Montt[433].

La Corte de Apelaciones de Coihaique será subrogada por la de Puerto Montt[434].

En los casos en que no puedan aplicarse las reglas precedentes, conocerá la Corte de Apelaciones cuya sede esté más próxima a la de la que debe ser subrogada[435].

Art. 217. Si la Corte Suprema o algunas de sus salas se hallare en el caso previsto en el artículo 215 se llamará a integrar a los miembros no inhabilitados de la misma Corte Suprema, al fiscal del tribunal o a los abogados que se designen anualmente con este objeto.

El llamamiento de los integrantes se hará en el orden indicado, pero los abogados serán llamados guardando entre sí el orden a que se refieren los incisos siguientes.

Cada vez que se regule por auto acordado las materias que conocerá cada una de las salas en el funcionamiento ordinario o extraordinario y cada vez que se produzcan nombramientos de abogados integrantes, la Corte, atendiendo a las especialidades de aquéllos, determinará la o las salas a que ellos se integrarán de preferencia.

El llamamiento de los abogados asignados preferentemente a una misma sala se hará respetando el orden de su designación en la lista de su nombramiento. Igual orden se respetará para llamar a los demás abogados

---

432 Inciso agregado por el art. 13 letra t) Nº 2 de la Ley Nº 19.592, de 30 de noviembre de 1998.

433 Inciso agregado por el art. 13 letra t) Nº 2 de la Ley Nº 19.592, de 30 de noviembre de 1998.

434 Inciso reemplazado por el art. 4º Nº 36 de la Ley Nº 18.776, de 18 de enero de 1989.

435 Antes de las modificaciones indicadas en las notas precedentes, este artículo había sido sustituido íntegramente por el art. 9º de la Ley Nº 16.899, de 14 de agosto de 1968.

integrantes cuando no sea posible hacerlo con los que hubieren sido asignados preferentemente a la sala de que se trate[436].

Art. 218. En los casos en que no pudiere funcionar la Corte Suprema por inhabilidad de la mayoría o de la totalidad de sus miembros, será integrada por ministros de la Corte de Apelaciones de Santiago, llamados por su orden de antigüedad.

Las Salas de la Corte Suprema no podrán funcionar con mayoría de abogados integrantes, tanto en su funcionamiento ordinario como en el extraordinario[437].

Art. 219. Para los efectos de lo dispuesto en los artículos 215 y 217 de este Código, el Presidente de la República designará doce abogados para la Corte Suprema; quince para la Corte de Apelaciones de Santiago; nueve para las Cortes de Apelaciones de Valparaíso, San Miguel y Concepción; cinco para las Cortes de Apelaciones de Arica, Antofagasta, La Serena, Rancagua, Talca, Temuco y Valdivia; y tres para cada una de las demás Cortes, previa formación por la Corte Suprema, de las respectivas ternas[438].

La designación de abogados integrantes de las Cortes de Apelaciones se hará en el mes de enero de cada año. Los abogados designados para la Corte Suprema lo serán por un período de tres años, efectuándose el nombramiento en el mes de enero, en que comienza el trienio respectivo.

Las ternas para abogados integrantes de las Cortes de Apelaciones serán formadas tomando los nombres de una lista que, en el mes de diciembre de cada año, enviarán a la Corte Suprema las respectivas Cortes de Apelaciones. En esta lista deberán figurar abogados que tengan su residencia en la ciudad que sirve de asiento al tribunal respectivo, que reúnan las

---

436 El inciso segundo, tercero y cuarto fueron incorporados por el art. 1° N° 11 de la Ley N° 19.374, de 18 de febrero de 1995.

437 Inciso modificado por el art. 1° N° 12 de la Ley N° 19.374, de 18 de febrero de 1995. Previamente había sido agregado por el art. 3° N° 32 de la Ley N° 11.183, de 10 de junio de 1953.

438 Inciso modificado por el art. 10 N° 1 letras a) y b) por la Ley N° 19.531, de 7 de noviembre de 1997.

condiciones requeridas para ejercer los cargos de ministros, con excepción del límite de edad establecido en el artículo 77 de la Constitución Política de la República de Chile, y que hayan destacado en la actividad profesional o universitaria.

Estas listas se compondrán, para Santiago, de setenta y cinco nombres; para Valparaíso, San Miguel y Concepción, de cuarenta y cinco nombres; para Arica, Antofagasta, La Serena, Rancagua, Talca, Temuco y Valdivia, de veinticinco, y de quince para las demás Cortes[439].

Las ternas para abogados integrantes de la Corte Suprema serán formadas tomando los nombres de una lista que, en el mes diciembre en que termina el trienio respectivo, formará la misma Corte. En esta lista deberán figurar cuarenta y cinco abogados, con residencia en la ciudad de Santiago, que reúnan las condiciones requeridas para ejercer los cargos de ministros, con excepción del límite de edad establecido en el artículo 77 de la Constitución Política de la República de Chile, y que hayan destacado en la actividad profesional o universitaria.

Las ternas para abogados integrantes de las Cortes de Apelaciones sólo podrán incluir abogados que, además de cumplir con los requisitos indicados en los números 1° y 2° del artículo 253, tengan no menos de doce años de ejercicio profesional o ex miembros del Escalafón Primario del Poder Judicial, siempre y cuando hubiesen figurado durante los últimos cinco años en lista de méritos. Las ternas para abogados integrantes de la Corte Suprema sólo podrán incluir abogados que, además de cumplir con los requisitos indicados en los números 1° y 2° del artículo 254, tengan no menos de quince años de ejercicio profesional o que hayan pertenecido a la primera o segunda categoría del Escalafón Primario del Poder Judicial y siempre que, de haber estado en la segunda categoría, hubiesen figurado durante los últimos cinco años en lista de méritos. En ningún caso podrán figurar en las ternas profesionales que hayan sido separados de sus cargos

---

[439] Inciso modificado por el art. 10 N° 1 letra c) por la Ley N° 19.531, de 7 de noviembre de 1997.

como funcionarios judiciales, sea en la calificación anual o en cualquiera otra oportunidad[440].

Si por cualquiera causa alguno de los abogados designados para la Corte Suprema no pudiere continuar en las funciones, el Presidente de la República podrá nombrar en su reemplazo por el resto del período a uno de los componentes de las ternas que formó la Corte Suprema en su oportunidad, o requerir de dicho tribunal la formación de una nueva terna, en conformidad con lo previsto en los incisos anteriores.

En las ternas no se podrán repetir nombres[441].

Art. 220. Los secretarios de los tribunales colegiados llevarán electrónicamente un registro público de integraciones y de asistencia al tribunal, en el que anotarán diariamente los nombres de los miembros que no hayan asistido, con expresión de la causa de inasistencia, y de los funcionarios o abogados que hayan sido llamados a integrar, información que estará disponible en la página de internet del Poder Judicial.

De la integración deberá dejarse testimonio en la respectiva carpeta electrónica[442].

Art. 221. Los abogados que fueren llamados a integrar la Corte Suprema y las Cortes de Apelaciones, percibirán una remuneración equivalente a una treintava parte de la remuneración mensual asignada al cargo de los ministros del respectivo tribunal, por cada audiencia a que concurran.

Los funcionarios judiciales llamados a integrar las Cortes de Apelaciones no percibirán remuneración de ninguna naturaleza por este concepto[443].

---

[440] Inciso sustituido por el art. 1° N° 13 de la Ley N° 19.374, de 18 de febrero de 1995.

[441] Antes de las modificaciones señaladas en las notas precedentes, este artículo fue sustituido por el art. 1° N° 28 de la Ley N° 18.969, de 10 de marzo de 1990.

[442] Artículo sustituido por el art. 13 N° 3 de la Ley N° 20.886, de 18 de diciembre de 2015.

[443] Artículo sustituido por el art. 68 letra b) de la Ley N° 18.510, de 14 de mayo de 1986.

TÍTULO IX
De los Jueces Árbitros

Art. 222. Se llaman árbitros, los jueces nombrados por las partes, o por la autoridad judicial en subsidio, para la resolución de un asunto litigioso.

Art. 223. El árbitro puede ser nombrado, o con la calidad de árbitro de derecho, o con la de árbitro arbitrador o amigable componedor.

El árbitro de derecho fallará con arreglo a la ley y se someterá, tanto en la tramitación como en el pronunciamiento de la sentencia definitiva, a las reglas establecidas para los jueces ordinarios, según la naturaleza de la acción deducida.

El arbitrador fallará obedeciendo a lo que su prudencia y la equidad le dictaren, y no estará obligado a guardar en sus procedimientos y en su fallo otras reglas que las que las partes hayan expresado en el acto constitutivo del compromiso, y si éstas nada hubieren expresado, a las que se establecen para este caso en el Código de Procedimiento Civil.

Sin embargo, en los casos en que la ley lo permita, podrán concederse al árbitro de derecho facultades de arbitrador, en cuanto al procedimiento, y limitarse al pronunciamiento de la sentencia definitiva la aplicación estricta de la ley.

Art. 224. Sólo las partes mayores de edad y libres administradoras de sus bienes podrán dar a los árbitros el carácter de arbitradores. Por motivos de manifiesta conveniencia podrán los tribunales autorizar la concesión al árbitro de derecho de las facultades de que trata el inciso 4° del artículo anterior, aun cuando uno o más de los interesados en el juicio sean incapaces.

Art. 225. Puede ser nombrado árbitro toda persona mayor de edad, con tal que tenga la libre disposición de sus bienes y sepa leer y escribir. Los abogados habilitados para ejercer la profesión pueden ser árbitros aunque sean menores de edad.

El nombramiento de árbitros de derecho sólo puede recaer en un abogado.

En cuanto al nombramiento de partidor, se estará a lo dispuesto en los artículos 1323, 1324 y 1325 del Código Civil[444].

Art. 226. No pueden ser nombrados árbitros para la resolución de un asunto las personas que litigan como partes en él, salvo lo dispuesto en los artículos 1324 y 1325 del Código Civil.

Asimismo, no puede ser nombrado árbitro para la resolución de un asunto el juez que actualmente estuviere conociendo de él, sin perjuicio de lo dispuesto en el artículo 317.

Art. 227. Deben resolverse por árbitros los asuntos siguientes:

1°) La liquidación de una sociedad conyugal o de una sociedad colectiva o en comandita civil, y la de las comunidades;

2°) La partición de bienes;

3°) Las cuestiones a que diere lugar la presentación de la cuenta del gerente o del liquidador de las sociedades comerciales y los demás juicios sobre cuentas;

4°) Las diferencias que ocurrieren entre los socios de una sociedad anónima, o de una sociedad colectiva o en comandita comercial, o entre los asociados de una participación, en el caso del artículo 415 del Código de Comercio;

5°) Los demás que determinen las leyes.

Pueden, sin embargo, los interesados resolver por sí mismos estos negocios, si todos ellos tienen la libre disposición de sus bienes y concurren al acto, sin perjuicio de lo dispuesto en el artículo 802 del Código de Procedimiento Civil.

Los interesados, de común acuerdo, pueden también solicitar al juez que conoce el procedimiento sobre la separación judicial, la declaración de nulidad del matrimonio o el divorcio, que liquide la sociedad conyugal

---

444 Inciso sustituido por el art. 5° de la Ley N° 10.271, de 2 de abril de 1952.

o el régimen de participación en los gananciales que hubo entre los cónyuges[445].

Art. 228. Fuera de los casos expresados en el artículo precedente, nadie puede ser obligado a someter al juicio de árbitros una contienda judicial.

Art. 229. No Podrán ser sometidas a la resolución de árbitros las cuestiones que versen sobre alimentos o sobre derecho de pedir separación de bienes entre marido y mujer.

Art. 230. Tampoco podrán someterse a la decisión de árbitro las causas criminales, las de policía local, las que se susciten entre un represente legal y su representado, y aquellas en que debe ser oído el fiscal judicial[446].

Todo lo cual se entiende sin perjuicio de lo dispuesto en el artículo 227.

Art. 231. Pueden las partes, si obran de acuerdo, nombrar para la resolución de un litigio dos o más árbitros.

Art. 232. El nombramiento de árbitros deberá hacerse con el consentimiento unánime de todas las partes interesadas en el litigio sometido a su decisión.

En los casos en que no hubiere avenimiento entre las partes respecto de la persona en quien haya de recaer el encargo, el nombramiento se hará por la justicia ordinaria, debiendo en tal caso recaer dicho nombramiento en un solo individuo y diverso de los dos primeros indicados por cada parte; se procederá, en lo demás, en la forma establecida en el Código de Procedimiento Civil para el nombramiento de peritos[447].

---

[445] Inciso agregado por el art. 8° N° 2 de la Ley N° 19.947, de 17 de mayo de 2004.

[446] Inciso modificado por el art. 11 de la Ley N° 19.665, de 9 de marzo de 2000. Previamente había sido sustituido por el art. 1° N° 29 de la Ley N° 18.969, de 19 de marzo de 1990.

[447] Inciso modificado por el art. 1° de la Ley N° 15.632, de 13 de agosto de 1964.

Art. 233. En el caso de ser dos o más los árbitros nombrados, las partes podrán nombrar un tercero que dirima las discordias que entre aquéllos puedan ocurrir.

Podrán, también, autorizar a los mismos árbitros para que nombren, en caso necesario, el tercero en discordia.

Art. 234. El nombramiento de árbitro deberá hacerse por escrito. En el instrumento en que se haga el nombramiento de árbitro deberán expresarse:

1°) El nombre y apellido de las partes litigantes;

2°) El nombre y apellido del árbitro nombrado;

3°) El asunto sometido al juicio arbitral;

4°) Las facultades que se confieren al árbitro, y el lugar y tiempo en que deba desempeñar sus funciones.

Faltando la expresión de cualquiera de los puntos indicados en los N°s 1°, 2° y 3°, no valdrá el nombramiento.

Art. 235. Si las partes no expresaren con qué calidad es nombrado el árbitro, se entiende que lo es con la de árbitro de derecho.

Si faltare la expresión del lugar en que deba seguirse el juicio, se entenderá que lo es aquel en que se ha celebrado el compromiso.

Si faltare la designación del tiempo, se entenderá que el árbitro debe evacuar su encargo en el término de dos años contados desde su aceptación.

No obstante, si se hubiere pronunciado sentencia dentro de plazo, podrá ésta notificarse válidamente aunque él se encontrare vencido, como asimismo, el árbitro estará facultado para dictar las providencias pertinentes a los recursos que se interpusieren.

Si durante el arbitraje el árbitro debiere elevar los autos a un tribunal superior, o paralizar el procedimiento por resolución de esos mismos tribunales, el plazo se entenderá suspendido mientras dure el impedimento[448].

---

[448] Los incisos cuarto y quinto fueron agregados por el art. 1° N° 30 de la Ley N° 18.969, de 19 de marzo de 1990.

Art. 236. El árbitro que acepta el encargo deberá declararlo así, y jurará desempeñarlo con la debida fidelidad y en el menor tiempo posible.

Art. 237. Si los árbitros son dos o más, todos ellos deberán concurrir al pronunciamiento de la sentencia y a cualquier acto de substanciación del juicio, a menos que las partes acuerden otra cosa.

No poniéndose de acuerdo los árbitros, se reunirá con ellos el tercero, si lo hay, y la mayoría pronunciará resolución conforme a las normas relativas a los acuerdos de las Cortes de Apelaciones[449].

Art. 238. En caso de no resultar mayoría en el pronunciamiento de la sentencia definitiva o de otra clase de resoluciones, siempre que ellas no sean apelables, quedará sin efecto el compromiso, si éste es voluntario. Si es forzoso, se procederá a nombrar nuevos árbitros.

Cuando pueda deducirse el recurso, se elevarán los antecedentes al tribunal de alzada para que resuelva la cuestión que motiva el desacuerdo conforme a derecho o equidad, según corresponda[450].

Art. 239. Contra una sentencia arbitral se pueden interponer los recursos de apelación y casación para ante el tribunal que habría conocido de ellos si se hubieran interpuesto en juicio ordinario; a menos que las partes, siendo mayores de edad y libres administradoras de sus bienes, hayan renunciado dichos recursos, o sometiéndolos también a arbitraje en el instrumento del compromiso o en un acto posterior.

Sin embargo, el recurso de casación en el fondo no procederá en caso alguno contra las sentencias de los arbitradores; y el de apelación sólo procederá contra dichas sentencias cuando las partes, en el instrumento en que constituyen el compromiso, expresaren que se reservan dicho recurso para ante otros árbitros del mismo carácter y designaren las personas que han de desempeñar este cargo.

---

449 Artículo sustituido por el art. 1° N° 31 de la Ley N° 18.969, de 19 de marzo de 1990.

450 Artículo sustituido por el art. 1° N° 31 de la Ley N° 18.969, de 19 de marzo de 1990.

Art. 240. Los árbitros, una vez aceptado su encargo, quedan obligados a desempeñarlo.

Esta obligación cesa:

1°) Si las partes ocurren de común acuerdo a la justicia ordinaria o a otros árbitros solicitando la resolución del negocio;

2°) Si fueren maltratados o injuriados por alguna de las partes;

3°) Si contrajeren enfermedad que les impida seguir ejerciendo sus funciones; y

4°) Si por cualquiera causa tuvieren que ausentarse del lugar donde se sigue el juicio.

Art. 241. El compromiso concluye por revocación hecha por las partes de común acuerdo de la jurisdicción otorgada al compromisario.

Art. 242. El compromiso no cesa por la muerte de una o más de las partes, y el juicio seguirá su marcha con citación e intervención de los herederos del difunto.

Art. 243. Los árbitros nombrados por las partes no pueden ser inhabilitados sino por causas de implicancia o recusación que hayan sobrevenido a su nombramiento, o que se ignoraban al pactar el compromiso[451].

TÍTULO X
De los Magistrados y del Nombramiento y Escalafón de los Funcionarios Judiciales

§ 1. Calidades en que pueden ser nombrados los jueces

Art. 244. Los jueces pueden ser nombrados con calidad de propietarios, de interinos o de suplentes.

Es propietario el que es nombrado para ocupar perpetuamente o por el período legal una plaza vacante.

---

[451] Artículo sustituido por el art. 5° de la Ley N° 10.271, de 2 de abril de 1952.

Es interino el que es nombrado simplemente para que sirva una plaza vacante mientras se procede a nombrar el propietario.

Es suplente el que es nombrado para que desempeñe una plaza que no ha vacado, pero que no puede ser servida por el propietario en razón de hallarse suspenso o impedido.

Art. 245. Nombrado un juez en la forma prescrita por la ley para ocupar una plaza vacante, y no expresándose en su título con qué calidad es nombrado, se entiende que lo es con la de propietario.

Art. 246. Ninguna plaza de la magistratura podrá permanecer vacante, ni aun en el caso de estar servida interinamente, por más de cuatro meses. Vencido este término, el juez interino cesará de hecho en el ejercicio de sus funciones, y el Presidente de la República proveerá la plaza en propiedad.

Art. 247. La inamovilidad de que habla el artículo 77 de la Constitución del Estado rige no sólo respecto de los jueces propietarios sino también respecto de los interinos y suplentes. La inamovilidad de los interinos durará hasta el nombramiento del respectivo propietario, y la de los suplentes hasta que expire el tiempo por el cual hubieren sido nombrados[452].

§ 2. Requisitos, inhabilidades e incompatibilidades

Art. 248. Para todos los efectos de este Código se entenderá que las referencias hechas a los jueces letrados o jueces de letras incluyen también a los jueces de juzgados de familia, los jueces de juzgados de letras del trabajo y de cobranza laboral y previsional, los jueces de juzgados de garantía y a los jueces de los tribunales de juicio oral en lo penal, salvo los casos en que la ley señale expresamente lo contrario[453].

---

[452] Artículo modificado por el art. 1° N° 33 de la Ley N° 18.969, de 19 de marzo de 1990.

[453] Artículo modificado por el art. 13 N° 9 de la Ley N° 20.022, de 30 de mayo de 2005. Previamente había sido modificado por el art. 120 N° 7 de la Ley N° 19.968, de 30

Art. 249. Derogado[454].

Art. 250. Para ser Juez de Letras, o Ministro de la Corte Suprema y de las Cortes de Apelaciones, deberán cumplirse las condiciones prescritas en el párrafo 3.o de este Título, los requisitos que se exigen en los artículos siguientes; y los señalados en el párrafo 2.o del Título I del DFL. N° 338, de 6 de Abril de 1960, sobre Estatuto Administrativo, cuando se tratare del ingreso a la carrera[455].

Art. 251. No puede ser juez la persona que tuviere dependencia de sustancias o drogas estupefacientes o sicotrópicas ilegales, a menos que justifique su consumo por un tratamiento médico[456].

Art. 252. Para ser juez de letras se requiere:

1° Ser chileno;

2° Tener el título de abogado, y

3° Haber cumplido satisfactoriamente el programa de formación para postulantes al Escalafón Primario del Poder Judicial, sin perjuicio de lo dispuesto en el artículo 284 bis.

Tratándose de abogados ajenos a la Administración de Justicia que postulen directamente al cargo de juez de letras de comuna o agrupación de comunas, se requerirá que, además de los requisitos establecidos precedentemente, hayan ejercido la profesión de abogado por un año, a lo menos.

---

de agosto de 2004; y el art. 2° N° 1 de la Ley N° 19.708, de 5 de enero de 2001. Además, esta disposición había sido agregada por el art. 11 de la Ley N° 19.665, de 9 de marzo de 2000.

454 Artículo derogado por el art. 4° N° 37 de la Ley N° 18.776, de 18 de enero de 1989.

455 Artículo modificado por el art. 12 de la Ley N° 18.176, de 25 de octubre de 1982. Previamente fue modificado por el art. 9° del D.L. N° 2.416, de 10 de enero de 1979; y sustituido por el art. 8° letra b) de la Ley N° 14.548, de 8 de febrero de 1961.

456 Artículo agregado por el art. 75 N° 2 de la Ley N° 20.000, de 16 de febrero de 2005.

Para ser juez de letras de capital de provincia o de asiento de Corte de Apelaciones se requerirá, además, reunir los requisitos que se establecen en la letra b) del artículo 284[457].

Art. 253. Para ser ministro o fiscal judicial de Corte de Apelaciones se requiere:

1° Ser chileno;

2° Tener el título de abogado, y

3° Cumplir, tratándose de miembros del Escalafón Primario, con los requisitos que se establecen en la letra a) del artículo 284, y haber aprobado el programa de perfeccionamiento profesional para ser ministro de Corte de Apelaciones. En ningún caso podrá ser ministro de Corte de Apelaciones quien no haya desempeñado, efectiva y continuadamente, la función de juez letrado, por un año a lo menos. Lo anterior es sin perjuicio de lo dispuesto en el artículo 280[458].

Iguales requisitos se requerirán para ser designado secretario de la Corte Suprema[459].

Art. 254. Para ser ministro de Corte Suprema se requiere:

1° Ser chileno;

2° Tener el título de abogado;

3° Cumplir, tratándose de miembros del Escalafón Primario, con los requisitos que establece el artículo 283, y

4° Haber ejercido, tratándose de abogados ajenos al Poder Judicial, por a lo menos quince años la profesión de abogado, sin perjuicio de cumplir con los requisitos señalados en los números 1° y 2°. En caso de tratarse de abogados que se hubieren retirado del Poder Judicial, deberán

---

457 Artículo sustituido por el art. 1° N° 1 de la Ley N° 19.390, de 30 de mayo de 1995. Previamente había sido reemplazado por el art. 4° N° 38 de la Ley N° 18.776, de 18 de enero de 1989.

458 Inciso modificado por el art. 11 de la Ley N° 19.665, de 9 de marzo de 2000.

459 Antes de la modificación señalada en la nota precedente, este artículo había sido sustituido por el art. 1° N° 2 de la Ley N° 19.390, de 30 de mayo de 1995; y antes por el art. 4° N° 39 de la Ley N° 18.776, de 18 de enero de 1989.

haberlo hecho voluntariamente y con calificaciones para ser considerado en lista de méritos[460].

Art. 255. Derogado[461].

Art. 256. No pueden ser jueces:

1°) Los que se hallaren en interdicción por causa de demencia o prodigalidad;

2°) Derogado;

3°) Derogado;

4°) Derogado[462];

5°) Los que de conformidad a la ley procesal penal, se hallaren acusados por crimen o simple delito o estuvieren acogidos a la suspensión condicional del procedimiento[463];

6°) Los que hubieren sido condenados por crimen o simple delito.

Esta incapacidad no comprende a los condenados por delito contra la seguridad interior del Estado;

7°) Los fallidos, a menos que hayan sido rehabilitados en conformidad a la ley; y

8°) Los que hayan recibido órdenes eclesiásticas mayores[464].

Art. 257. Los que hubieren desempeñado los cargos de Presidente de la República, Ministros de Estado, Delegados Presidenciales Regionales, Delegados Presidenciales Provinciales o Gobernadores Regionales, no podrán ser nombrados miembros de los Tribunales Superiores de Justicia,

---

460 Artículo sustituido por el art. 1° N° 3 de la Ley N° 19.390, de 30 de mayo de 1995. Previamente había sido sustituido por el art. art. 4° N° 40 de la Ley N° 18.776, de 18 de enero de 1989.

461 Artículo derogado por el art. 1° N° 4 de la Ley N° 19.390, de 30 de mayo de 1995

462 Los numerales segundo, tercero y cuarto fueron derogados por el art. único N° 1 de la Ley N° 20.957, de 29 de octubre de 2016.

463 Número sustituido por el art. 1° N° 23 de la Ley N° 19.708, de 5 de enero de 2001.

464 Los dos incisos finales de este artículo fueron derogados por el art. 4° N° 41 de la Ley N° 18.776, de 18 de enero de 1989.

jueces letrados, fiscales judiciales, ni relatores, ya sea en propiedad, ya interinamente o como suplentes, sino un año después de haber cesado en el desempeño de sus funciones administrativas[465].

Art. 258. No pueden ser simultáneamente jueces de una misma Corte de Apelaciones, los parientes consanguíneos o afines en línea recta, ni los colaterales que se hallen dentro del segundo grado de consanguinidad o afinidad[466].

Art. 259. No podrá ser nombrado ministro de Corte de Apelaciones ni ser incluido en la terna correspondiente quien esté ligado con algún ministro o fiscal judicial de la Corte Suprema por matrimonio, por un acuerdo de unión civil, por parentesco de consanguinidad hasta el tercer grado inclusive, por afinidad hasta el segundo grado, o por adopción[467].

Quien sea cónyuge, conviviente civil, o tenga alguno de los parentescos o vínculos indicados en el inciso anterior con un ministro de Corte de Apelaciones no podrá figurar en ternas o ser nombrado en cargo alguno del Escalafón Primario que deba desempeñarse dentro del territorio jurisdiccional de la Corte de Apelaciones donde aquél ejerce su ministerio[468].

En caso de producirse el nombramiento de un ministro en una Corte en cuyo territorio jurisdiccional se desempeñan en el Escalafón Primario su cónyuge, conviviente civil, o alguno de los parientes indicados en el inciso

---

465 Artículo modificado por el art. 15 N° 2 de la Ley N° 21.073, de 22 de febrero de 2018. Previamente fue modificado por el art. 11 de la Ley N° 19.665, de 9 de marzo de 2000; y por el art. 4° N° 42 de la Ley N° 18.776, de 18 de enero de 1989.

466 Artículo modificado por el art. 1° N° 5 de la Ley N° 19.390, de 30 de mayo de 1995.

467 Inciso modificado por el art. 35 iii letra a) de la Ley N° 20.830, de 21 de abril de 2015. Previamente había sido modificado por el art. 11 de la Ley N° 19.665, de 9 de marzo de 2000.

468 Inciso modificado por el art. 35 iii letra b) de la Ley N° 20.830, de 21 de abril de 2015.

primero, estos últimos deberán ser trasladados de inmediato al territorio jurisdiccional de otra Corte[469].

En caso de producirse el nombramiento de un juez o ministro de Corte de Apelaciones que quede en situación de participar en la calificación de un receptor, procurador del número o miembro del Escalafón de Empleados y que se vincule con él por matrimonio, por un acuerdo de unión civil, o por alguno de los parentescos o vínculos indicados en el inciso primero, se deberá proceder al traslado de este último[470].

Si dos miembros de un mismo tribunal, estando ya en funciones, contrajeren matrimonio, celebraren un acuerdo de unión civil o pasaren a tener alguno de los parentescos señalados en el artículo 258, uno de ellos será trasladado a un cargo de igual jerarquía. El traslado afectará a aquel cuyo acto haya generado el parentesco y, en caso de matrimonio, a aquel que determinen los cónyuges de común acuerdo o, a falta de asenso, la Corte Suprema. Esta última regla se aplicará también cuando las personas se encuentren unidas por un acuerdo de unión civil[471].

El ministro de la Corte Suprema que sea cónyuge, que tenga un acuerdo de unión civil o alguno de los parentescos o vínculos indicados en el inciso primero con un miembro del Poder Judicial, no podrá tomar parte alguna en asuntos en que éste pueda tener interés[472-473].

Art. 260. No podrán ingresar en el Escalafón Secundario aquellos que sean cónyuges o tengan alguno de los parentescos o vínculos indicados en

---

[469] Inciso modificado por el art. 35 iii letra c) de la Ley Nº 20.830, de 21 de abril de 2015.

[470] Inciso modificado por el art. 35 iii letra d) de la Ley Nº 20.830, de 21 de abril de 2015.

[471] Inciso modificado por el art. 35 iii letra e) de la Ley Nº 20.830, de 21 de abril de 2015.

[472] Inciso modificado por el art. 35 iii letra f) de la Ley Nº 20.830, de 21 de abril de 2015.

[473] Antes de las modificaciones señaladas en las notas precedentes, este artículo había sido sustituido íntegramente por el art. 1º Nº 6 de la Ley Nº 19.390, de 30 de mayo de 1995.

el artículo anterior con algún ministro o fiscal judicial de la Corte Suprema o de Corte de Apelaciones, o con algún miembro del Escalafón Primario que se desempeñe en el territorio jurisdiccional del cargo que se trata de proveer. El mismo impedimento se aplicará a aquellos que tengan un acuerdo de unión civil con los referidos ministros o fiscales[474].

No podrá ingresar en el Escalafón del Personal de Empleados el que sea cónyuge o tenga un acuerdo de unión civil o alguno de los parentescos o vínculos indicados en el artículo anterior con algún ministro o con el fiscal de la Corte Suprema o con algún miembro del Escalafón Primario que se desempeñe en el territorio jurisdiccional del cargo que se trata de proveer[475].

Del mismo modo, no puede ser incluido en terna ni ser nombrado en el referido escalafón aquel que sea cónyuge o tenga un acuerdo de unión civil o alguno de los parentescos o vínculos indicados en el inciso anterior con quien, por razón de su cargo, deba o pueda participar en su calificación[476-477].

Art. 261. Las funciones judiciales son incompatibles con toda otra remunerada con fondos fiscales o municipales, con excepción de los cargos docentes hasta un límite máximo de doce horas semanales[478].

---

474 Inciso modificado por el art. 35 iv letra a) de la Ley Nº 20.830, de 21 de abril de 2015. Previamente había sido modificado por el art. 11 de la Ley Nº 19.665, de 9 de marzo de 2000.

475 Inciso modificado por el art. 35 iv letra b) de la Ley Nº 20.830, de 21 de abril de 2015.

476 Inciso modificado por el art. 35 iv letra c) de la Ley Nº 20.830, de 21 de abril de 2015.

477 Antes de las modificaciones señaladas en las notas precedentes, este artículo había sido sustituido íntegramente por el art. 1º Nº 7 de la Ley Nº 19.390, de 30 de mayo de 1995.

478 Artículo reemplazado por el art. 1º Nº 8 de la Ley Nº 19.390, de 30 de mayo de 1995.

§ 3. De los nombramientos y del escalafón de los funcionarios judiciales

Art. 262. Derogado[479].

Art. 263. Los jueces de letras, los ministros de la Corte Suprema y de las Cortes de Apelaciones y los demás funcionarios judiciales serán nombrados por el Presidente de la República, con sujeción a las normas que se indican en los artículos siguientes[480].

Art. 264. Habrá un Escalafón General de antigüedad del Poder Judicial compuesto de dos ramas, una de las cuales se denominará "Escalafón Primario" y la otra "Escalafón Secundario".

El Escalafón Primario se dividirá en categorías y el Secundario en series y categorías.

Habrá también, un Escalafón del Personal de Empleados[481].

Art. 265. En el Escalafón Primario figurarán: los ministros y el fiscal judicial de la Corte Suprema, los ministros y fiscales judiciales de las Cortes de Apelaciones, los jueces letrados, los relatores, los secretarios de Corte y de juzgados de letras, el prosecretario de la Corte Suprema y el secretario abogado del fiscal judicial de ese mismo tribunal[482].

En el Escalafón Secundario figurarán: los defensores públicos, notarios, conservadores, archiveros, administradores, subadministradores y jefes de

---

479 Artículo derogado por el art. 4° N° 43 de la Ley N° 18.776, de 18 de enero de 1989.

480 Artículo modificado por el art. 12 de la Ley N° 18.176, de 25 de octubre de 1982. Previamente había sido modificado por el art. 9° del D.L. N° 2.416, de 10 de enero de 1979.

481 Inciso modificado por el art. 1° N° 9 de la Ley N° 19.390, de 30 de mayo de 1995.

482 Inciso modificado por el art. 11 de la Ley N° 19.665, de 9 de marzo de 2000. Previamente había sido sustituido por el art. 1° N° 10 de la Ley N° 19.390, de 30 de mayo de 1995.

unidades de tribunales con competencia en lo criminal, procuradores del número, receptores, miembros de los consejos técnicos y bibliotecarios[483].

En el Escalafón Especial del personal subalterno, figurarán los empleados de secretaría de los Tribunales de Justicia, los empleados de los fiscales judiciales y los empleados, con nombramiento fiscal de los defensores públicos[484].

Art. 266. Dentro de las respectivas categorías del Escalafón General se colocará a los diversos funcionarios por orden estricto de antigüedad, según las fechas de sus nombramientos en propiedad para esa categoría o desde la fecha de su nombramiento de suplente o interino, si obtienen en seguida la propiedad del cargo. Si con la aplicación de la regla que precede, dos o más funcionarios resultaren en iguales condiciones, se determinará la antigüedad por la fecha del juramento y si esto no pudiere aplicarse, se tendrá por más antiguo al que lo era en el grado inferior.

A los funcionarios judiciales del Escalafón Secundario que hubieren desempeñado cargos en el Primario, se les abonará el tiempo servido en este último, para los efectos de su antigüedad en el puesto de ingreso.

Inciso derogado[485].

1) Escalafón Primario

Art. 267. El Escalafón Primario tendrá las siguientes categorías:

Primera Categoría: Presidente, ministros y fiscal judicial de la Corte Suprema.

Segunda Categoría: Presidente, ministros y fiscales judiciales de las Cortes de Apelaciones, y relatores y secretario de la Corte Suprema.

---

[483] Inciso modificado por el art. 120 N° 8 de la Ley N° 19.968, de 30 de agosto de 2004. Previamente había sido modificado por el art. 11 de la Ley N° 19.665, de 9 de marzo de 2000; y sustituido por el art. 1° N° 10 de la Ley N° 19.390, de 30 de mayo de 1995, y por el art. único letra a) del D.L. N° 1.366, de 16 de marzo de 1976.

[484] Inciso modificado por el art. 11 de la Ley N° 19.665, de 9 de marzo de 2000.

[485] Inciso derogado por el art. 8° de la Ley N° 10.512, de 12 de septiembre de 1952.

Tercera Categoría: Jueces de tribunales de juicio oral en lo penal de ciudad asiento de Corte de Apelaciones, jueces letrados de juzgados de ciudad asiento de Corte de Apelaciones, jueces de juzgados de garantía de ciudad asiento de Corte de Apelaciones y relatores y secretarios de Corte de Apelaciones.

Cuarta Categoría: Jueces de tribunales de juicio oral en lo penal de ciudad asiento de capital de provincia, jueces letrados de juzgados de ciudad capital de provincia y jueces de juzgados de garantía de ciudad asiento de capital de provincia.

Quinta Categoría: Jueces de tribunales de juicio oral en lo penal de comuna o agrupación de comunas, jueces letrados de juzgados de comuna o agrupación de comunas, jueces de juzgados de garantía de comuna o agrupación de comunas, y secretarios de juzgados de letras de ciudad asiento de Corte de Apelaciones.

Sexta Categoría: Secretarios de juzgados de letras de capital de provincia, prosecretario de la Corte Suprema y secretario abogado del fiscal de ese mismo tribunal.

Séptima Categoría: Secretarios de juzgados de letras de comuna o agrupación de comunas.

Los relatores de la Corte Suprema y de las Cortes de Apelaciones se incorporarán a las categorías que respectivamente se les asignan en los términos del artículo 285[486].

Art. 268. Derogado[487].

2) Escalafón Secundario

Art. 269. El Escalafón Secundario tendrá las siguientes series:

Primera Serie: Defensores públicos.

Segunda Serie: Notarios, conservadores y archiveros.

---

486 Artículo modificado por el art. 2° N° 1 de la Ley N° 19.708, de 5 de enero de 2001. Previamente había sido reemplazado por el art. 11 de la Ley N° 19.665, de 9 de marzo de 2000.

487 Artículo suprimido por el art. 1° N° 12 de la Ley N° 19.390, de 30 de mayo de 1995.

Tercera Serie: Administradores, subadministradores y jefes de unidades de tribunales con competencia en lo criminal, juzgados de letras del trabajo y juzgados de letras de competencia común con dos jueces.

Cuarta Serie: Procuradores del número.

Quinta Serie: Receptores de juzgados de letras.

Sexta Serie: Miembros de los consejos técnicos y bibliotecarios[488].

Cada una de estas series, con excepción de la tercera, se dividirá en tres categorías[489].

Figurarán en la primera categoría los funcionarios de las cinco series que desempeñen sus cargos en una comuna o agrupación de comunas que sirva de asiento a una Corte de Apelaciones, o en el territorio jurisdiccional de juzgados considerados en la categoría de asiento de Corte de Apelaciones.

En la segunda categoría, los funcionarios de las cinco series que desempeñen sus cargos en el territorio jurisdiccional de juzgados de capital de provincia.

En la tercera categoría, los funcionarios de las cinco series que sirven sus cargos en el territorio jurisdiccional de juzgados de comuna o agrupación de comunas.

La tercera serie, tendrá las siguientes categorías:

Primera categoría: Administrador de tribunales de juicio oral en lo penal, de juzgados de garantía, juzgados de letras del trabajo y juzgados con competencia común con dos jueces de ciudad asiento de Corte de Apelaciones[490].

Segunda Categoría: Administrador de tribunales de juicio oral en lo penal, de juzgados de garantía, juzgados de letras del trabajo y juzgados

---

488 Inciso modificado por el art. 4° N° 14 letra a) de la Ley N° 20.252, de 15 de febrero de 2008. Previamente había sido modificado por el art. 120 N° 9 de la Ley N° 19.968, de 30 de agosto de 2004; y por el art. 11 de la Ley N° 19.665, de 9 de marzo de 2000.

489 Inciso modificado por el art. 11 de la Ley N° 19.665, de 9 de marzo de 2000.

490 Acápite modificado por el art. 4° N° 14 letra b) apartado i) de la Ley N° 20.252, de 15 de febrero de 2008.

con competencia común con dos jueces de ciudad asiento de capital de provincia y subadministrador de tribunales de juicio oral en lo penal, de juzgados de garantía y juzgados de letras del trabajo de ciudad asiento de Corte de Apelaciones[491].

Tercera categoría: Administrador de tribunales de juicio oral en lo penal, de juzgados de garantía y juzgados con competencia común con dos jueces de ciudad asiento de comuna o agrupación de comunas, subadministrador de tribunales de juicio oral en lo penal y de juzgados de garantía de ciudad asiento de capital de provincia, y jefe de unidad de tribunales de juicio oral en lo penal, de juzgados de garantía y juzgados de letras del trabajo de ciudad asiento de Corte de Apelaciones[492].

Cuarta categoría: Subadministrador de tribunales de juicio oral en lo penal y de juzgados de garantía de ciudad asiento de comuna o agrupación de comunas, y jefe de unidad de tribunales de juicio oral en lo penal, de juzgados de garantía, juzgados de letras del trabajo y juzgados con competencia común con dos jueces de ciudad asiento de capital de provincia[493].

Quinta categoría: Jefe de unidad de tribunales de juicio oral en lo penal, de juzgados de garantía y juzgados con competencia común con dos jueces de ciudad asiento de comuna o agrupación de comunas[494-495].

---

491 Acápite modificado por el art. 4° N° 14 letra b) apartado ii) de la Ley N° 20.252, de 15 de febrero de 2008.

492 Acápite modificado por el art. 4° N° 14 letra b) apartado iii) de la Ley N° 20.252, de 15 de febrero de 2008.

493 Acápite modificado por el art. 4° N° 14 letra b) apartado iv) de la Ley N° 20.252, de 15 de febrero de 2008.

494 Acápite modificado por el art. 4° N° 14 letra b) apartado v) de la Ley N° 20.252, de 15 de febrero de 2008.

495 Antes de las modificaciones señaladas en las notas precedentes, este inciso fue modificado por el art. 2° N° 1 de la Ley N° 19.708, de 5 de enero de 2001; siendo agregado previamente por el art. 11 de la Ley N° 19.665, de 9 de marzo de 2000. Además de ello, se debe mencionar que este artículo en su integridad fue sustituido por el art. 1° N° 13 de la Ley N° 19.390, de 30 de mayo de 1995.

3) Formación del Escalafón y calificación del personal

Art. 270. El Escalafón Judicial de antigüedad será formado por la Corte Suprema, y se publicará en el Diario Oficial, dentro de los quince primeros días del mes de Marzo de cada año.

Art. 271. De los errores u omisiones en que se incurra en el Escalafón podrá reclamarse dentro de los sesenta días siguientes a su publicación en el Diario Oficial.

Las reclamaciones se presentarán al secretario de la Corte Suprema, y estarán exentas de todo impuesto.

El tribunal resolverá la reclamación en la segunda quincena de Mayo. Si la reclamación afectare a otros funcionarios, se oirá a éstos en la forma y dentro del plazo que la Corte determine. El Escalafón de antigüedad con las reformas que se le hagan después de las reclamaciones, se publicará dentro de la primera quincena de Junio.

Art. 272. La Corte Suprema hará en el Escalafón las modificaciones que sean necesarias en virtud de las reclamaciones, vacancias y nombramientos que se produzcan en el curso del año. Estas modificaciones deberán comunicarse a las Cortes de Apelaciones y a los funcionarios que, en razón de sus cargos, deban formar ternas judiciales.

Las reformas que incidan en las reclamaciones se comunicarán también al Ministerio de Justicia.

Art. 273. Los funcionarios del Escalafón Primario, con la sola excepción de los ministros y fiscal judicial de la Corte Suprema, los funcionarios del Escalafón Secundario y los empleados del Poder Judicial serán calificados anualmente atendiendo a la conducta funcionaria y desempeño observados en ese período, en la forma en que se dispone en los artículos siguientes[496].

---

496 Inciso modificado por el art. 11 de la Ley N° 19.665, de 9 de marzo de 2000.

El período de calificación comprenderá doce meses de desempeño funcionario y se extenderá desde el 1° de noviembre al 31 de octubre del año siguiente.

El proceso de calificaciones deberá iniciarse el 1° de noviembre y quedará terminado, a más tardar, el 31 de enero de cada año.

La evaluación se hará por quienes se indica a continuación:

a) La Corte Suprema, en pleno, calificará a los ministros de Cortes de Apelaciones, a los relatores y procuradores del número que se desempeñen en dicho tribunal, a su secretario, prosecretario y empleados;

b) Las Cortes de Apelaciones, en pleno, calificarán a los jueces de letras, a sus secretarios, relatores y empleados, y a los secretarios de juzgados y funcionarios auxiliares de la Administración de Justicia que ejerzan sus funciones en el territorio jurisdiccional de juzgados de ciudad asiento de Corte de Apelaciones. También calificarán a los demás notarios que ejerzan funciones en el territorio de su jurisdicción, previo informe del juez o de los jueces en cuyo territorio jurisdiccional se desempeñen;

c) El fiscal judicial de la Corte Suprema calificará a su secretario abogado, a los empleados de su oficio y a los fiscales de las Cortes de Apelaciones[497];

d) Los fiscales judiciales de las Cortes de Apelaciones calificarán a los empleados de su oficio[498];

e) Los jueces letrados calificarán a los miembros del consejo técnico y empleados y a los funcionarios auxiliares de la Administración de Justicia no comprendidos en las letras anteriores que se desempeñen dentro de sus respectivos territorios jurisdiccionales. En este último caso, en los lugares en que existan dos jueces de letras, la calificación la hará el más antiguo, y en aquellos en que existan más de dos se constituirán todos en comisión

---

[497] Letra modificada por el art. 11 de la Ley N° 19.665, de 9 de marzo de 2000.

[498] Letra modificada por el art. 5° N° 7 letra a) de la Ley N° 20.286, de 15 de septiembre de 2008. Previamente había sido modificada por el art. 11 de la Ley N° 19.665, de 9 de marzo de 2000.

calificadora. Si fueren más de cinco, la comisión estará constituida por los cinco jueces de mayor antigüedad[499], y

f) El Presidente de la Corte de Apelaciones respectiva calificará a los administradores de tribunales de la jurisdicción, teniendo a la vista informes que deberán emitir por separado el Comité de Jueces correspondiente y la Corporación Administrativa del Poder Judicial[500].

Actuará como secretario de estas comisiones, el secretario del tribunal donde se desempeñe su presidente o en su defecto, el secretario más antiguo de cualquiera de los tribunales cuyos jueces integren la comisión, y si hubiere dos o más secretarios, el que éste designe. Si la calificación corresponde hacerla a una sola persona, ésta designará, en el mes de octubre de cada año, un secretario entre sus subordinados o auxiliares de la Administración de Justicia de su territorio jurisdiccional[501-502].

Art. 274. Los secretarios de los órganos calificadores indicados en el artículo 273, deberán cumplir, entre otras, las siguientes funciones:

a) Reunir, dentro de los primeros quince días del mes de noviembre de cada año, las hojas de vida, con los antecedentes agregados, correspondientes a las personas que deba evaluar el respectivo órgano calificador, para lo cual las solicitará de quien deba llevarlas conforme a lo establecido en el artículo 277;

b) Recibir las opiniones que se formulen en conformidad al artículo 275, remitir copia de ellas a la persona a quien conciernan en los términos que exige la citada disposición y recibir, además, los descargos que aquélla efectúe por escrito;

---

499 Letra modificada por el art. 5° N° 7 letra b) de la Ley N° 20.286, de 15 de septiembre de 2008. Previamente había sido modificada por el art. 120 N° 10 de la Ley N° 19.968, de 30 de agosto de 2004.

500 Letra agregada por el art. 5° N° 7 letra c) de la Ley N° 20.286, de 15 de septiembre de 2008.

501 Inciso modificado por el art. 11 de la Ley N° 19.665, de 9 de marzo de 2000.

502 Antes de las modificaciones señaladas en las notas precedentes, este artículo fue sustituido por el art. 1° N° 14 de la Ley N° 19.390, de 30 de mayo de 1995.

c) Dejar constancia, en un libro de actas, de cada calificación, del puntaje que ésta asigna al calificado y, con la debida precisión, de los aspectos o materias que el calificado debe mejorar o rectificar, a criterio de quien efectúa la calificación. Si el órgano calificador fuere colegiado, deberá dejar constancia del número de ministros o jueces que lo integró; del hecho que cada uno de ellos haya emitido una calificación separada y asignado un puntaje al calificado; de cada uno de estos puntajes, indicando el nombre del ministro o juez que lo asignó; del puntaje calificatorio definitivo que resulte de aplicar lo dispuesto en el inciso segundo del artículo 278; de la lista en que queda calificado, y de los aspectos o materias que el calificado, a juicio de cada calificador, debe corregir o mejorar.

Las calificaciones individuales que realiza cada calificador deberán ser debidamente suscritas por éste, se archivarán en la secretaría del órgano calificador y tendrán el carácter de reservadas, salvo para el calificado, el órgano calificador, el Presidente de la República y el Ministro de Justicia;

d) Notificar a los evaluados el resultado de sus calificaciones, en la forma que se expresa en el artículo 276;

e) Remitir al órgano calificador las solicitudes de reposición y de apelación que se interpongan, con los antecedentes que sean pertinentes, dejando constancia en el libro de actas referido en la letra c);

f) Remitir copia de las calificaciones ejecutoriadas a los organismos señalados en el inciso final del artículo 276, y

g) Cumplir las demás órdenes e instrucciones que disponga el Presidente de la Corte o de la comisión calificadora o la persona encargada de efectuar la evaluación[503].

Art. 275. Dentro de los diez primeros días del mes de noviembre de cada año, cualquier persona podrá hacer llegar al respectivo órgano calificador sus opiniones respecto de la conducta funcionaria y desempeño observados, durante el período que comprende la calificación, por cualquier funcionario o empleado de los tribunales de justicia sujeto a calificación.

---

503 Artículo reemplazado por el art. 1° N° 15 de la Ley N° 19.390, de 30 de mayo de 1995.

Dichas opiniones deberán formularse por escrito y contener los fundamentos y antecedentes en que se basen. Copia de las mismas deberá remitirse de inmediato por el órgano calificador a los afectados para que efectúen los descargos que estimen pertinentes, antes de iniciarse el proceso de calificación. El órgano calificador, en caso de acoger alguna de las opiniones formuladas, deberá dejar constancia de ello antes de hacer la evaluación anual[504].

Art. 276. Las calificaciones se efectuarán por los órganos calificadores indicados en el artículo 273, en un procedimiento reservado, dentro de los quince primeros días del mes de diciembre de cada año, fuera del horario de funcionamiento ordinario de los tribunales.

Todas las personas sujetas a evaluación deberán ser calificadas en esa oportunidad, con los antecedentes que a esa fecha existan sobre ellas.

La calificación deberá ser puesta, privadamente, en conocimiento del respectivo evaluado, tan pronto como finalice el proceso, entregándole copia de la parte que le concierna del libro de acta a que se refiere la letra c) del artículo 274, sea personalmente o remitiéndole ésta por carta certificada al tribunal donde preste sus servicios.

Las calificaciones que realice la Corte Suprema en única instancia solo serán susceptibles del recurso de reposición, el que deberá ser fundado.

Las demás calificaciones sólo podrán ser objeto del recurso de apelación, igualmente fundado, señalando claramente los hechos que a juicio del apelante deben ser considerados para mejorar la calificación. Las calificaciones a que se refiere la letra f) del artículo 273 serán apelables ante el pleno de la Corte de Apelaciones respectiva[505].

Estos recursos deberán interponerse en el plazo fatal de cinco días hábiles contados desde la fecha de notificación de la calificación de la que se pide reposición o se apela. Si la notificación se hubiese hecho por carta certificada, se entenderá efectuada transcurridos que sean tres días hábiles

---

504 Artículo sustituido por el art. 1° N° 16 de la Ley N° 19.390, de 30 de mayo de 1995.

505 Inciso modificado por el art. 5° N° 8 de la Ley N° 20.286, de 15 de septiembre de 2008.

desde la fecha de entrega de la carta al Servicio de Correos. Los recursos, dirigidos al órgano calificador que deba conocer de ellos, se presentarán directamente ante el que haya efectuado la evaluación, cuyo secretario deberá remitirlos, dentro de 48 horas, al que deba conocerlos.

La calificación hecha por el órgano calificador de apelación no será susceptible de recurso alguno.

Corresponderá conocer del recurso de apelación a los siguientes órganos:

a) Al pleno de la Corte Suprema, si la calificación fue efectuada por una Corte de Apelaciones o por el fiscal judicial de la misma Corte Suprema[506];

b) Al fiscal judicial de la Corte Suprema, si la calificación fue hecha por un fiscal judicial de Corte de Apelaciones[507], y

c) Al pleno de la Corte de Apelaciones respectiva, si la calificación fue realizada por un juez o por una comisión calificadora de jueces.

En estos casos actuará como secretario el que lo sea de la respectiva Corte o del fiscal judicial. Si en ésa existieren más de dos, por el que designe el Presidente. En la relación, además de los antecedentes señalados en el inciso primero del artículo 278, deberán exponerse los fundamentos del recurso interpuesto[508].

La apelación implica una recalificación del apelante, la que deberá hacerse en los términos del artículo 278, debiendo considerarse especialmente en ella los aspectos y materias que el apelante, según la calificación apelada, debe mejorar o corregir. El puntaje que arroje esta recalificación será el puntaje calificatorio definitivo. El órgano calificador que conozca de la apelación deberá efectuar la recalificación dentro de los diez días hábiles siguientes a la fecha de su presentación. La recalificación se notificará al interesado en la forma expresada en el inciso tercero, por el secretario de estos tribunales y será comunicada al órgano calificador respectivo.

Todas las calificaciones, una vez que se encuentren ejecutoriadas, serán comunicadas por los secretarios de los órganos calificadores, mediante

---

506 Letra modificada por el art. 11 de la Ley Nº 19.665, de 9 de marzo de 2000.

507 Letra modificada por el art. 11 de la Ley Nº 19.665, de 9 de marzo de 2000.

508 Inciso modificado por el art. 11 de la Ley Nº 19.665, de 9 de marzo de 2000.

oficio reservado, a la Corte Suprema, Cortes de Apelaciones y Ministerio de Justicia, para los efectos que procedan[509].

Art. 277. El secretario o administrador del tribunal en donde presten servicios, llevará una hoja de vida de cada persona que deba ser evaluada; si existe más de un secretario, el tribunal distribuirá entre ellos esta labor.

En el caso de los funcionarios auxiliares de la Administración de Justicia señalados en la letra b) del artículo 273, corresponderá esta tarea al secretario de la Corte de Apelaciones o al que designe ese tribunal, de haber más de uno. Respecto de los funcionarios auxiliares indicados en la letra e) del mismo artículo, corresponderá al secretario del tribunal que designe la respectiva Corte de Apelaciones. En el caso a que se refiere la letra c) de dicho artículo, corresponderá esta tarea al secretario abogado del fiscal judicial de la Corte Suprema y en el de la letra d) de la misma disposición, al respectivo fiscal judicial.

Las hojas de vida de las personas a quienes se asigna esta labor serán llevadas por el Presidente de la Corte Suprema, por el fiscal judicial de la Corte Suprema, por los Presidentes de las Cortes de Apelaciones o por los jueces, según corresponda[510].

En la hoja de vida los encargados dejarán constancia clara, oportuna y precisa, de las medidas disciplinarias ejecutoriadas y de las apreciaciones de mérito y de demérito que ordenen anotar los tribunales, ministros visitadores y los funcionarios calificadores indicados en el artículo 273 respecto de las personas que les corresponda calificar. Tratándose de tribunales colegiados, las anotaciones de mérito o de demérito serán decretadas por el tribunal pleno o por cualquiera de las salas de que se componen.

Los antecedentes que figuren en la hoja de vida serán reservados, salvo para la persona a que se refieren, la que podrá imponerse de su contenido las veces que estime conveniente y hacer llegar al encargado de llevarlas,

---

[509] Antes de las modificaciones señaladas en las notas precedentes, este artículo fue sustituido por el art. 1º Nº 17 de la Ley Nº 19.390, de 30 de mayo de 1995.

[510] Los incisos primero, segundo y tercero fueron modificados por el art. 11 de la Ley Nº 19.665, de 9 de marzo de 2000.

antes que se inicie el proceso de calificación, las observaciones y antecedentes que desee, para ser agregados.

Ante el mismo encargado y en igual oportunidad, las personas que deben ser evaluadas podrán pedir que se anote en su hoja de vida la circunstancia de haber participado en actividades idóneas de capacitación y perfeccionamiento, para lo cual deberán acompañar los certificados y comprobantes pertinentes.

Cuando en virtud de traslado o ascenso de un determinado funcionario o empleado, deba cambiar el calificador, el anterior cerrará su hoja de vida y la remitirá al nuevo calificador inmediatamente de materializado el traslado o ascenso, junto con un informe de calificación en el cual consignará su desempeño funcionario. La persona encargada de llevar la hoja de vida del funcionario trasladado o ascendido procederá a abrir una nueva hoja de vida, a la cual anexará la anterior y el informe de calificación.

Existirá, además, una hoja de calificación en la cual se resumirá y valorará, anualmente, el desempeño de cada funcionario y se dejará constancia de la lista en que quedó clasificado[511].

Art. 277 bis. La calificación deberá fundarse en antecedentes objetivos y considerar, además de las anotaciones practicadas en la respectiva hoja de vida y el informe de calificación, lo siguiente: responsabilidad, capacidad, conocimientos, iniciativa, eficiencia, afán de superación, relaciones humanas y atención al público, en consideración a la función o labor que corresponda realizar y magnitud de la misma[512].

Art. 278. La calificación comenzará con la relación que hará el secretario del órgano calificador sobre todos los antecedentes de cada una de las personas que deban ser evaluadas. A continuación de cada una de las relaciones individuales, los integrantes del órgano calificador procede-

---

511 Antes de la modificación indicada en la nota precedente, este artículo fue sustituido por el art. 1° N° 18 de la Ley N° 19.390, de 30 de mayo de 1995.

512 Artículo intercalado por el art. 1° N° 19 de la Ley N° 19.390, de 30 de mayo de 1995.

rán, separadamente, a entregar por escrito al secretario la evaluación que aquéllos les merezcan.

El calificado será evaluado globalmente en base a las pautas y rubros establecidos en los artículos 277 y 277 bis. El resultado de la calificación se expresará en un puntaje de 1 a 7 que se asignará al calificado y que podrá contener hasta dos decimales. En caso que el órgano calificador sea colegiado, esto es, integrado por dos o más personas, cada uno de sus miembros hará una calificación separada. El puntaje calificatorio definitivo será el cuociente que resulte de dividir la suma total de los puntajes individualmente asignados al calificado por el número de calificadores.

El puntaje definitivo determinará la lista en que figurará el calificado por el año inmediatamente siguiente al de la calificación, conforme a la siguiente pauta: Lista Sobresaliente, de 6,5 a 7 puntos; lista Muy Buena, de 6 a 6,49 puntos; lista Satisfactoria, de 5 a 5,99 puntos; lista Regular, de 4 a 4,99 puntos; lista Condicional, de 3 a 3,99 puntos y lista Deficiente, menos de 3 puntos. Ello no obstante, por el solo hecho de que el calificado obtenga una nota promedio inferior a 3 en responsabilidad o eficiencia, automáticamente quedará calificado en lista Deficiente; y, si obtiene puntaje igual o inferior a 3 en dos o más de cualquiera de los otros rubros, no podrá quedar calificado en lista superior a la Condicional.

El calificador que asigne, en cualquiera de los rubros a que se refiere el artículo 277 bis, un puntaje igual o superior a 6 o inferior a 4 deberá señalar los hechos que fundamentan su apreciación.

El calificado que, durante el año que se califica, hubiese sido objeto de medida disciplinaria, cualquiera sea el puntaje que obtenga, no podrá figurar en lista Sobresaliente y, en caso de haber sido objeto de medida disciplinaria superior a la de amonestación privada, no podrá figurar en lista Muy Buena. De igual manera, el que hubiese sido objeto de dos o más medidas disciplinarias, siempre que ninguna de ellas hubiese sido superior a censura por escrito, no podrá figurar en lista Satisfactoria; el que hubiese sido objeto de tres o más medidas disciplinarias, siempre que alguna de ellas hubiese sido superior a censura por escrito y ninguna superior a multa, no podrá figurar en lista Regular, y el que hubiese sido objeto de tres o más medidas disciplinarias o de dos o más, siempre que una de ellas hubiese sido de suspensión de funciones, quedará calificado en lista Deficiente.

Las reglas anteriores se observarán también por los órganos a los que corresponda conocer las apelaciones.

Para todos los efectos legales, se considerarán en lista de méritos a todos aquellos funcionarios que, conforme a su calificación anual, hubiesen sido incorporados a la lista Sobresaliente o Muy Buena[513].

Art. 278 bis. El funcionario que figure en lista Deficiente o, por segundo año consecutivo, en lista Condicional, una vez firme la calificación respectiva, quedará removido de su cargo por el solo ministerio de la ley. En tanto no quede firme la mencionada calificación, el funcionario quedará de inmediato suspendido de sus funciones.

Estas circunstancias deberán ser comunicadas de inmediato por el órgano calificador respectivo al Ministerio de Justicia, para los fines administrativos consiguientes[514].

4) Los nombramientos

Art. 279. Para proceder al nombramiento en propiedad de un cargo en el Escalafón Primario que se encontrare vacante, el tribunal respectivo llamará a concurso, por el lapso de diez días, el que podrá prorrogar por términos iguales si no se presentaren oponentes en número suficiente para formar las listas que deben ser enviadas al Presidente de la República, para los efectos previstos en el artículo 263; salvo que se trate de proveer los cargos de ministro o fiscal judicial de la Corte Suprema, en que se procederá sin previo concurso.

El secretario o el administrador del tribunal que llame a concurso comunicará su apertura por télex, fax o telégrafo a todas las Cortes de Apelaciones del país, las que deberán ponerlo en conocimiento de los

---

513 Artículo sustituido por el art. 1° N° 20 de la Ley N° 19.390, de 30 de mayo de 1995.

514 Artículo reemplazado por el art. 1° N° 21 de la Ley N° 19.390, de 30 de mayo de 1995.

tribunales de su territorio jurisdiccional por medios idóneos. La omisión de esta última comunicación no invalidará el concurso, sin perjuicio de la responsabilidad del secretario o el administrador. Además, dicho secretario o el administrador deberá insertar un aviso de la apertura del concurso en el Diario Oficial. A partir de la fecha de publicación del aviso se contará el plazo señalado en el inciso primero[515].

Los interesados que reúnan los requisitos que la ley exige para optar al cargo deberán acompañar su currículum vitae y demás antecedentes justificativos de sus méritos.

La elección de las personas que deban figurar en las propuestas o ternas para la suplencia o interinato de alguno de los cargos del Escalafón Primario se limitará a los funcionarios que presten sus servicios dentro del territorio jurisdiccional de la Corte respectiva. Sólo a falta de ellos podrá elegirse libremente de entre los demás funcionarios que reúnan las condiciones necesarias.

Sin embargo, cuando se trate de propuestas o ternas para el nombramiento, en calidad de interinos o suplentes, de relatores o secretarios de Corte de Apelaciones, podrán figurar en ellas, a falta de funcionarios que reúnan los requisitos generales de idoneidad para tales funciones, otros de la quinta o sexta categoría, cualquiera sea el territorio jurisdiccional a que pertenezcan y el tiempo que hayan permanecido en la respectiva categoría[516].

Art. 280. No podrá ser promovido a una categoría superior el funcionario que tenga menos de tres años de servicios en su categoría, salvo que en la inmediatamente inferior hubiere servido más de cinco años, en cuyo caso necesitará sólo uno. Podrá, no obstante, ser ascendido si no se interesare por el cargo ningún funcionario que desempeñe un cargo de la

---

515 Los incisos primero y segundo fueron modificados por el art. 11 de la Ley N° 19.665, de 9 de marzo de 2000.

516 Antes de las modificaciones indicadas en la nota precedente, este artículo había sido sustituido por el art. 1° N° 22 de la Ley N° 19.390, de 30 de mayo de 1995.

misma categoría del que se trata de proveer o que tenga tres años o más de servicios en la categoría inmediatamente inferior[517-518].

Art. 281. Los funcionarios incluidos en lista Sobresaliente tendrán derecho preferente para figurar en quina o en terna frente a aquéllos que se encuentren incorporados en la lista Muy Buena, éstos preferirán a los incluidos en la lista Satisfactoria, y éstos a los incorporados a la lista Regular. Los incluidos en las otras listas no podrán figurar en quina o en terna. A igualdad de lista calificatoria, preferirán los oponentes por orden de su categoría y, a igualdad en ésta, deberá considerarse el puntaje de la última calificación y la antigüedad en el cargo, entre sus otros antecedentes.

En caso que algún ministro de Corte de Apelaciones o juez letrado deba figurar por antigüedad en las propuestas a que se refiere el artículo 75 de la Constitución Política y hubiese sido objeto de cualquier medida disciplinaria con posterioridad a su calificación anual, en la respectiva propuesta se dejará constancia de ello y de la circunstancia de estar o no ejecutoriada la resolución respectiva.

En las propuestas deberá dejarse constancia del número de votos obtenidos por los oponentes en cada una de las votaciones que han debido efectuarse para la confección de la quina o de la terna[519].

Art. 282. La formación de las listas, ternas o propuestas, deberá hacerse por el tribunal respectivo con asistencia de la mayoría absoluta de los miembros de que se componga. Las elecciones se harán en votación secreta y por mayoría absoluta de los presentes. En caso de empate por dos veces, decidirá el voto del que presida.

El fiscal judicial de la Corte Suprema integrará el tribunal pleno de esa Corte para los efectos de lo dispuesto en el inciso anterior cuando se

---

517 Inciso sustituido por el art. 1° N° 23 letra a) de la Ley N° 19.390, de 30 de mayo de 1995.

518 Este artículo contaba originalmente con un inciso segundo, el que fue suprimido por el art. 1° N° 23 letra b) de la Ley N° 19.390, de 30 de mayo de 1995.

519 Artículo reemplazado por el art. 1° N° 24 de la Ley N° 19.390, de 30 de mayo de 1995.

trate de formar ternas para la provisión de cargos de fiscales de Corte de Apelaciones[520].

Art. 283. Para proveer el cargo de ministro o fiscal judicial de la Corte Suprema, este tribunal enviará al Presidente de la República una lista de cinco personas, en la que deberá figurar el ministro más antiguo de Corte de Apelaciones que esté en lista de méritos. Los otros cuatro lugares se llenarán conforme a lo establecido en el inciso primero del artículo 281. Ello no obstante, podrán integrar la quina abogados extraños a la Administración de Justicia, elegidos por méritos[521].

Art. 284. Para proveer los demás cargos del Escalafón Primario, se formarán ternas del modo siguiente:

a) Para ministros y fiscales judiciales de Corte de Apelaciones y secretario de la Corte Suprema, con el juez de tribunal de juicio oral en lo penal, el juez de letras o el juez de juzgado de garantía más antiguo de asiento de Corte calificado en lista de méritos y que exprese su interés por el cargo y con dos ministros de Corte de Apelaciones o integrantes de la segunda o tercera categoría que se hayan opuesto al concurso, elegidos de conformidad a lo establecido en el inciso primero del artículo 281[522];

b) Para integrantes de las categorías tercera y cuarta, con excepción de los relatores de las Cortes de Apelaciones, con el juez de tribunal de juicio oral en lo penal, el juez de letras o el juez de juzgado de garantía más antiguo de la categoría inferior calificado en lista de méritos y que exprese su interés en el cargo y con dos integrantes de la misma categoría

---

520 Inciso modificado por el art. 11 de la Ley Nº 19.665, de 9 de marzo de 2000. Previamente había sido sustituido por el art. 1º Nº 25 de la Ley Nº 19.390, de 30 de mayo de 1995.

521 Artículo modificado por el art. 11 de la Ley Nº 19.665, de 9 de marzo de 2000. Previamente había sido sustituido por el art. 1º Nº 26 de la Ley Nº 19.390, de 30 de mayo de 1995.

522 Letra modificada por el art. 2º Nº 1 de la Ley Nº 19.708, de 5 de enero de 2001. Previamente fue modificada por el art. 11 de la Ley Nº 19.665, de 9 de marzo de 2000.

del cargo que se trata de proveer o de la inmediatamente inferior, que se hayan opuesto al concurso, elegidos de conformidad a lo establecido en el inciso primero del artículo 281[523];

c) Para integrantes de la quinta categoría, con el funcionario más antiguo de la categoría inferior que se encuentre calificado en lista de méritos y exprese su interés en el cargo y con uno o dos integrantes de la misma categoría del cargo que se trata de proveer o de la inmediatamente inferior, elegidos de conformidad a lo establecido en el inciso primero del artículo 281, o con uno o dos abogados extraños al Poder Judicial que se hayan opuesto al concurso, elegidos en conformidad con lo dispuesto en el artículo 284 bis;

d) Para integrantes de la sexta categoría, con excepción del prosecretario de la Corte Suprema y del secretario abogado del fiscal judicial de ese mismo tribunal, con el funcionario más antiguo de la séptima categoría que figure en lista de méritos y que exprese su interés en el cargo que se trata de proveer y con uno o dos integrantes de la misma categoría o de la inmediatamente inferior, elegidos de conformidad a lo establecido en el inciso primero del artículo 281, o con uno o dos abogados extraños al Poder Judicial que se hubiesen opuesto al concurso, elegidos en conformidad a lo dispuesto en el artículo 284 bis[524], y

e) Para integrantes de la séptima categoría, con funcionarios de la misma categoría elegidos de conformidad a lo establecido en el inciso primero del artículo 281, o con abogados extraños al Poder Judicial que se hayan opuesto al concurso, elegidos en conformidad a lo dispuesto en el artículo 284 bis.

A falta de postulantes a las categorías indicadas en las letras b) y c) de este artículo, podrán ocupar uno o dos lugares de libre elección, los funcionarios que se encuentren incorporados en la categoría inferior

---

523 Letra modificada por el art. 2° N° 1 de la Ley N° 19.708, de 5 de enero de 2001. Previamente fue modificada por el art. 11 de la Ley N° 19.665, de 9 de marzo de 2000.

524 Letra modificada por el art. 11 de la Ley N° 19.665, de 9 de marzo de 2000.

subsiguiente a la del cargo que se trata de proveer, siempre conforme a lo dispuesto en el inciso primero del artículo 281.

El funcionario que goce del derecho para figurar en terna por antigüedad, de acuerdo con lo dispuesto en este artículo, deberá expresar su interés en el cargo dentro de diez días, contados desde la publicación de la apertura del concurso en el Diario Oficial. Si así no lo hiciere, se prescindirá de él[525].

Art. 284 bis. En las ternas para cargos de jueces o secretarios de juzgados de letras no podrán figurar abogados extraños al Poder Judicial que no hubieren aprobado el programa de formación para postulantes al Escalafón Primario del Poder Judicial. Con todo, si al concurso respectivo no se presentaren postulantes que hubieren cumplido dicho requisito o que ya pertenecieron al Escalafón Primario, se llamará a un segundo concurso y en él se admitirá la postulación de abogados que no hubiesen aprobado dicho programa.

Entre los postulantes que hubieren aprobado el programa referido se preferirá a aquéllos que hubiesen obtenido mejores calificaciones. De existir postulantes en igualdad de calificaciones, preferirán aquéllos que hubiesen servido en el Escalafón del Personal de Empleados por más de cinco años, siempre que hubiesen sido considerados permanentemente en lista de mérito y no hubiesen sido objeto de sanción alguna luego de la última calificación.

Tratándose de proveer cargos para la quinta o sexta categoría, en caso de que no todos los postulantes hubiesen hecho el programa respectivo en la Academia Judicial, la Corte de Apelaciones deberá someter a estos últimos o al grupo de oponentes que preseleccione, a un examen de oposición que será preparado y controlado por la Academia Judicial. El resultado de

525 Antes de las modificaciones señaladas en las notas precedentes, este artículo fue sustituido por el art. 1° N° 27 de la Ley N° 19.390, de 30 de mayo de 1995.

este examen será considerado, con los restantes antecedentes, al confeccionar la terna[526].

Art. 285. La Corte Suprema o la de Apelaciones respectiva, para proveer el cargo de relator, someterá al Presidente de la República una terna. Excepcionalmente, la Corte de que se trate podrá acordar, por mayoría absoluta de sus miembros en ejercicio, omitir la terna y someter al Presidente de la República una propuesta uninominal.

Toda propuesta, sea terna o unipersonal, deberá ser formulada previo concurso que se regirá por las normas del artículo 279 y será resuelto en base a los antecedentes de los candidatos y al resultado de un examen personal que deberá incluir el hacer relación de una o más causas.

En el concurso para postular a relator de la Corte Suprema podrán participar los funcionarios calificados en lista de méritos de la misma categoría o de la inmediatamente inferior y quienes, teniendo igual calificación, se hayan desempeñado como relatores en alguna Corte de Apelaciones durante cinco años a lo menos.

En el concurso para postular al cargo de relator de Corte de Apelaciones podrán participar los funcionarios calificados en lista de méritos de igual categoría o de la inmediatamente inferior. La Corte de Apelaciones respectiva podrá permitir, extraordinariamente, la postulación a dicho concurso de funcionarios de las categorías quinta, sexta o séptima, e incluso de abogados ajenos que hubieren aprobado el programa de formación para postulantes al Escalafón Primario, de la Academia Judicial.

En cualquiera de los casos anteriores, si el número de postulantes fuere superior a cinco, la Corte encargada de confeccionar la terna podrá preseleccionar a cinco de los oponentes, en conformidad a sus méritos y limitar a este número a aquéllos a los que someta a examen.

Las personas que se nombraren como relatores de la Corte Suprema, que provengan de las categorías segunda o tercera del Escalafón Primario,

---

526 Artículo intercalado por el art. 1º Nº 28 de la Ley Nº 19.390, de 30 de mayo de 1995.

se incorporarán en tal carácter a la segunda categoría del mencionado Escalafón, una vez que presten el juramento de estilo.

Las personas que se nombraren como relatores de Cortes de Apelaciones, que provengan de las categorías tercera o cuarta del Escalafón Primario, se incorporarán en tal carácter a la tercera categoría del mencionado Escalafón, una vez que presten el juramento de estilo.

Las personas que se nombraren como relatores de la Corte Suprema que no provengan de alguna de las categorías indicadas en el inciso sexto, figurarán durante los tres primeros años de su desempeño en ese tribunal en la cuarta categoría del Escalafón Primario, en los dos años siguientes, en la tercera, e integrarán la segunda categoría una vez que completen cinco años de servicios en ese carácter, todo ello sin necesidad de nuevo nombramiento.

Las personas que se nombraren como relatores de Cortes de Apelaciones que no provengan de alguna de las categorías indicadas en el inciso séptimo, figurarán durante los tres primeros años de su desempeño en la quinta categoría del Escalafón Primario, en los dos años siguientes en la cuarta, e ingresarán a la tercera categoría una vez que completen cinco años, todo ello sin necesidad de nuevo nombramiento.

Las personas a que se refieren los dos incisos anteriores obtendrán las remuneraciones asignadas a los relatores de la Corte Suprema o de las Cortes de Apelaciones, según corresponda, mientras se desempeñen en tal carácter[527].

Art. 285 bis. El nombramiento del prosecretario de la Corte Suprema se hará a propuesta de ese tribunal y sólo podrá recaer en persona con título de abogado.

Este funcionario subrogará al secretario y se aplicará la norma del inciso segundo del artículo 500.

Además de las otras funciones que le corresponden, desempeñará el cargo de relator cuando el tribunal lo estime conveniente.

---

527 Artículo reemplazado por el art. 1º Nº 29 de la Ley Nº 19.390, de 30 de mayo de 1995.

Todas las menciones que en las leyes se hagan al oficial primero de la Corte Suprema se entenderán referidas al prosecretario.

El secretario abogado del fiscal judicial de la Corte Suprema será designado a propuesta de dicho fiscal[528].

Art. 286. Las ternas para proveer los cargos de defensores públicos se formarán del modo siguiente:

a) Para defensores públicos de las categorías primera y segunda del Escalafón Secundario, con el defensor público más antiguo de la categoría inmediatamente inferior que figure en lista de méritos y que exprese su interés en el cargo y con dos defensores públicos de la misma categoría del cargo que se trata de proveer o de la inmediatamente inferior, elegidos de conformidad a lo dispuesto en el inciso primero del artículo 281. Sólo a falta de éstos podrán figurar en las ternas abogados ajenos al Escalafón, elegidos por méritos, y

b) Para defensores públicos de la tercera categoría del Escalafón mencionado, con defensores públicos de la misma categoría, elegidos de conformidad a lo establecido en el inciso primero del artículo 281, o con abogados ajenos al Escalafón, elegidos por méritos.

Con respecto al derecho propio a que se refiere la letra a), tendrá aplicación lo dispuesto en el inciso final del artículo 284[529].

Art. 287. Las ternas para proveer los cargos de notario, conservador y archivero se formarán del modo siguiente:

a) Para integrantes de la primera categoría del Escalafón Secundario, con el notario, conservador o archivero más antiguo de la categoría inmediatamente inferior que figure en lista de méritos y que exprese su interés en el cargo y con dos notarios, conservadores o archiveros de la misma categoría del cargo que se trate de proveer o de la inmediatamente inferior

---

528 Inciso modificado por el art. 11 de la Ley N° 19.665, de 9 de marzo de 2000. Previamente había sido intercalado por el art. 1° N° 30 de la Ley N° 19.390, de 30 de mayo de 1995.

529 Artículo sustituido por el art. 1° N° 31 de la Ley N° 19.390, de 30 de mayo de 1995.

que se opongan al concurso, elegidos de conformidad a lo dispuesto en el inciso primero del artículo 281.

Para los efectos del derecho propio, se aplicará lo dispuesto en el inciso final del artículo 284;

b) Para integrantes de la segunda categoría, con el notario, conservador o archivero más antiguo de la categoría inmediatamente inferior que figure en lista de méritos y que exprese su interés en el cargo. Al efecto, tendrá aplicación lo dispuesto en el inciso final del artículo 284. Un segundo lugar será ocupado por el notario, conservador o archivero de la misma categoría del cargo que se trata de proveer o de la inmediatamente inferior, que se oponga al concurso, elegido de conformidad a lo establecido en el inciso primero del artículo 281. El tercer lugar en la terna será ocupado por uno de los notarios, conservadores o archiveros recién aludidos, elegido de conformidad al inciso primero del artículo 281, o por un abogado extraño a la carrera, elegido por méritos. Entre estos abogados extraños no podrá figurar un miembro del Escalafón Primario, y

c) Para integrantes de la tercera categoría, con el o los notarios, conservadores o archiveros de la misma categoría, los que, en caso de oponerse, ocuparán al menos un lugar en la terna, elegido o elegidos de conformidad a lo establecido en el inciso primero del artículo 281, y con abogados ajenos al Escalafón que se opongan al cargo, elegidos por méritos[530].

Art. 288. Las ternas para proveer los cargos de la tercera serie del Escalafón Secundario se formarán del modo siguiente:

a) Para integrantes de la primera categoría, con el funcionario de la categoría inmediatamente anterior que figure en primer lugar en lista de méritos y que exprese su interés en el cargo y con dos integrantes de la misma categoría del cargo que se trata de proveer o de la inmediatamente inferior, que se hayan opuesto al concurso, elegidos de conformidad al artículo 281;

---

530 Artículo sustituido por el art. 1º Nº 32 de la Ley Nº 19.390, de 30 de mayo de 1995.

b) Para integrantes de la segunda categoría, con el funcionario de la categoría inmediatamente anterior que figure en primer lugar en lista de méritos y que exprese su interés en el cargo y con dos integrantes de la misma categoría del cargo que se trata de proveer o de la inmediatamente inferior, que se hayan opuesto al concurso, elegidos de conformidad al artículo 281;

c) Para integrantes de la tercera categoría, con el funcionario de la categoría inmediatamente anterior que figure en primer lugar en lista de méritos y que exprese su interés en el cargo y con uno o dos integrantes de la misma categoría del cargo que se trata de proveer o de la inmediatamente inferior, que se hayan opuesto al concurso, elegidos de conformidad al artículo 281, o con uno o dos profesionales extraños al Poder Judicial que se hayan opuesto al concurso, elegidos de acuerdo al mismo procedimiento contemplado en el artículo 284 bis para los cargos de jueces;

d) Para integrantes de la cuarta y quinta categoría, con el funcionario de la categoría inmediatamente anterior que figure en primer lugar en lista de méritos y que exprese su interés en el cargo y con uno o dos integrantes de la misma categoría del cargo que se trata de proveer o de la inmediatamente inferior, que se hayan opuesto al concurso, elegidos de conformidad al artículo 281, o con uno o dos profesionales extraños al Poder Judicial que se hayan opuesto al concurso, elegidos de acuerdo al mismo procedimiento contemplado en el artículo 284 bis para los cargos de jueces[531].

Art. 289. Las ternas para proveer alguno de los cargos de la cuarta o quinta serie del Escalafón Secundario se formarán preferentemente[532]:

a) Con los funcionarios con título de abogado de la misma serie; y

---

531 Artículo incorporado por el art. 11 de la Ley Nº 19.665, de 9 de marzo de 2000. Previamente había sido derogado por el art. 1º Nº 33 de la Ley Nº 19.390, de 30 de mayo de 1995.

532 Encabezado modificado por el art. 11 de la Ley Nº 19.665, de 9 de marzo de 2000. Previamente había sido modificado por el art. 1º Nº 34 de la Ley Nº 19.390, de 30 de mayo de 1995.

b) Con los abogados oponentes y con los funcionarios sin título de abogado de la misma serie del cargo que se trata de proveer, siempre que tengan más de dos años de permanencia en la categoría inmediatamente inferior, para los que pretendan ascender una categoría; y más de diez años para aquellos que opten a un cargo superior en dos o más categorías. Podrán también figurar en estas ternas los empleados del Poder Judicial a que se refiere el artículo 292, que pertenezcan a una de las cuatro primeras categorías del respectivo escalafón y que hayan figurado en ellas más de diez años[533].

Art. 289 bis. Las ternas para proveer los cargos de miembros del consejo técnico y bibliotecarios se formarán del modo siguiente[534]:

a) Para integrantes de las dos primeras categorías del Escalafón Secundario, según el caso, con el miembro del consejo técnico y bibliotecario más antiguo de la categoría inmediatamente inferior, que figure en lista de méritos y que exprese su interés en el cargo, y con dos miembros de los consejos técnicos y bibliotecarios, según el caso, de la misma categoría del cargo que se trata de proveer o de la inmediatamente inferior, elegidos en conformidad al inciso primero del artículo 281. A falta de oponentes se incluirá en la terna a profesionales que cumplan con los requisitos para integrar los consejos técnicos y bibliotecarios, según el caso, ajenos al servicio, elegidos por méritos[535], y

b) Para integrantes de la tercera categoría, según el caso, con profesionales que cumplan con los requisitos para integrar los consejos técnicos o bibliotecarios de la misma categoría elegidos en conformidad a lo dispuesto en el inciso primero del artículo 281 o con profesionales que cum-

---

533 Letra reemplazada por el art. único N° 2 de la Ley N° 18.470, de 23 de noviembre de 1985.

534 Encabezado modificado por el art. 120 N° 11 letra A) 1° de la Ley N° 19.968, de 30 de agosto de 2004.

535 Letra modificada por el art. 120 N° 11 letra A) 2° de la Ley N° 19.968, de 30 de agosto de 2004.

plan con los requisitos para integrar los consejos técnicos o bibliotecarios, según el caso, ajenos al servicio, elegidos por méritos[536].

Con respecto al derecho propio a que se refiere la letra a), tendrá aplicación lo dispuesto en el inciso final del artículo 284.

Para oponerse al cargo de miembro del consejo técnico o bibliotecario, se requiere estar en posesión del título respectivo otorgado por algún establecimiento de educación superior del Estado o reconocido por éste[537].

Tratándose de los miembros de los consejos técnicos, las ternas respectivas serán formadas por el juez de letras con competencia de familia, por el juez de familia que cumpla funciones de juez presidente o por el Comité de Jueces, según corresponda, y serán resueltas por el Presidente de la Corte de Apelaciones respectiva[538].

Art. 290. En las ternas para proveer cargos judiciales que no requieren título de abogado, se preferirá a los oponentes que lo posean.

Art. 291. Las ternas y quinas, según el caso, deberán remitirse al Ministerio de Justicia con todos los antecedentes que se tuvieron presentes al momento de confeccionarlas, conjuntamente con el expediente del respectivo concurso, debiendo indicarse el número de votos obtenidos por los oponentes en cada una de las votaciones que hayan debido efectuarse para tales efectos[539].

---

[536] Letra modificada por el art. 120 N° 11 letra A) 3° de la Ley N° 19.968, de 30 de agosto de 2004.

[537] Inciso modificado por el art. 120 N° 11 letra B) de la Ley N° 19.968, de 30 de agosto de 2004.

[538] Inciso agregado por el art. 120 N° 11 letra C) de la Ley N° 19.968, de 30 de agosto de 2004. Previamente este artículo había sido intercalado por el art. 1° N° 35 de la Ley N° 19.390, de 30 de mayo de 1995.

[539] Este artículo fue sustituido por el art. 1° N° 36 de la Ley N° 19.390, de 30 de mayo de 1995. Previamente había sido modificado por el art. 9° del D.L. N° 2.416, de 10 de enero de 1979.

5) Escalafón del personal de empleados u oficiales de secretaría[540]

Art. 292. El Escalafón del Personal de Empleados se compondrá de las siguientes categorías:

Primera categoría: Oficiales segundos de la Corte Suprema, Oficiales primeros de las Cortes de Apelaciones y Secretario del Presidente de la Corte Suprema.

Segunda categoría: Oficiales terceros de la Corte Suprema, Oficiales segundos de las Cortes de Apelaciones, Encargados de sala de tribunales de juicio oral en lo penal y de juzgados de garantía de ciudad asiento de Corte de Apelaciones, administrativos jefes de juzgados de familia y de juzgados de letras del trabajo y de cobranza laboral y previsional y de juzgados de letras de competencia común, de asiento de Corte y Oficiales primeros de los juzgados de letras de asiento de Corte[541].

Tercera categoría: Oficiales cuartos de la Corte Suprema, Oficiales terceros de las Cortes de Apelaciones, Oficiales de los Fiscales de estos mismos tribunales, Administrativos 1° de tribunales de juicio oral en lo penal y de juzgados de garantía de ciudad asiento de Corte de Apelaciones, Encargados de sala de tribunales de juicio oral en lo penal y de juzgados de garantía de ciudad asiento de capital de provincia, Oficiales segundos de los juzgados de letras de asiento de Corte y Oficiales primeros de los juzgados de capital de provincia, administrativos contables de juzgados de familia de asiento de Corte, administrativos jefes de juzgados de familia, de juzgados de letras de competencia común y de juzgados de letras del trabajo de capital de provincia, administrativos 1° de juzgados de familia,

---

540 Este epígrafe fue reemplazado por el art. 4° N° 50 de la Ley N° 18.776, de 18 de enero de 1989.

541 Acápite modificado por el art. 4° N° 15 letra a) de la Ley N° 20.252, de 15 de febrero de 2008. Previamente había sido modificado por el art. 13 N° 10 letra a) de la Ley N° 20.022, de 30 de mayo de 2005; por el art. 120 N° 12 letra a) de la Ley N° 19.968, de 30 de agosto de 2004; por el art. 2° N° 1 de la Ley N° 19.708, de 5 de enero de 2001; y por el art. 11 de la Ley N° 19.665, de 9 de marzo de 2000.

de juzgados de letras de competencia común, y de juzgados de letras del trabajo y de cobranza laboral y previsional de asiento de Corte[542].

Cuarta categoría: Oficiales Auxiliares de la Corte Suprema, Ayudante de Biblioteca de la Corte Suprema, Oficiales cuartos de las Cortes de Apelaciones, Oficial cuarto Ayudante de Biblioteca de la Corte de Apelaciones de Valparaíso, Administrativos 2° de tribunales de juicio oral en lo penal y de juzgados de garantía de ciudad asiento de Corte de Apelaciones, Administrativos 1° de tribunales de juicio oral en lo penal y de juzgados de garantía de ciudad asiento de capital de provincia, Encargados de sala de tribunales de juicio oral en lo penal y de juzgados de garantía de ciudad asiento de comuna o agrupación de comunas, Oficiales terceros de los juzgados de letras de asiento de Corte, Oficiales segundos de los juzgados de letras de capital de provincia y Oficiales primeros de los juzgados de letras de comunas o agrupación de comunas, administrativos jefes de juzgados de familia y de juzgados de letras de competencia común de comuna, administrativos contables de juzgados de familia de capital de provincia, administrativos 1° de juzgados de familia, de juzgados de letras de competencia común y de juzgados de letras del trabajo de capital de provincia, y administrativos 2° de juzgados de familia, de juzgados de letras de competencia común, y de juzgados de letras del trabajo y de cobranza laboral y previsional de asiento de Corte[543].

Quinta categoría: Administrativos 3° de tribunales de juicio oral en lo penal y de juzgados de garantía de ciudad asiento de Corte de Apelaciones, Administrativos 2° de tribunales de juicio oral en lo penal y de juzgados

---

542 Acápite modificado por el art. 4° N° 15 letra b) de la Ley N° 20.252, de 15 de febrero de 2008. Previamente había sido modificado por el art. 13 N° 10 letra b) de la Ley N° 20.022, de 30 de mayo de 2005; por el art. 120 N° 12 letra b) de la Ley N° 19.968, de 30 de agosto de 2004; por el art. 2° N° 1 de la Ley N° 19.708, de 5 de enero de 2001; y por el art. 11 de la Ley N° 19.665, de 9 de marzo de 2000.

543 Acápite modificado por el art. 4° N° 15 letra c) de la Ley N° 20.252, de 15 de febrero de 2008. Previamente había sido modificado por el art. 13 N° 10 letra c) de la Ley N° 20.022, de 30 de mayo de 2005; por el art. 120 N° 12 letra c) de la Ley N° 19.968, de 30 de agosto de 2004; por el art. 2° N° 1 de la Ley N° 19.708, de 5 de enero de 2001; y por el art. 11 de la Ley N° 19.665, de 9 de marzo de 2000.

de garantía de ciudad asiento de capital de provincia, Administrativos 1° de tribunales de juicio oral en lo penal y de juzgados de garantía de ciudad asiento de comuna o agrupación de comunas, Oficiales cuartos de los juzgados de letras de asiento de Corte, Oficiales terceros de los juzgados de letras de capital de provincia y Oficiales segundos de los juzgados de letras de comuna o agrupación de comunas, administrativos contables de juzgados de familia de comuna, administrativos 1° de juzgados de familia y de juzgados de letras de competencia común de comuna, administrativos 2° de juzgados de familia, de juzgados de letras de competencia común y de juzgados de letras del trabajo de capital de provincia y administrativos 3° de juzgados de familia y de juzgados de letras del trabajo y de cobranza laboral y previsional de asiento de Corte[544].

Sexta categoría: Administrativos 3° de tribunales de juicio oral en lo penal y de juzgados de garantía de ciudad asiento de capital de provincia, Administrativos 2° y 3° de tribunales de juicio oral en lo penal y de juzgados de garantía de ciudad asiento de comuna o agrupación de comunas, Ayudantes de audiencia de tribunales de juicio oral en lo penal y de juzgados de garantía de ciudad asiento de Corte de Apelaciones, telefonistas y secretarias ejecutivas de tribunales de juicio oral en lo penal y de juzgados de garantía de ciudad asiento de Corte de Apelaciones, Oficiales cuartos de los juzgados de letras de capital de provincia, Oficiales terceros de los juzgados de letras de comuna o agrupación de comunas y Oficial Intérprete de los juzgados de Temuco, administrativos 2° de juzgados de familia y de juzgados de letras de competencia común de comuna y administrativos 3° de juzgados de familia, de juzgados de letras de competencia común y de juzgados de letras del trabajo y de cobranza laboral y previsional de capital

544 Acápite modificado por el art. 4° N° 15 letra d) de la Ley N° 20.252, de 15 de febrero de 2008. Previamente había sido modificado por el art. 13 N° 10 letra d) de la Ley N° 20.022, de 30 de mayo de 2005; por el art. 120 N° 12 letra d) de la Ley N° 19.968, de 30 de agosto de 2004; por el art. 2° N° 1 de la Ley N° 19.708, de 5 de enero de 2001; y por el art. 11 de la Ley N° 19.665, de 9 de marzo de 2000.

de provincia y ayudantes de servicios de juzgados de letras del trabajo de ciudad asiento de Corte de Apelaciones[545].

Séptima categoría: Oficiales de Sala de la Corte Suprema, de las Cortes de Apelaciones, de los juzgados de letras, Ayudantes de audiencia de tribunales de juicio oral en lo penal y de juzgados de garantía de ciudad asiento de capital de provincia y de comuna o agrupación de comunas, telefonistas y secretarias ejecutivas de tribunales de juicio oral en lo penal y de juzgados de garantía de ciudad asiento de capital de provincia y de comuna o agrupación de comunas, y demás personal auxiliar de aseo o de servicio que se desempeñe en los Tribunales de Justicia, administrativos 3° de juzgados de familia y de juzgados de letras de competencia común de comuna y ayudantes de servicios de juzgados de letras del trabajo y de juzgados de letras con competencia común de capital de provincia y de comuna o agrupación de comunas[546-547].

Art. 293. Los empleados de secretaría con más de diez años de permanencia en la misma categoría del Escalafón tendrán, para los efectos de los ascensos, los mismos derechos que los de la inmediatamente superior, siempre que hubieren figurado permanentemente en lista de méritos y

---

545 Acápite modificado por el art. 4° N° 15 letra e) de la Ley N° 20.252, de 15 de febrero de 2008. Previamente había sido modificado por el art. 13 N° 10 letra e) de la Ley N° 20.022, de 30 de mayo de 2005; por el art. 120 N° 12 letra e) de la Ley N° 19.968, de 30 de agosto de 2004; por el art. 2° N° 1 de la Ley N° 19.708, de 5 de enero de 2001; y por el art. 11 de la Ley N° 19.665, de 9 de marzo de 2000.

546 Acápite modificado por el art. 4° N° 15 letra f) de la Ley N° 20.252, de 15 de febrero de 2008. Previamente había sido modificado por el art. 120 N° 12 letra f) de la Ley N° 19.968, de 30 de agosto de 2004; por el art. 2° N° 1 de la Ley N° 19.708, de 5 de enero de 2001; y por el art. 11 de la Ley N° 19.665, de 9 de marzo de 2000.

547 Antes de las modificaciones señaladas en las notas precedentes, este artículo había sido sustituido por el art. 1° N° 37 de la Ley N° 19.390, de 30 de mayo de 1995. Antes de eso había sido modificado por el art. 9° del D.L. N° 2.416, de 10 de enero de 1979.

no hubiesen sido objeto de medida disciplinaria superior a amonestación privada después de la última calificación[548].

Art. 294. El nombramiento en propiedad en cargos del Escalafón del Personal de Empleados, se hará a propuesta en terna que formará, previo concurso, el tribunal en que se deban prestar los servicios. En ningún caso podrá integrar la terna el empleado que, además de los requisitos que establecen los incisos siguientes, no acredite los títulos profesionales o técnicos o los conocimientos que se requieran para el desempeño del cargo, a menos que, después de un segundo llamado, no hubiere postulantes en número suficiente que cumplan con dichos requisitos.

Los empleados incluidos en Lista Sobresaliente tendrán derecho preferente para figurar en terna frente a aquéllos que se encuentren incorporados en la Lista Muy Buena, éstos preferirán a los incluidos en la Lista Satisfactoria, y éstos a los incorporados en la Lista Regular. Los incluidos en las otras listas no podrán figurar en terna. A igualdad de lista calificatoria, preferirán los oponentes por orden de su categoría y, a igualdad en ésta, deberá considerarse el puntaje de la última calificación y la antigüedad en el cargo, entre sus otros antecedentes.

En las ternas para cargos de la primera categoría se incluirá al empleado más antiguo de la segunda categoría calificado en lista de méritos que se oponga al concurso. Los otros dos lugares los ocuparán empleados de la primera o segunda categoría elegidos de conformidad a lo establecido en el inciso segundo. Sólo si no se presentaren postulantes de tales categorías, podrán figurar los de la categoría tercera, elegidos siempre de conformidad a lo establecido en el inciso segundo.

En las ternas para cargos de la segunda categoría se incluirá al empleado más antiguo de la tercera categoría calificado en lista de méritos que se oponga al concurso. Los otros dos lugares los ocuparán empleados de la segunda o tercera categoría, elegidos de conformidad a lo establecido

---

548 Este artículo fue sustituido por el art. 1° N° 38 de la Ley N° 19.390, de 30 de mayo de 1995.

en el inciso segundo. Sólo si no se presentaren postulantes para formar la terna con esos empleados, podrán figurar en ella los de la cuarta categoría, siempre elegidos de conformidad a lo establecido en el inciso segundo.

En las ternas para cargos de la tercera categoría, se incluirá al empleado más antiguo de la cuarta categoría calificado en lista de méritos que se oponga al concurso. Los otros dos lugares los ocuparán empleados de la tercera o cuarta categoría, elegidos de conformidad a lo establecido en el inciso segundo. Sólo si no se presentaren postulantes para formar la terna que reúnan los requisitos indicados, podrán figurar en ella los de la quinta categoría, siempre de conformidad a lo establecido en el inciso segundo.

En las ternas para cargos de la cuarta categoría se incluirá al empleado más antiguo de la quinta categoría calificado en lista de méritos que se oponga al concurso. Los otros dos lugares los ocuparán empleados de la cuarta o quinta categoría, de conformidad a lo establecido en el inciso segundo, o abogados, egresados de derecho o estudiantes de tercero, cuarto o quinto año de las Escuelas de Derecho de alguna universidad del Estado o reconocida por éste, elegidos por méritos.

En las ternas para cargos de la quinta categoría, se incluirá al empleado más antiguo de la sexta categoría calificado en lista de méritos que se oponga al concurso. Los otros dos lugares los ocuparán empleados de la quinta o sexta categoría, de conformidad a lo establecido en el inciso segundo, o personas extrañas al Poder Judicial, elegidas por méritos.

Las ternas a que se refieren los tres incisos precedentes, que incluyan a empleados de las categorías subsiguientes a la del cargo que se provee o, en su caso, a personas extrañas al servicio, deberán resolverse fundadamente.

En las ternas para cargos de la sexta categoría, se incluirá al empleado calificado en lista de méritos más antiguo en esta categoría que se oponga al concurso. Los otros dos lugares los ocuparán empleados de la sexta o séptima categoría, de conformidad a lo establecido en el inciso segundo, o personas extrañas al servicio, elegidas por méritos.

En las ternas para cargos de la séptima categoría, se incluirá al empleado calificado en lista de méritos más antiguo de esta categoría que se oponga al concurso. Los otros dos lugares los ocuparán empleados de la misma categoría o personas ajenas al servicio, elegidas por méritos.

Los postulantes ajenos a la carrera, deberán acreditar los títulos o la experiencia que se requieran para el desempeño del cargo. Además, serán sometidos por el tribunal a una o más pruebas destinadas a medir, de modo objetivo, sus aptitudes y conocimientos para el ejercicio de éste, tarea que podrá ser encomendada a la Academia Judicial o a la Corporación Administrativa del Poder Judicial. Además de los resultados de estas pruebas, el tribunal tendrá a la vista los antecedentes que presenten los postulantes y las calificaciones que hayan obtenido en la carrera de Derecho, si fuere del caso.

En lo demás, los concursos se regirán por las normas señaladas en el artículo 279.

Las ternas que se remitan al Presidente de la Corte Suprema o de la Corte de Apelaciones, en su caso, deberán ser acompañadas de todos los antecedentes que se tuvieron presentes al momento de confeccionarlas, conjuntamente con el expediente del respectivo concurso, debiendo indicarse el número de votos obtenidos por los oponentes en cada una de las votaciones que hayan debido efectuarse para la confección de las mismas.

Cuando se trate de nombramientos en calidad de interinos o suplentes, la designación podrá hacerse por el respectivo tribunal o Corte.

Estas designaciones no podrán durar más de noventa días, no serán prorrogables, ni podrá nombrarse nuevo interino o suplente para el mismo cargo. En caso de que no se haga uso de esta facultad o de que haya vencido el plazo del interinato o suplencia, se procederá a llenar la vacante en la forma ordinaria.

El nombramiento de chofer de la Presidencia de la Corte Suprema se hará por el propio Presidente.

El Presidente nombrará también a los empleados de secretaría de la Corte que hayan de desempeñarse asistiendo a uno de los ministros, a propuesta unipersonal del ministro de que se trate.

Sea que el nombramiento se haga en calidad de titular, interino o suplente, el funcionario designado no podrá desempeñar el cargo mientras no se le transcriba el decreto respectivo totalmente tramitado, salvo que en este último se disponga que asumirá de inmediato sus funciones[549].

Art. 295. Los postulantes a cargos del Escalafón del Personal de Empleados deberán cumplir con los siguientes requisitos para su ingreso al servicio:

a) Ser chileno;

b) Haber cumplido con la ley de reclutamiento y movilización, cuando fuere procedente;

c) Tener salud compatible con el desempeño del cargo;

d) Haber aprobado el nivel de educación media, o equivalente;

e) No haber cesado en un cargo en el Poder Judicial o en la Administración del Estado como consecuencia de haber obtenido una calificación deficiente, o por medida disciplinaria, y

f) No estar inhabilitado para el ejercicio de funciones o cargos públicos, ni hallarse condenado o acusado por crimen o simple delito[550-551].

§ 4. De la instalación de los jueces

Art. 296. Derogado[552].

Art. 297. Derogado[553].

Art. 298. Derogado[554].

---

549 Este artículo fue sustituido por el art. 1° N° 39 de la Ley N° 19.390, de 30 de mayo de 1995.

550 Letra sustituida por el art. 1° N° 24 de la Ley N° 19.708, de 5 de enero de 2001.

551 Antes de la modificación indicada en la nota precedente, este artículo había sido intercalado por el art. 1° N° 40 de la Ley N° 13.390, de 30 de mayo de 1995.

552 Artículo derogado por el art. 4° N° 54 de la Ley N° 18.776, de 18 de enero de 1989.

553 Artículo derogado por el art. 4° N° 54 de la Ley N° 18.776, de 18 de enero de 1989.

554 Artículo derogado por el art. 4° N° 54 de la Ley N° 18.776, de 18 de enero de 1989.

Art. 299. Hecho el nombramiento de un juez por el Presidente de la República y expedido el correspondiente título a favor del nombrado, prestará éste el juramento prevenido en los artículos siguientes.

Art. 300. Los miembros de la Corte Suprema prestarán su juramento o promesa presencialmente o por vía remota mediante videoconferencia ante el presidente del mismo tribunal[555].

Los de las Cortes de Apelaciones ante el presidente del respectivo tribunal.

Ante el mismo funcionario lo prestarán también los jueces de letras[556].

Art. 301. Los jueces podrán prestar su juramento o promesa presencialmente o por vía remota mediante videoconferencia ante otras autoridades gubernativas o judiciales que las indicadas en el artículo anterior, siempre que el Presidente de la República, por consideraciones de economía o de conveniencia para la prontitud de la administración de justicia, así lo ordenare[557].

En tal caso la autoridad que haya recibido el juramento o promesa dará lo más pronto posible el respectivo aviso a la que, según dicho artículo, habría correspondido intervenir en la diligencia, remitiéndole lo obrado para los fines del artículo 305[558].

Art. 302. Cuando un juez que ha prestado el juramento correspondiente fuere nombrado para un puesto análogo al que desempeña, no será obligado a prestar nuevo juramento.

---

555 Inciso sustituido por el art. 6° N° 7 de la Ley N° 21.394, de 30 de noviembre de 2021.

556 Inciso modificado por el art. 12 de la Ley N° 18.176, de 25 de octubre de 1982. Previamente había sido modificado por el art. 9° del D.L. N° 2.416, de 10 de enero de 1979.

557 Inciso modificado por el art. 6° N° 8 letra a) de la Ley N° 21.394, de 30 de noviembre de 2021.

558 Inciso modificado por el art. 6° N° 8 letra b) de la Ley N° 21.394, de 30 de noviembre de 2021.

Art. 303. Tampoco serán obligados a prestar juramento o promesa los fiscales judiciales que, con arreglo a lo establecido en el presente Código, fueren llamados a integrar accidentalmente una Corte de Apelaciones o la Corte Suprema[559].

Los abogados llamados a integrar una Corte de Apelaciones sólo prestarán juramento o promesa la primera vez que entren a desempeñar este encargo; pero respecto de ellos, el juramento o promesa prestado en un tribunal no se tomará en cuenta en otro, para el efecto de este artículo[560].

El juramento o promesa dispuesto en los incisos anteriores podrá realizarse de manera presencial o por vía remota mediante videoconferencia[561].

Art. 304. Todo juez prestará su juramento o promesa presencialmente o por vía remota mediante videoconferencia, al tenor de la siguiente fórmula:

"¿Juráis o prometéis, cumplir, en el ejercicio de vuestro cargo, con lo que establece la Constitución Política y las leyes de la República?".

El interrogado responderá: "Sí juro" o "Sí prometo"[562].

Art. 305. Prestado que sea el juramento, se hará constar la diligencia en el libro respectivo, y de ella se dará testimonio al nombrado, el cual entrará inmediatamente en el ejercicio de sus funciones.

§ 5. De los honores y prerrogativas de los jueces

Art. 306. La Corte Suprema tendrá el tratamiento de Excelencia y las Cortes de Apelaciones el de Señoría Ilustrísima.

---

559 Inciso modificado por el art. 6° N° 9 letra a) de la Ley N° 21.394, de 30 de noviembre de 2021. Previamente había sido modificado por el art. 11 de la Ley N° 19.665, de 9 de marzo de 2000.

560 Inciso modificado por el art. 6° N° 9 letra b) de la Ley N° 21.394, de 30 de noviembre de 2021.

561 Inciso agregado por el art. 6° N° 9 letra c) de la Ley N° 21.394, de 30 de noviembre de 2021.

562 Artículo reemplazado por el art. 6° N° 10 de la Ley N° 21.394, de 30 de noviembre de 2021.

Cada uno de los miembros de estos mismos tribunales y los jueces de letras tendrán tratamiento de Señoría.

Art. 307. Los jueces ocuparán en las ceremonias públicas el lugar que les asigne, según su rango, el reglamento respectivo.

Art. 308. Los jueces están exentos de toda obligación de servicio personal que las leyes impongan a los ciudadanos chilenos.

Art. 309. Los jueces jubilados gozarán de los mismos honores y prerrogativas que los que se hallan en actual servicio.

§ 6. De las permutas y traslados

Art. 310. El Presidente de la República, a propuesta o con el acuerdo de la Corte Suprema, podrá ordenar el traslado de los funcionarios o empleados judiciales comprendidos en este Código a otro cargo de igual categoría. En la misma forma podrá autorizar las permutas que soliciten funcionarios de igual categoría.

§ 7. De los deberes y prohibiciones a que están sujeto los jueces

Art. 311. Los jueces están obligados a residir constantemente en la ciudad o población donde tenga asiento el tribunal en que deban prestar sus servicios.

Sin embargo, las Cortes de Apelaciones podrán, en casos calificados, autorizar transitoriamente a los jueces de su territorio jurisdiccional para que residan en un lugar distinto al de asiento del tribunal[563].

---

[563] Inciso modificado por el art. 1° N° 61 letra d) de la Ley N° 19.390, de 30 de mayo de 1995. Previamente había sido agregado como tercer inciso de este artículo, por el art. 8° de la Ley N° 17.939, de 13 de junio de 1973. El primitivo inciso segundo de este artículo fue eliminado por el art. 9° del D.L. N° 2.416, de 10 de enero de 1979.

Art. 312. Están igualmente obligados a asistir todos los días a la sala de su despacho, y a permanecer en ella desempeñando sus funciones durante cuatro horas como mínimum cuando el despacho de causas estuviere al corriente, y de cinco horas, a lo menos, cuando se hallare atrasado, sin perjuicio de lo que, en virtud del N° 4 del artículo 96, establezca la Corte Suprema[564].

Lo anterior se entenderá sin perjuicio de que el juez, cuando las necesidades del Servicio lo aconsejen, se constituya una vez a la semana, a lo menos en poblados que estén fuera de los límites urbanos de la ciudad en que tenga su asiento el tribunal, en cuyo caso será reemplazado por el Secretario en el despacho ordinario del Juzgado, pudiendo designarse para tales efectos actuarios que como Ministros de Fe autoricen las diligencias que dichos funcionarios practiquen[565].

En los casos en que el tribunal cuente con dos jueces, cada uno reemplazará al otro en su despacho en el caso señalado en el inciso precedente, actuando el jefe de la unidad administrativa que tenga a su cargo la administración de causas en el respectivo juzgado, como ministro de fe, según la regla general[566].

Art. 312 bis. Los jueces de tribunales de juicio oral en lo penal tendrán obligación de asistir a su despacho por 44 horas semanales[567].

Los jueces de juzgados de garantía deberán asistir a su despacho por 44 horas semanales, debiendo establecerse un sistema o turno que permita la disponibilidad de un juez de garantía en la jurisdicción fuera del horario normal de atención de los tribunales[568].

---

564 Inciso modificado por el art. 2° N° 37 de la Ley N° 17.590, de 31 de diciembre de 1971.

565 Inciso agregado por el art. 2° N° 37 de la Ley N° 17.590, de 31 de diciembre de 1971.

566 Inciso agregado por el art. 4° N° 16 de la Ley N° 20.252, de 15 de febrero de 2008.

567 Inciso modificado por el art. 2° N° 1 de la Ley N° 19.708, de 5 de enero de 2001.

568 Antes de la modificación indicada en la nota precedente, este artículo fue incorporado por el art. 11 de la Ley N° 19.665, de 9 de marzo de 2000.

Art. 313. Las obligaciones de residencia y asistencia diaria al despacho cesan durante los días feriados. Son tales los que la ley determine y los comprendidos en el tiempo de vacaciones de cada año, que corresponderá a un feriado anual de un mes[569].

Art. 314. Derogado[570].

Art. 315. La Corte Suprema, mediante auto acordado dictado en diciembre de cada año, sobre la base de la información que le proporcionen la Corporación Administrativa del Poder Judicial y las Cortes de Apelaciones, podrá determinar el número de salas en que ella misma y estas últimas funcionarán durante el mes de febrero del año siguiente. Las salas que sesionen durante el mes de febrero podrán conocer de las apelaciones en que otra sala haya decretado orden de no innovar[571].

Art. 316. Es prohibido a los jueces ejercer la abogacía; y sólo podrán defender causas personales o de sus cónyuges, convivientes civiles, ascendientes, descendientes, hermanos o pupilos[572].

Les es igualmente prohibido representar en juicio a otras personas que las mencionadas en el precedente inciso.

Art. 317. Prohíbese a los jueces letrados y a los ministros de los Tribunales Superiores de Justicia, aceptar compromisos, excepto cuando el nombrado tuviere con alguna de las partes originariamente interesadas en el litigio, algún vínculo de parentesco que autorice su implicancia o recusación.

---

569 Artículo modificado por el art. 1° N° 3 de la Ley N° 20.774, de 4 de septiembre de 2014.

570 Artículo derogado por el art. 1° N° 4 de la Ley N° 20.774, de 4 de septiembre de 2014.

571 Artículo reemplazado por el art. 1° N° 5 de la Ley N° 20.774, de 4 de septiembre de 2014.

572 Inciso modificado por el art. 35 v) de la Ley N° 20.830, de 21 de abril de 2015. Previamente había sido modificado por el art. 3° N° 40 de la Ley N° 11.183, de 10 de junio de 1953.

Art. 318. Lo dispuesto por los precedentes artículos de este párrafo rige tan sólo respecto de los jueces de letras, de los miembros de las Cortes de Apelaciones y de los de la Corte Suprema.

Las disposiciones que siguen rigen respecto de toda clase de jueces.

Art. 319. Los jueces están obligados a despachar los asuntos sometidos a su conocimiento en los plazos que fija la ley o con toda la brevedad que las actuaciones de su ministerio les permitan, guardando en este despacho el orden de la antigüedad de los asuntos, salvo cuando motivos graves y urgentes exijan que dicho orden se altere.

Las causas se fallarán en los tribunales unipersonales tan pronto como estuvieren en estado y por el orden de su conclusión. El mismo orden se observará para designar las causas en los tribunales colegiados para su vista y decisión.

Exceptúanse las cuestiones sobre deserción de recursos, depósito de personas, alimentos provisionales, competencia, acumulaciones, recusaciones, desahucio, juicios sumarios y ejecutivos, denegación de justicia o de prueba y demás negocios que por la ley, o por acuerdo del tribunal fundado en circunstancias calificadas, deban tener preferencia, las cuales se antepondrán a los otros asuntos desde que estuvieren en estado.

Art. 320. Los jueces deben abstenerse de expresar y aun de insinuar privadamente su juicio respecto de los negocios que por la ley son llamados a fallar.

Deben igualmente abstenerse de dar oído a toda alegación que las partes, o terceras personas a nombre o por influencia de ellas, intenten hacerles fuera del tribunal.

Art. 321. Se prohíbe a todo juez comprar o adquirir a cualquier título para sí, para su cónyuge, para su conviviente civil, o para sus hijos las cosas o derechos que se litiguen en los juicios de que él conozca[573].

---

[573] Inciso modificado por el art. 35 vi) de la Ley N° 20.830, de 21 de abril de 2015. Previamente había sido modificado por el art. 3° N° 41 de la Ley N° 11.183, de 10

Se extiende esta prohibición a las cosas o derechos que han dejado de ser litigiosos, mientras no hayan transcurrido cinco años desde el día en que dejaron de serlo; pero no comprende las adquisiciones hechas a título de sucesión por causa de muerte, si el adquirente tuviere respecto del difunto la calidad de heredero abintestato.

Todo acto en contravención a este artículo lleva consigo el vicio de nulidad, sin perjuicio de las penas a que, conforme al Código Penal, haya lugar.

Art. 322. Los miembros de las Cortes de Apelaciones y los jueces letrados en lo civil no pueden adquirir pertenencias mineras o una cuota en ellas dentro de su respectivo territorio jurisdiccional.

La contravención a lo dispuesto en este artículo será sancionada, mientras la pertenencia o cuota esté en poder del infractor, con la transferencia de sus derechos a la persona que primeramente denunciare el hecho ante los tribunales. La acción correspondiente se tramitará en juicio sumario.

En todo caso, el funcionario infractor sufrirá, además, la pena de inhabilitación especial temporal en su grado medio para el cargo que desempeña.

Art. 323. Se prohíbe a los funcionarios judiciales:

1°) Dirigir al Poder Ejecutivo, a funcionarios públicos o a corporaciones oficiales, felicitaciones o censuras por sus actos;

2°) Tomar en las elecciones populares o en los actos que las precedan más parte que la de emitir su voto personal; esto, no obstante, deben ejercer las funciones y cumplir los deberes que por razón de sus cargos los imponen las leyes;

3°) Mezclarse en reuniones, manifestaciones u otros actos de carácter político o efectuar cualquiera actividad de la misma índole dentro del Poder Judicial[574]; y

---

de junio de 1953.

574 Número modificado por el art. 1° letra a) del D.L. N° 169, de 6 de diciembre de 1973.

4°) Publicar, sin autorización del Presidente de la Corte Suprema, escritos en defensa de su conducta oficial o atacar en cualquier forma, la de otros jueces o magistrados[575].

En el caso de que se produjeren antecedentes para creer que los jueces infringen las disposiciones contenidas en los N°s 2° y 3° de este artículo, deberá la Corte de Apelaciones adoptar las medidas que creyere convenientes para mantener la absoluta prescindencia de la autoridad judicial en las luchas electorales.

Art. 323 bis. Derogado[576].

Art. 323 bis A. Derogado[577].

Art. 323 ter. Asimismo, antes de asumir sus cargos, los miembros del escalafón primario deberán prestar una declaración jurada que acredite que no se encuentran afectos a la causal de inhabilidad contemplada en el artículo 251.

En caso de inhabilidad sobreviniente, el funcionario deberá admitirla ante su superior jerárquico y someterse a un programa de tratamiento y rehabilitación en alguna de las instituciones que autorice el auto acordado de la Corte Suprema. Si concluye ese programa satisfactoriamente, deberá aprobar un control de consumo toxicológico y clínico que se le aplicará, con los mecanismos de resguardo a que alude el inciso segundo del artículo 100. El incumplimiento de esta norma dará lugar al correspondiente juicio de amovilidad, salvo que la Corte Suprema acuerde su remoción. Lo anterior es sin perjuicio de la aplicación de las reglas sobre salud irrecuperable o incompatible con el desempeño del cargo, si procedieren[578].

---

575 Número reemplazado por el art. 1° letra b) del D.L. N° 169, de 6 de diciembre de 1973.

576 Artículo derogado por el art. 56 N° 3 de la Ley N° 20.880. de 5 de enero de 2016.

577 Artículo derogado por el art. 56 N° 3 de la Ley N° 20.880. de 5 de enero de 2016.

578 Artículo intercalado por el art. 75 N° 3 de la Ley N° 20.000, de 16 de febrero de 2005.

§ 8. De la responsabilidad de los jueces

Art. 324. El cohecho, la falta de observancia en materia sustancial de las leyes que reglan el procedimiento, la denegación y la torcida administración de justicia y, en general, toda prevaricación o grave infracción de cualquiera de los deberes que las leyes imponen a los jueces, los deja sujetos al castigo que corresponda según la naturaleza y gravedad del delito, con arreglo a lo establecido en el Código Penal.

Esta disposición no es aplicable a los miembros de la Corte Suprema en lo relativo a la falta de observancia de las leyes que reglan el procedimiento ni en cuanto a la denegación ni a la torcida administración de la justicia.

Art. 325. Todo juez delincuente será, además, civilmente responsable de los daños estimables en dinero que con su delito hubiere irrogado a cualesquiera personas o corporaciones.

Art. 326. La misma responsabilidad civil afectará al juez si el daño fuere producido por un cuasi-delito[579].

Art. 327. La responsabilidad civil afecta solidariamente a todos los jueces que hubieren cometido el delito o concurrido con su voto al hecho o procedimiento de que ella nace.

Art. 328. Ninguna acusación o demanda civil entablada contra un juez para hacer efectiva su responsabilidad criminal o civil podrá tramitarse sin que sea previamente calificada de admisible por el juez o tribunal que es llamado a conocer de ella.

Art. 329. No podrá hacerse efectiva la responsabilidad criminal o civil en contra de un juez mientras no haya terminado por sentencia firme la causa o pleito en que se supone causado el agravio.

---

579 El inciso segundo de este artículo fue derogado por el art. 4° N° 56 de la Ley N° 18.776, de 18 de enero de 1989.

Art. 330. No puede deducirse acusación o demanda civil contra un juez para hacer efectiva su responsabilidad criminal o civil si no se hubieren entablado oportunamente los recursos que la ley franquea para la reparación del agravio causado, ni cuando hayan transcurrido seis meses desde que se hubiere notificado al reclamante la sentencia firme recaída en la causa en que se supone inferido el agravio.

Para las personas que no fueren las directamente ofendidas o perjudicadas por el delito del juez cuya responsabilidad se persigue, el plazo de seis meses correrá desde la fecha en que se hubiere pronunciado sentencia firme.

Siempre que, por el examen de un proceso o de los datos o documentos estadísticos, o por cualquier otro modo auténtico, llegaren a noticia de un tribunal antecedentes que hagan presumir que un juez o funcionario del ministerio público ha cometido en el ejercicio de sus funciones algún crimen, o simple delito, mandará sacar compulsa de los antecedentes o datos que reciba al respecto, y los hará pasar al ministerio público, para que entable en el término de seis días la respectiva acusación contra el funcionario responsable[580].

Art. 331. Ni en el caso de responsabilidad criminal ni en el caso de responsabilidad civil la sentencia pronunciada en el juicio de responsabilidad alterará la sentencia firme.

§ 9. La expiración y suspensión de las funciones de los jueces. De las licencias

Art. 332. El cargo de juez expira:

1°) Por incurrir el juez en alguna de las incapacidades establecidas por la ley para ejercerlo.

---

580 Inciso modificado por el art. 1° N° 25 letras a) y b) de la Ley N° 19.708, de 5 de enero de 2001.

En cuanto a los jueces condenados se estará a lo establecido en el N° 6 del artículo 256[581];

2°) Por la recepción de órdenes eclesiásticas mayores;

3°) Por remoción acordada por la Corte Suprema en conformidad a la Constitución Política o a las leyes;

4°) Por sentencia ejecutoriada recaída en el juicio de amovilidad, en que se declare que el juez no tiene la buena comportación exigida por la Constitución Política del Estado para permanecer en el cargo;

5°) Por renuncia del cargo, hecha por el juez y aceptada por la autoridad competente;

6°) Por jubilación o pensión obtenida por servicios prestados al Poder Judicial, sea cual fuere el régimen previsional aplicable[582];

7°) Por la promoción del juez a otro empleo del orden judicial, aceptada por él;

8°) Por el traslado del juez a otro empleo del orden judicial;

9°) Por haber sido declarado responsable criminal o civilmente por delito cometido en razón de sus actos ministeriales;

10) Por la aceptación de todo cargo o empleo remunerado con fondos fiscales, semifiscales o municipales, salvo la excepción contemplada en el artículo 261; y

11) Por la aceptación del cargo de Presidente de la República.

Art. 333. Los magistrados de los Tribunales Superiores de Justicia cesan, además, en sus funciones por la declaración de culpabilidad hecha por el Senado, por notable abandono de sus deberes, en conformidad a los artículos 48 y 49 de la Constitución Política del Estado[583].

Art. 334. Derogado[584].

---

581 El párrafo segundo de este número fue sustituido por el art. 1° N° 26 de la Ley N° 19.708, de 5 de enero de 2001.

582 Número sustituido por el art. único de la Ley N° 18.848, de 9 de noviembre de 1989.

583 Artículo modificado por el art. 11 de la Ley N° 19.665, de 9 de marzo de 2000.

584 Artículo derogado por el art. 1° N° 41 de la Ley N° 19.390, de 30 de mayo de 1995.

Art. 335. Las funciones de juez se suspenden:

1°) Por encontrarse ejecutoriada la sentencia que declara haber lugar a la querella de capítulos por delitos cometidos en el ejercicio de sus funciones, o por haberse formulado acusación tratándose de delitos comunes[585];

2°) Por la sentencia de primera instancia que lo condena a destitución dictada en un proceso de amovilidad;

3°) Por la aplicación de la medida disciplinaria de suspensión; y

4°) Por licencia concedida con arreglo a la ley.

Art. 336. Las funciones de los magistrados de los Tribunales Superiores de Justicia se suspenden, además, desde que la Cámara de Diputados declare que ha lugar a la acusación que se ha formulado en su contra por notable abandono de deberes, de acuerdo con el artículo 48 de la Constitución Política[586].

Art. 337. Se presume de derecho, para todos los efectos legales, que un juez no tiene buen comportamiento en cualquiera de los casos siguientes:

1°) Si fuere suspendido dos veces dentro de un período de tres años o tres veces en cualquier espacio de tiempo;

2°) Si se dictaren en su contra medidas disciplinarias más de tres veces en el período de tres años;

3°) Si fuere corregido disciplinariamente más de dos veces en cualquier espacio de tiempo, por observar una conducta viciosa, por comportamiento poco honroso o por negligencia habitual en el desempeño de su oficio; y

4°) Si fuere mal calificado por la Corte Suprema de acuerdo con las disposiciones contenidas en el párrafo tercero de este título.

Art. 338. Los Tribunales Superiores instruirán el respectivo proceso de amovilidad, procediendo de oficio o a requisición del fiscal judicial del mismo tribunal.

---

585 Número sustituido por el art. 1° N° 27 de la ley N° 19.708, de 5 de enero de 2001.

586 Artículo modificado por el art. 11 de la Ley N° 19.665, de 9 de marzo de 2000.

La parte agraviada podrá requerir al tribunal o al fiscal judicial para que instaure el juicio e instaurado, podrá suministrar elementos de prueba al referido fiscal judicial[587].

Art. 339. Los tribunales procederán en estas causas sumariamente, oyendo al juez imputado y al fiscal judicial; las fallarán apreciando la prueba con libertad, pero sin contradecir los principios de la lógica, las máximas de la experiencia y los conocimientos científicamente afianzados, y se harán cargo en la fundamentación de la sentencia de toda la prueba rendida[588].

Las Cortes de Apelaciones que deban conocer de los juicios de amovilidad en contra de los jueces de letras, en conformidad a lo dispuesto en el artículo 63, designarán en cada caso a uno de sus ministros para que forme proceso y lo tramite hasta dejarlo en estado de sentencia.

Toda sentencia absolutoria en los juicios de amovilidad debe ser notificada al fiscal judicial de la Corte Suprema, a fin de que, si lo estima procedente entable ante el Tribunal Supremo, el o los recursos correspondientes[589].

Art. 340. El Presidente de la Corte Suprema podrá conceder a los jueces licencias por enfermedad, de acuerdo con las disposiciones generales que rijan sobre la materia para el personal de la administración civil del Estado.

La Corte Suprema podrá conceder permisos hasta por seis meses cada año, por asuntos particulares y hasta por dos años para trasladarse al extranjero a actividades de perfeccionamiento, en ambos casos sin goce de remuneración y siempre que no se entorpezca el servicio

---

587 Artículo modificado por el art. 11 de la Ley Nº 19.665, de 9 de marzo de 2000.

588 Inciso reemplazado por el art. 1º Nº 28 letra a) de la Ley Nº 19.708, de 5 de enero de 2001.

589 Inciso modificado por el art. 1º Nº 28 letra b) de la Ley Nº 19.708, de 5 de enero de 2001.

El límite de dos años señalado en el inciso anterior no será aplicable en el caso de funcionarios que obtengan becas otorgadas de acuerdo a la legislación vigente.

Las resoluciones adoptadas se comunicarán de inmediato al Ministerio de Justicia para los fines administrativos consiguientes[590].

Art. 341. Derogado[591].

Art. 342. No tendrán derecho a permiso los funcionarios suplentes que entren a subrogar a los propietarios o interinos en los casos de licencias, ni los auxiliares que fueren llamados a prestar sus servicios accidentalmente y por tiempo limitado[592].

Art. 343. El feriado anual de los funcionarios judiciales se otorgará siempre que no hayan usado permiso por motivos particulares durante los once últimos meses. Si el funcionario hubiere obtenido esta clase de permiso, por un lapso inferior a su feriado, tendrá derecho a él por el tiempo necesario para enterarlo[593].

No podrán hacer uso de este feriado, simultáneamente, dos o más miembros de un tribunal colegiado, ni tampoco dos o más jueces de letras de una misma comuna o agrupación de comunas cuando ello perjudique al servicio, a juicio de la autoridad que debe conceder el feriado. En ningún caso podrán hacer uso del feriado anual conjuntamente el juez y el secretario de un mismo tribunal[594].

---

590 Artículo sustituido por el art. 1° N° 42 de la Ley N° 19.390, de 30 de mayo de 1995.

591 Artículo derogado por el art. 7° letra g) de la Ley N° 8.100 de 1 de marzo de 1945.

592 Artículo modificado por el art. 1° N° 43 de la Ley N° 19.390, de 30 de mayo de 1995.

593 Inciso modificado por el art. 1° N° 6 letra a) de la Ley N° 20.774, de 4 de septiembre de 2014. Previamente había sido modificado por el art. 1° N° 44 de la Ley N° 19.390, de 30 de mayo de 1995.

594 Inciso modificado por el art. 1° N° 6 letra b) de la Ley N° 20.774, de 4 de septiembre de 2014. Previamente había sido modificado por el art. 4° N° 57 de la Ley N° 18.776, de 18 de enero de 1989; y sustituido por el art. 1° del D.L. N° 1.682, de 2 de enero de 1977.

No podrán acumularse más de dos períodos de feriado, pudiendo la autoridad referida autorizar el fraccionamiento en dos partes del total acumulado, pero en todo caso dentro de un mismo año calendario, sin que pueda una de las fracciones ser inferior a quince días[595].

Art. 344. Derogado[596].

Art. 345. Derogado[597].

Art. 346. Las licencias y permisos deberán solicitarse por conducto y con informe del superior respectivo[598].

Art. 347. El Presidente de la Corte Suprema y los presidentes de las Cortes de Apelaciones podrán autorizar hasta por tres días la inasistencia de los ministros de los tribunales respectivos. Si ésta debiere prolongarse por más de ese plazo, sólo podrá ser autorizada por el Presidente de la República;

Además, los Presidentes de Cortes de Apelaciones podrán conceder permisos hasta por tres días en cada bimestre a los jueces de su territorio jurisdiccional[599].

---

595 Inciso modificado por el art. 1° N° 6 letra c) de la Ley N° 20.774, de 4 de septiembre de 2014. Previamente había sido sustituido por el art. 9° del D.L. N° 2.416, de 10 de enero de 1979.

596 Artículo derogado por el art. 2° letra w) de la Ley N° 16.437, de 23 de febrero de 1966.

597 Artículo derogado por el art. 2° letra w) de la Ley N° 16.437, de 23 de febrero de 1966.

598 Artículo modificado por el art. 1° N° 45 de la Ley N° 19.390, de 30 de mayo de 1995. El inciso segundo de este artículo fue derogado por el art. 7° letra g) de la Ley N° 8.100, de 1 de marzo de 1945.

599 Inciso reemplazado por el art. 1° N° 46 de la Ley N° 19.390, de 30 de mayo de 1995.

Los presidentes de las Cortes de Apelaciones darán cuenta al Presidente de la Corte Suprema, en el último día de cada mes, de las licencias que hubieren concedido en conformidad a este artículo[600].

Art. 348. Si transcurridos los plazos establecidos en este párrafo no se presentare el funcionario a servir su destino, se tendrá esta inasistencia como causal bastante para que la autoridad competente, siguiendo los trámites legales, pueda declarar vacante el empleo.

Art. 349. Ejecutoriada la declaración de vacancia, el funcionario cesante tendrá el plazo de tres meses para iniciar su expediente de jubilación, la cual se le concederá siempre que reúna los requisitos exigidos por la ley sin que obste para ello el ser empleado cesante.

TÍTULO XI
Los Auxiliares de la Administración de Justicia

§ 1. Fiscalía judicial[601]

Art. 350. La fiscalía judicial será ejercida por el fiscal judicial de la Corte Suprema, que será el jefe del servicio, y por los fiscales judiciales de las Cortes de Apelaciones.

Los fiscales judiciales están sujetos a las instrucciones que les imparta el jefe del servicio, verbalmente o por escrito, en los casos que este funcionario considere necesario seguir un procedimiento especial tendiente a uniformar la acción del referido ministerio.

Las funciones de la fiscalía judicial se limitarán a los negocios judiciales y a los de carácter administrativo del Estado en que una ley requiera especialmente su intervención.

En el presente Código sólo se trata de las judiciales[602].

---

600 Antes de la modificación indicada en la nota precedente, este inciso fue sustituido por el art. 1° N° 37 de la Ley N° 18.969, de 10 de marzo de 1990.

601 Epígrafe reemplazado por el art. 11 de la Ley N° 19.665, de 9 de marzo de 2000.

602 Artículo modificado por el art. 11 de la Ley N° 19.665, de 9 de marzo de 2000.

Art. 351. Derogado[603].

Art. 352. Los fiscales judiciales gozan de la misma inamovilidad que los jueces, tienen el tratamiento de Señoría y les es aplicable todo lo prevenido respecto de los honores y prerrogativas de los jueces por los artículos 308 y 309[604].

Art. 353. Corresponde especialmente al fiscal judicial de la Corte Suprema de Justicia:

1°) Vigilar por sí a los ministros o fiscales judiciales de las Cortes de Apelaciones, y por sí o por medio de cualesquiera de los fiscales judiciales de las Cortes de Apelaciones, la conducta funcionaria de los demás tribunales y empleados del orden judicial, exceptuados los miembros de la Corte Suprema, y para el solo efecto de dar cuenta a este tribunal de las faltas o abusos o incorrecciones que notare, a fin de que la referida Corte, si lo estima procedente, haga uso de las facultades correccionales, disciplinarias y económicas que la Constitución y las leyes le confieren[605];

2°) Suprimido[606].

3°) Transmitir y hacer cumplir al fiscal judicial que corresponda los requerimientos que el Presidente de la República tenga a bien hacer con respecto a la conducta ministerial de los jueces y demás empleados del Poder Judicial, para que reclame las medidas disciplinarias que correspondan, del tribunal competente, o para que, si hubiere mérito bastante, entable la correspondiente acusación[607].

Las funciones que corresponden al ministerio público para los efectos del N° 15° del artículo 32 de la Constitución Política serán ejercidas por lo que hace a medidas de carácter general, por el fiscal judicial de la Corte Suprema, y por lo que hace a medidas que afecten a funcionarios deter-

---

603 Artículo modificado por el art. 11 de la Ley N° 19.665, de 9 de marzo de 2000.

604 Artículo modificado por el art. 11 de la Ley N° 19.665, de 9 de marzo de 2000.

605 Número modificado por el art. 11 de la Ley N° 19.665, de 9 de marzo de 2000.

606 Número suprimido por el art. 11 de la Ley N° 19.665, de 9 de marzo de 2000.

607 Número modificado por el art. 11 de la Ley N° 19.665, de 9 de marzo de 2000.

minados del orden judicial, por el fiscal judicial de la respectiva Corte de Apelaciones[608].

Art. 354. Los fiscales judiciales obran, según la naturaleza de los negocios, o como parte principal, o como terceros, o como auxiliares del juez[609].

Art. 355. Cuando el alguno de los fiscales judiciales obra como parte principal, figurará en todos los trámites del juicio[610].

En los demás casos bastará que antes de la sentencia o decreto definitivo del juez o cuando éste lo estime conveniente, examine el proceso y exponga las conclusiones que crea procedentes.

Art. 356. Derogado[611].

Art. 357. Debe ser oída la fiscalía judicial[612]:

1°) Eliminado[613].

2°) En las contiendas de competencia suscitadas por razón de la materia de la cosa litigiosa o entre tribunales que ejerzan jurisdicción de diferente clase;

3°) En los juicios sobre responsabilidad civil de los jueces o de cualesquiera empleados públicos, por sus actos ministeriales;

4°) En los juicios sobre estado civil de alguna persona;

5°) En los negocios que afecten los bienes de las corporaciones o fundaciones de derecho público, siempre que el interés de las mismas conste del proceso o resulte de la naturaleza del negocio y cuyo conocimiento corresponda al tribunal indicado en el artículo 50; y

---

608 Inciso modificado por el art. 11 de la Ley N° 19.665, de 9 de marzo de 2000.

609 Artículo sustituido por el art. 11 de la Ley N° 19.665, de 9 de marzo de 2000.

610 Inciso modificado por el art. 11 de la Ley N° 19.665, de 9 de marzo de 2000.

611 Artículo derogado por el art. 11 de la Ley N° 19.665, de 9 de marzo de 2000.

612 Encabezado sustituido por el art. 11 de la Ley N° 19.665, de 9 de marzo de 2000.

613 Número eliminado por el art. 11 de la Ley N° 19.665, de 9 de marzo de 2000.

6°) En general, en todo negocio respecto del cual las leyes prescriban expresamente la audiencia o intervención del ministerio público.

Art. 358. En segunda instancia no se oirá a la fiscalía judicial[614]:

1°) En los negocios que afecten los bienes de las corporaciones o fundaciones de derecho público;

2°) En los juicios de hacienda;

3°) En los asuntos de jurisdicción voluntaria;

4°) Eliminado[615].

5°) Eliminado[616].

Art. 359. Pueden los tribunales pedir el dictamen del respectivo fiscal judicial en todos los casos en que lo estimen conveniente a excepción de la competencia en lo criminal[617].

Art. 360. La fiscalía judicial es, en lo tocante al ejercicio de sus funciones, independientes de los Tribunales de Justicia, cerca de los cuales es llamado a ejercerlas[618].

Puede, en consecuencia, defender los intereses que le están encomendados en la forma que sus convicciones se lo dicten, estableciendo las conclusiones que crea arregladas a la ley.

Art. 361. Pueden los fiscales judiciales hacerse dar conocimiento de cualesquiera asuntos en que crean se hallan comprometidos los intereses cuya defensa les ha confiado la ley.

Requeridos los jueces por los fiscales judiciales, deberán hacerles pasar inmediatamente el respectivo proceso, sin perjuicio del derecho de los interesados para reclamar, si lo estimaren conveniente, contra la intervención de aquéllos.

---

614 Encabezado sustituido por el art. 11 de la Ley N° 19.665, de 9 de marzo de 2000.

615 Número eliminado por el art. 11 de la Ley N° 19.665, de 9 de marzo de 2000.

616 Número eliminado por el art. 11 de la Ley N° 19.665, de 9 de marzo de 2000.

617 Artículo modificado por el art. 11 de la Ley N° 19.665, de 9 de marzo de 2000.

618 Inciso modificado por el art. 11 de la Ley N° 19.665, de 9 de marzo de 2000.

Podrán, sin embargo, denegar esta remisión, cuando creyeren comprometer con ella el sigilo de negocios que deben ser secretos[619].

Art. 362. Los fiscales judiciales provocarán la acción de la justicia siempre que en negocios de su incumbencia fueren requeridos por el Gobierno; pero deberán hacerlo en la forma establecida en el inciso 2°, del artículo 360[620].

Art. 363. La falta de un fiscal judicial será suplida por otro del mismo tribunal cuando hubiere más de uno; por el secretario de la Corte, empezando por el más antiguo cuando hubiere dos o más, y a falta de éstos por el abogado que designe el tribunal respectivo y que reúna los requisitos indispensables para desempeñar el cargo, los que no percibirán remuneración alguna por este concepto[621].

Art. 364. La responsabilidad criminal y civil de los fiscales judiciales se regirá por los reglas establecidas en el párrafo 8 del Título X de este Código, en cuanto atendida la naturaleza de las funciones de estos funcionarios, dichas reglas sean aplicables a ellos.

De las acusaciones o demandas que se entablaren contra los fiscales judiciales para hacer efectiva su responsabilidad, conocerán los mismos tribunales designados por la ley para conocer de las que se entablen contra los jueces.

Para determinar la competencia de los funcionarios de que se trata se considerará como miembros de las Cortes de Apelaciones o Suprema a los respectivos fiscales judiciales[622].

---

619 Artículo modificado por el art. 11 de la Ley N° 19.665, de 9 de marzo de 2000.

620 Artículo modificado por el art. 11 de la Ley N° 19.665, de 9 de marzo de 2000.

621 Artículo modificado por el art. 11 de la Ley N° 19.665, de 9 de marzo de 2000. Previamente había sido sustituido por el art. 2° N° 38 de la Ley N° 17.590, de 31 de diciembre de 1971.

622 Artículo modificado por el art. 11 de la Ley N° 19.665, de 9 de marzo de 2000.

§ 2. Los Defensores Públicos

Art. 365. Habrá por lo menos un defensor público en el territorio jurisdiccional de cada juzgado de letras.

En las comunas de las provincias de Chacabuco y Santiago, con excepción de las comunas de San Joaquín, La Granja, La Pintana, San Ramón, San Miguel, La Cisterna, El Bosque, Pedro Aguirre Cerda y Lo Espejo, habrán dos defensores que se turnarán mensualmente en el ejercicio de sus funciones. Para determinar el turno se atenderá a la fecha de la primera providencia puesta en cada negocio, y se contarán como uno solo los meses de enero y febrero[623].

Art. 366. Debe ser oído el Ministerio de los Defensores Públicos:

1°) En los juicios que se susciten entre un representante legal y su representado;

2°) En los actos de los incapaces o de sus representantes legales, de los curadores de bienes, de los menores habilitados de edad, para los cuales actos exija la ley autorización o aprobación judicial; y

3°) En general, en todo negocio respecto del cual las leyes prescriban expresamente la audiencia o intervención del ministerio de los defensores públicos o de los parientes de los interesados.

Art. 367. Puede el ministerio de los defensores públicos representar en asuntos judiciales a los incapaces, a los ausentes y a las fundaciones de beneficencia u obras pías, que no tengan guardador, procurador o representante legal.

Siempre que el mandatario de un ausente cuyo paradero se ignore, careciere de facultades para contestar nuevas demandas, asumirá la representación del ausente el defensor respectivo, mientras el mandatario nombrado obtiene la habilitación de su propia personería o el nombramiento

---

623 Artículo reemplazado por el art. 4° N° 59 de la Ley N° 18.776, de 18 de enero de 1989.

de un apoderado especial para este efecto, conforme a lo previsto en el artículo 12 del Código de Procedimiento Civil.

Puede, igualmente, ejercitar las acciones que las leyes conceden en favor de las personas u obras pías expresadas en el inciso primero, ya competan contra el representante legal de las mismas, ya contra otros.

En los casos de que trata este artículo el honorario de los defensores públicos se determinará con arreglo a lo prevenido por el artículo 2117 del Código Civil.

Art. 368. Toca al ministerio de los defensores públicos, sin perjuicio de las facultades y derechos que las leyes conceden a los jueces y a otras personas, velar por el recto desempeño de las funciones de los guardadores de incapaces, de los curadores de bienes, de los representantes legales de las fundaciones de beneficencia y de los encargados de la ejecución de obras pías; y puede provocar la acción de la justicia en beneficio de estas personas y de estas obras, siempre que lo estime conveniente al exacto desempeño de dichas funciones.

Art. 369. Pueden los jueces oír al ministerio de los defensores públicos en los negocios que interesen a los incapaces, a los ausentes, a las herencias yacentes, a los derechos de los que están por nacer, a las personas jurídicas o a las obras pías, siempre que lo estimen conveniente.

Art. 370. En los casos en que se hallare accidentalmente impedido para desempeñar sus funciones algún defensor, será reemplazado por el otro si lo hubiere en la comuna o agrupación de comunas, o en caso contrario por un abogado que reúna los requisitos legales para desempeñar el cargo[624].

Si no pudiere tener aplicación lo prevenido en el inciso anterior, será reemplazado por una persona entendida en la tramitación de los juicios y que no tenga incapacidad legal para desempeñar el encargo.

La designación del reemplazante corresponderá al juez de la causa.

---

[624] Inciso modificado por el art. 4° N° 60 de la Ley N° 18.776, de 18 de enero de 1989.

Art. 371. Las disposiciones del artículo anterior se aplican a todos los casos de inhabilidad peculiar de determinados negocios, inclusa la incompatibilidad en los intereses o derechos, cuya defensa está encomendada al ministerio de los defensores públicos.

Pero no se extiende al caso de licencia del defensor ni al de vacante de la plaza por muerte, destitución o renuncia del que la servía.

§ 3. Los Relatores

Art. 372. Son funciones de los relatores:

1°) Dar cuenta diaria de las solicitudes que se presenten en calidad de urgentes, de las que no pudieren ser despachadas por la sola indicación de la suma y de los negocios que la Corte mandare pasar a ellos;

2°) Poner en conocimiento de las partes o sus abogados el nombre de las personas que integran el tribunal, en el caso a que se refiere el artículo 173 del Código de Procedimiento Civil;

3°) Revisar los expedientes físicos o digitales que se les entreguen o asignen y certificar que están en estado de relación. En caso que sea necesario traer a la vista los documentos, cuadernos separados y expedientes no acompañados o realizar trámites procesales previos a la vista de la causa, informará de ello al Presidente de la Corte, el cual dictará las providencias que correspondan[625].

4°) Hacer relación de los procesos;

5°) Anotar el día de la vista de cada causa los nombres de los jueces que hubieren concurrido a ella, si no fuere despachada inmediatamente; y

6°) Cotejar con los procesos los informes en derecho, y anotar bajo su firma la conformidad o disconformidad que notaren entre el mérito de éstos y los hechos expuestos en aquéllos.

---

625 Número modificado por el art. 13 N° 4 de la Ley N° 20.886, de 18 de diciembre de 2015. Previamente había sido agregado por el art. 3° N° 3 de la Ley N° 18.882, de 20 de diciembre de 1989.

Art. 373. Antes de hacer la relación deben los relatores dar cuenta a la Corte de todo vicio u omisión sustancial que notaren en los procesos; de los abusos que pudieren dar mérito a que la Corte ejerza las atribuciones que le confieren los artículos 539 y 540 y de todas aquellas faltas o abusos que las leyes castigan con multas determinadas.

Las causas que se ordene tramitar, las suspendidas y las que por cualquier motivo no hayan de verse, serán anunciadas en la tabla antes de comenzar la relación de las demás. Asimismo, en esa oportunidad deberán señalarse aquellas causas que no se verán durante la audiencia, por falta de tiempo. La audiencia se prorrogará, si fuere necesario, hasta ver la última de las causas que resten en la tabla[626].

Art. 374. Las relaciones deberán hacerlas de manera que la Corte quede enteramente instruída del asunto actualmente sometido a su conocimiento, dando fielmente razón de todos los documentos y circunstancias que puedan contribuir a aquel objeto.

Art. 375. Se prohíbe a los relatores revelar las sentencias y acuerdos del tribunal antes de estar firmados y publicados.

Art. 376. Los relatores precederán a los secretarios en las ceremonias públicas.

Art. 377. Cuando algún relator estuviere implicado, fuere recusado o de cualquier otra manera se imposibilitare para el ejercicio de sus funciones, será reemplazado por alguno de los otros relatores, si los hubiere y, en caso contrario, por un abogado designado por la respectiva Corte.

Si el impedimento durare o hubiere de durar más de quince días, y no fuere peculiar de determinados negocios, pasará la Corte al Presidente de la República la respectiva propuesta a fin de que nombre un suplente.

Igual propuesta se pasará al Presidente de la República para el nombramiento de interino, en el caso de vacancia del empleo.

---

626 Inciso reemplazado por el art. 3º de la Ley Nº 19.317, de 8 de agosto de 1994.

Art. 378. No obstante lo dispuesto en el inciso primero del artículo precedente, puede el secretario de una Corte, en caso de impedimento del relator, dar la cuenta de que trata el número 1° del artículo 372.

§ 4. Los Secretarios

Art. 379. Los secretarios de las Cortes y juzgados, son ministros de fe pública encargados de autorizar, salvo las excepciones legales, todas las providencias, despachos y actos emanados de aquellas autoridades, y de custodiar los procesos y todos los documentos y papeles que sean presentados a la Corte o juzgado en que cada uno de ellos debe prestar sus servicios.

En los juzgados de letras de competencia común con dos jueces, las autorizaciones y custodia de procesos y documentos o papeles señaladas en el inciso precedente, corresponderán al jefe de la unidad administrativa que tenga a su cargo la administración de causas en el respectivo juzgado.

Las certificaciones y demás funciones encomendadas a los secretarios de juzgados de competencia común, serán realizadas por el administrador del tribunal o por el funcionario del tribunal que éste designe[627].

Art. 380. Son funciones de los secretarios:

1°) Dar cuenta diariamente a la Corte o juzgado en que presten sus servicios de las solicitudes que presentaren las partes;

2°) Dar a conocer las providencias o resoluciones a los interesados que acudieren a la oficina para tomar conocimiento de ellas, registrando en la carpeta electrónica las modificaciones que hicieren, y practicar las notificaciones por el estado diario[628];

3°) Dar conocimiento a cualquiera persona que lo solicitare de los procesos que tengan archivados en sus oficinas, y de todos los actos ema-

---

627 Los incisos segundo y tercero fueron agregados por el art. 4° N° 17 de la Ley N° 20.252, de 15 de febrero de 2008.

628 Número sustituido por el art. 13 N° 5 de la Ley N° 20.886, de 18 de diciembre de 2015.

nados de la Corte o juzgado, salvo los casos en que el procedimiento deba ser secreto en virtud de una disposición expresa de la ley;

4°) Guardar con el conveniente arreglo los procesos y demás papeles de su oficina, sujetándose a los órdenes e instrucciones que la Corte o juzgado respectivo les diere sobre el particular.

Dentro de los seis meses de estar practicada la visita de que trata el artículo 564, enviarán los procesos iniciados en su oficina y que estuvieren en estado, al archivo correspondiente[629];

5°) Autorizar los poderes judiciales que puedan otorgarse ante ellos; y

6°) Las demás que les impongan las leyes.

Art. 381. Los secretarios de los juzgados de letras harán al juez la relación de los incidentes y el despacho diario de mero trámite, el que será revisado y firmado por el juez.

Art. 382. Derogado[630].

Art. 383. En las Cortes de Apelaciones que consten de una sala, los secretarios estarán obligados a hacer la relación de la tabla ordinaria durante los días de la semana que acuerde el tribunal.

Art. 384. Los secretarios estarán a cargo de la confección de los siguientes registros:

1° Un registro electrónico de las sentencias definitivas que se dicten en los asuntos civiles, contenciosos o no contenciosos, con la debida firma electrónica avanzada del juez o jueces involucrados.

También se incluirán en dicho registro electrónico las sentencias interlocutorias que pongan término al juicio o hagan imposible su continuación.

En los tribunales colegiados se formará el mismo registro electrónico señalado en los incisos precedentes.

---

629 Párrafo reemplazado por el art. 4° N° 62 de la Ley N° 18.776, de 18 de enero de 1989.

630 Artículo derogado por el art. 1° N° 29 de la Ley N° 19.708, de 5 de enero de 2001.

2º El registro electrónico de los depósitos a que se refiere el artículo 517.

3º Un registro electrónico de las resoluciones relativas al régimen económico y disciplinario del juzgado, con la debida firma electrónica avanzada del juez o jueces involucrados.

4º Los demás que ordenen las leyes o el tribunal, los que deberán ser conformados electrónicamente[631].

Art. 385. Derogado[632].

Art. 386. Los secretarios de los tribunales colegiados deberán llevar, también, los siguientes registros electrónicos[633]:

1º) El de acuerdos que el tribunal celebre en asuntos administrativos;

2º) El de juramentos en el cual deben insertarse las diligencias de los juramentos que tome el presidente, con arreglo a este Código;

3º) El de integraciones y de asistencia al tribunal en el que anotarán diariamente los nombres de los miembros que no hayan asistido, con expresión de la causa de esta inasistencia, y de los funcionarios o abogados que hayan sido llamados a integrar; y

4º) Eliminado[634].

Art. 387. Derogado[635].

Art. 388. Cuando algún secretario se enfermare, o falleciere, o estuviere implicado, o fuere recusado, o faltare por cualquiera otra causa, será subrogado en la forma siguiente:

---

631 Artículo sustituido por el art. 13 Nº 6 de la Ley Nº 20.886, de 18 de diciembre de 2015.

632 Artículo derogado por el art. 2º letra y) de la Ley Nº 16.437, de 23 de febrero de 1966.

633 Encabezado modificado por el art. 13 Nº 7 letra a) de la Ley Nº 20.886, de 18 de diciembre de 2015.

634 Número modificado por el art. 13 Nº 7 letra b) de la Ley Nº 20.886, de 18 de diciembre de 2015.

635 Artículo derogado por el art. 4º Nº 63 de la Ley Nº 18.776, de 18 de enero de 1989.

El secretario de la Corte Suprema por el prosecretario y el de una Corte de Apelaciones, por el otro, si lo hubiere[636].

El de un juzgado de letras, por el oficial primero de la secretaría[637].

Cuando no puedan observarse las reglas dadas en los dos incisos anteriores, la subrogación se hará por el oficial primero de la Corte o por el ministro de fe que respectivamente designen los presidentes de las referidas Cortes o el juez en su caso.

Art. 389. Las funciones que se encomiendan a los secretarios en el Título VI del Libro I del Código de Procedimiento Civil podrán ser desempeñadas, bajo la responsabilidad de éstos, por el oficial primero de sus secretarías.

§ 4 bis. Los administradores de tribunales con competencia en lo criminal[638]

Art. 389 A. Los administradores de tribunales con competencia en lo criminal son funcionarios auxiliares de la administración de justicia encargados de organizar y controlar la gestión administrativa de los tribunales de juicio oral en lo penal y de los juzgados de garantía[639].

Art. 389 B. Corresponde a los administradores de estos tribunales:

a) Dirigir las labores administrativas propias del funcionamiento del tribunal o juzgado, bajo la supervisión del juez presidente del comité de jueces;

---

636 Inciso modificado por el art. 13 letra f) del D.L. Nº 3.058, de 29 de diciembre de 1979.

637 Inciso modificado por el art. 12 de la Ley Nº 18.176, de 25 de octubre de 1982. Previamente había sido modificado por el art. 9º del D.L. Nº 2.416, de 10 de enero de 1979.

638 Este párrafo fue agregado por el art. 11 de la Ley Nº 19.665, de 9 de marzo de 2000.

639 Artículo modificado por el art. 2º Nº 1 de la Ley Nº 19.708, de 5 de enero de 2001. Previamente había sido agregado por el art. 11 de la Ley Nº 19.665, de 9 de marzo de 2000.

b) Proponer al comité de jueces la designación del subadministrador, de los jefes de unidades y de los empleados del tribunal;

c) Proponer al juez presidente la distribución del personal;

d) Evaluar al personal a su cargo;

e) Distribuir las causas a los jueces o a las salas del respectivo tribunal, conforme con el procedimiento objetivo y general aprobado;

f) Remover al subadministrador, a los jefes de unidades y al personal de empleados, de conformidad al artículo 389 F;

g) Llevar la contabilidad y administrar la cuenta corriente del tribunal, de acuerdo a las instrucciones del juez presidente;

h) Dar cuenta al juez presidente acerca de la gestión administrativa del tribunal o juzgado;

i) Elaborar el presupuesto anual, que deberá ser presentado al juez presidente a más tardar en el mes de mayo del año anterior al ejercicio correspondiente.

El presupuesto deberá contener una propuesta detallada de la inversión de los recursos que requerirá el tribunal en el ejercicio siguiente;

j) Adquirir y abastecer de materiales de trabajo al tribunal, en conformidad con el plan presupuestario aprobado para el año respectivo, y

k) Ejercer las demás tareas que le sean asignadas por el comité de jueces o el juez presidente o que determinen las leyes.

Para el cumplimiento de sus funciones, el administrador del tribunal se atendrá a las políticas generales de selección de personal, de evaluación, de administración de recursos materiales y de personal, de diseño y análisis de la información estadística y demás que dicte el Consejo de la Corporación Administrativa del Poder Judicial, en el ejercicio de sus atribuciones propias[640].

Art. 389 C. Para ser administrador de un tribunal con competencia en lo criminal se requiere poseer un título profesional relacionado con las áreas de administración y gestión, otorgado por una universidad o por un instituto profesional, de una carrera de ocho semestres de duración a lo

---

640 Artículo agregado por el art. 11 de la Ley Nº 19.665, de 9 de marzo de 2000.

menos. Excepcionalmente, en los juzgados de garantía de asiento de comuna o agrupación de comunas, la Corte de Apelaciones respectiva podrá autorizar el nombramiento de un administrador con un título técnico de nivel superior o título profesional de las mismas áreas, de una carrera con una duración menor a la señalada[641].

Art. 389 D. Los administradores de tribunales con competencia en lo criminal serán designados de una terna que elabore el juez presidente, a través de concurso público de oposición y antecedentes, que será resuelto por el comité de jueces del respectivo tribunal[642].

Art. 389 E. Las disposiciones contenidas en el Título XII de este Código serán aplicables a los administradores de los tribunales con competencia en lo criminal en cuanto no se opongan a la naturaleza de sus funciones[643].

Art. 389 F. Sin perjuicio de lo dispuesto en el artículo 278 bis, el administrador podrá remover al subadministrador, a los jefes de unidades y al personal cuando hayan sido calificados en Lista Condicional en el proceso de calificación respectivo.

Asimismo, el administrador podrá removerlos en cualquier tiempo, cuando hubieren incurrido en faltas graves al servicio.

En este último caso, el administrador solicitará al presidente del comité de jueces que designe un funcionario como investigador y, si los hechos lo aconsejaren, podrá suspender de sus funciones al inculpado. El procedimiento será fundamentalmente oral y de lo actuado se levantará un acta general que firmarán los que hubieren declarado, sin perjuicio de agregar los documentos probatorios que correspondan, no pudiendo exceder la investigación el plazo de cinco días. Tan pronto se cerrare la investigación, se formularán cargos, si procediere, debiendo el inculpado

---

641 Artículo agregado por el art. 11 de la Ley Nº 19.665, de 9 de marzo de 2000.
642 Artículo agregado por el art. 11 de la Ley Nº 19.665, de 9 de marzo de 2000.
643 Artículo agregado por el art. 11 de la Ley Nº 19.665, de 9 de marzo de 2000.

responderlos dentro de dos días, a contar de la fecha de notificación de éstos. Si el inculpado ofreciere rendir prueba, el investigador señalará un plazo al afecto, el que no podrá exceder de tres días.

Vencido el plazo para los descargos o, en su caso, el término probatorio, el investigador, dentro de los dos días siguientes, emitirá un informe que contendrá la relación de los hechos, los fundamentos y conclusiones a que hubiere llegado y formulará al administrador la proposición que estimare procedente. Conocido el informe, el administrador dictará dentro de los dos días siguientes la resolución que correspondiere, la cual será notificada al inculpado.

El inculpado podrá apelar de la resolución dentro de los dos días siguientes para ante el comité de jueces, el cual resolverá el recurso de apelación dentro de dos días.

Los plazos de días contemplados en este artículo serán de días hábiles.

El mismo procedimiento se aplicará si el subadministrador, jefe de unidad o empleado hubiere incurrido en faltas al servicio que no sean graves, las que serán sancionadas con alguna de las medidas que establece el inciso tercero del artículo 532.

La remoción del administrador del tribunal podrá ser solicitada por el juez presidente y será resuelta por el comité, con apelación ante el Presidente de la Corte de Apelaciones respectiva, recurso que se someterá a los mismos plazos del inciso cuarto[644].

Art. 389 G. Corresponderá al jefe de la unidad administrativa que tenga a su cargo la administración de causas del respectivo juzgado o tribunal autorizar el mandato judicial y efectuar las certificaciones que la ley señale expresamente[645].

---

644 Artículo agregado por el art. 11 de la Ley N° 19.665, de 9 de marzo de 2000.

645 Artículo sustituido por el art. 3° N° 4 letra c) de la Ley N° 19.762, de 13 de octubre de 2001. Previamente había sido agregado por el art. 11 de la Ley N° 19.665, de 9 de marzo de 2000.

§ 5. Los Receptores

Art. 390. Los receptores son ministros de fe pública encargados de hacer saber a las partes, fuera de las oficinas de los secretarios, los decretos y resoluciones de los Tribunales de Justicia, y de evacuar todas aquellas diligencias que los mismos tribunales les cometieren.

Deben recibir, además, las informaciones sumarias de testigos en actos de jurisdicción voluntaria o en juicios civiles y actuar en estos últimos como ministros de fe en la recepción de la prueba testimonial y en la diligencia de absolución de posiciones.

Art. 391. Los receptores estarán al servicio de la Corte Suprema, de las Cortes de Apelaciones y de los juzgados de letras del territorio jurisdiccional al que estén adscritos.

Los receptores ejercerán sus funciones en todo el territorio jurisdiccional del respectivo tribunal. Sin embargo, también podrán practicar las actuaciones ordenadas por éste, en otra comuna comprendida dentro del territorio jurisdiccional de la misma Corte de Apelaciones. Con todo, los receptores adscritos al territorio jurisdiccional de la Corte de Apelaciones de Santiago podrán ejercer sus funciones en el territorio jurisdiccional de la Corte de Apelaciones de San Miguel y viceversa. Las notificaciones judiciales que se practicaren en estas jurisdicciones no requerirán que el tribunal de origen exhorte al tribunal en cuyo territorio se haya de practicar la diligencia[646].

Art. 392. Para cada comuna o agrupación de comunas que constituya el territorio jurisdiccional de juzgados de letras, habrá el número de receptores que determine el Presidente de la República, previo informe favorable de la respectiva Corte de Apelaciones.

---

[646] Inciso modificado por el art. 6° N° 11 de la Ley N° 21.394, de 30 de noviembre de 2021. Previamente este artículo había sido reemplazado por el art. 4° N° 64 de la Ley N° 18.776, de 18 de enero de 1989.

Sin perjuicio de lo anterior, podrá el tribunal de la causa designar receptor a un empleado de la secretaría del mismo tribunal para el solo efecto de que practique una diligencia determinada que no pueda realizarse por ausencia, inhabilidad u otro motivo calificado, por los receptores judiciales a que se refiere el inciso anterior. Esta designación deberá hacerse mediante resolución fundada, registrada electrónicamente conforme a lo dispuesto en el número 3° del artículo 384, dejándose constancia en el respectivo expediente[647].

La persona designada prestará el juramento exigido por el artículo 471 ante el mismo tribunal; practicará la diligencia encomendada ciñéndose a las obligaciones impuestas por el artículo 393, y quedará facultada para cobrar los derechos que correspondan de acuerdo con el arancel de receptores judiciales.

La designación mencionada se transcribirá, en cada caso, al respectivo ministro visitador del tribunal.

Las disposiciones de los dos incisos anteriores no tendrán aplicación en los juzgados de letras dependientes de la Corte de Apelaciones de Santiago[648].

Art. 393. Los receptores deberán cumplir con prontitud y fidelidad las diligencias que se les encomienden, ciñéndose en todo a la legislación vigente, y dejar testimonio íntegro de ellas en la carpeta electrónica respectiva[649].

Toda falsedad en un testimonio castigada por la ley llevará consigo la pena accesoria de inhabilitación especial perpetua para desempeñar funciones en la Administración de Justicia, sin perjuicio de las otras penas accesorias que procedan en conformidad con la ley.

---

647 Inciso modificado por el art. 13 N° 8 de la Ley N° 20.886, de 18 de diciembre de 2015.

648 Antes de la modificación señalada en la nota precedente, este artículo fue sustituido por el art. 1° N° 38 de la Ley N° 18.969, de 10 de marzo de 1990.

649 Inciso modificado por el art. 13 N° 9 letra a) de la Ley N° 20.886, de 18 de diciembre de 2015.

Los receptores sólo podrán acceder a las causas a través del sistema de tramitación electrónica del Poder Judicial para la realización de las diligencias que deban efectuar, debiendo dejar en la carpeta electrónica constancia de todo lo obrado. Todo incumplimiento a las normas de este inciso constituirá falta grave a las funciones y será sancionado por el tribunal, previa audiencia del afectado, con alguna de las medidas contempladas en los números 2, 3 y 4 del artículo 532. En caso de reincidencia, el juez deberá aplicar la medida de suspensión de funciones por un mes[650].

Los receptores sólo podrán hacer uso del auxilio de la fuerza pública que decrete un tribunal para la realización de la determinada diligencia respecto de la cual fue autorizado. El uso no autorizado o el anuncio o la amenaza de uso del auxilio de la fuerza pública sin estar decretado, será sancionado en la forma prevista en el Nº 4 del artículo 532 de este Código[651].

Los receptores no podrán cobrar derechos superiores a los que establezca el arancel respectivo, deberán anotar el monto de lo cobrado al margen de cada testimonio y emitirán, con la debida especificación, la consiguiente boleta de honorarios. Las diligencias que realicen de conformidad a lo establecido en el artículo 595 serán gratuitas. El cobro indebido de derechos o de monto superior al fijado en el arancel será castigado con el máximo de la pena que establece el inciso primero del artículo 241 del Código Penal y con la suspensión del cargo por dos meses.

El Presidente de la República, previo informe de la Corte Suprema, fijará anualmente los aranceles de los receptores judiciales, de conformidad a la ley[652].

---

650 Inciso modificado por el art. 13 Nº 9 letra b) de la Ley Nº 20.886, de 18 de diciembre de 2015.

651 Inciso intercalado por el art. 2º de la Ley Nº 19.411, de 20 de septiembre de 1995.

652 Antes de las modificaciones señaladas en las notas precedentes, este artículo fue sustituido por el art. 2º Nº 2 de la Ley Nº 18.804, de 10 de junio de 1989.

§ 6. De los Procuradores y especialmente de los Procuradores del Número

Art. 394. Los procuradores del número, son oficiales de la administración de justicia encargados de representar en juicio a las partes.

Habrá para cada comuna o agrupación de comunas los Procuradores del Número que el Presidente de la República determine, previo informe de la Corte de Apelaciones respectiva[653].

Art. 395. El acto por el cual una parte encomienda a un procurador la representación de sus derechos en juicio, es un mandato que se regirá por las reglas establecidas en el Código Civil para los contratos de esta clase, salvas las modificaciones contenidas en los artículos siguientes.

Art. 396. No termina por la muerte del mandante el mandato para negocios judiciales.

Art. 397. Además de la recta ejecución del mandato, son obligaciones de los procuradores del número:

1°) Dar los avisos convenientes sobre el estado de los asuntos que tuvieren a su cargo, o sobre las providencias y resoluciones que en ellos se libraren, a los abogados a quienes estuviere encomendada la defensa de los mismos asuntos; y

2°) Servir gratuitamente a los pobres con arreglo a lo dispuesto por el artículo 595.

Art. 398. Ante la Corte Suprema sólo se podrá comparecer por abogado habilitado o por procurador del número y ante las Cortes de Apelaciones las partes podrán comparecer personalmente o representadas por abogado o por procurador del número.

---

[653] Inciso modificado por el art. 4° N° 66 de la Ley N° 18.776, de 18 de enero de 1989. Previamente había sido agregado por el art. 3° N° 42 de la Ley N° 11.183, de 10 de junio de 1953.

El litigante rebelde sólo podrá comparecer ante estos últimos tribunales representado por abogado habilitado o por procurador del número[654].

§ 7. Los Notarios

1) Su Organización

Art. 399. Los notarios son ministros de fe pública encargados de autorizar y guardar en su archivo los instrumentos que ante ellos se otorgaren, de dar a las partes interesadas los testimonios que pidieren, y de practicar las demás diligencias que la ley les encomiende[655].

Art. 400. En cada comuna o agrupación de comunas que constituya territorio jurisdiccional de jueces de letras, habrá a lo menos un notario.

En aquellos territorios jurisdiccionales formados por una agrupación de comunas, el Presidente de la República, previo informe favorable de la Corte de Apelaciones respectiva, podrá crear nuevas notarías disponiendo que los titulares establezcan sus oficios dentro del territorio de una comuna determinada. Estos notarios podrán ejercer sus funciones dentro de todo el territorio del juzgado de letras en lo civil que corresponda[656].

En aquellas comunas en que exista más de una notaría, el Presidente de la República asignará a cada una de ellas una numeración correlativa, independientemente del nombre de quienes las sirvan.

Ningún notario podrá ejercer sus funciones fuera de su respectivo territorio[657].

Art. 401. Son funciones de los notarios:

---

654 Artículo sustituido por el art. 2° N° 40 de la Ley N° 17.590, de 31 de diciembre de 1971.

655 Artículo sustituido por el art. 1° letra a) de la Ley N° 18.181, de 26 de noviembre de 1982.

656 Inciso modificado por el art. 1° N° 39 de la Ley N° 18.969, de 10 de marzo de 1990.

657 Antes de la modificación indicada en la nota precedente, este artículo fue reemplazado por el art. 4° N° 67 de la Ley N° 18.776, de 18 de enero de 1989.

1.- Extender los instrumentos públicos con arreglo a las instrucciones que, de palabra o por escrito, les dieren las partes otorgantes;

2.- Levantar inventarios solemnes;

3.- Efectuar protestos de letras de cambio y demás documentos mercantiles;

4.- Notificar los traspasos de acciones y constituciones y notificaciones de prenda que se les solicitaren.

5.- Asistir a las juntas generales de accionistas de sociedades anónimas, para los efectos que la ley o reglamento de ellas lo exigieren;

6.- En general, dar fe de los hechos para que fueren requeridos y que no estuvieren encomendados a otros funcionarios;

7.- Guardar y conservar en riguroso orden cronológico los instrumentos que ante ellos se otorguen, en forma de precaver todo estravío y hacer fácil y expedito su examen;

8.- Otorgar certificados o testimonios de los actos celebrados ante ellos o protocolizados en sus registros;

9.- Facilitar, a cualquiera persona que lo solicite, el examen de los instrumentos públicos que ante ellos se otorguen y documentos que protocolicen;

10.- Autorizar las firmas que se estampen en documentos privados, sea en su presencia o cuya autenticidad conste;

11.- Las demás que les encomienden las leyes[658].

Art. 402. Cuando un notario se ausentare o inhabilitare para el ejercicio de sus funciones, el juez de letras respectivo de turno, designará al abogado que haya de reemplazarle, mientras dure el impedimento o estuviere sin proveerse el cargo.

En los lugares de asiento de Corte de Apelaciones la designación de reemplazante corresponderá al Presidente de ella.

---

658 Artículo sustituido por el art. 1° letra a) de la Ley N° 18.181, de 26 de noviembre de 1982.

En ambos casos y siempre que no se trate de la aplicación de medidas disciplinarias que provoquen la inhabilidad del notario, éste podrá proponer al juez, el abogado que deba reemplazarlo bajo su responsabilidad.

Durante el tiempo que durare la ausencia o inhabilidad del notario, el reemplazante designado podrá autorizar las escrituras públicas y dar término a aquellas actuaciones iniciadas por el titular que hayan quedado pendientes, debiendo dejar constancia de tal circunstancia en el respectivo instrumento. Del mismo modo podrá proceder el titular respecto de las escrituras públicas y actuaciones iniciadas por el reemplazante[659-660].

2) De las escrituras públicas

Art. 403. Escritura pública es el instrumento público o auténtico otorgado con las solemnidades que fija esta ley, por el competente notario, e incorporado en su protocolo o registro público[661].

Art. 404. Las escrituras públicas deben escribirse en idioma castellano y estilo claro y preciso y en ellas no podrán emplearse abreviaturas, cifras ni otros signos que los caracteres de uso corriente, ni contener espacios en blanco.

Podrán emplearse también palabras de otro idioma que sean generalmente usadas o como término de una determinada ciencia o arte.

El notario deberá inutilizar, con su firma y sello, el reverso no escrito de las hojas en que se contenga una escritura pública o de sus copias[662].

Art. 405. Las escrituras públicas deberán otorgarse ante notario y podrán ser extendidas mecanografiadas, o a través de documento electrónico

---

[659] Inciso agregado por el art. 1° N° 40 de la Ley N° 18.969, de 10 de marzo de 1990.

[660] Antes de la modificación indicada en la nota precedente, este artículo fue sustituido por el art. 1° letra a) de la Ley N° 18.181, de 26 de noviembre de 1982.

[661] Artículo sustituido por el art. 1° letra a) de la Ley N° 18.181, de 26 de noviembre de 1982.

[662] Artículo sustituido por el art. 1° letra a) de la Ley N° 18.181, de 26 de noviembre de 1982.

para el otorgamiento de las escrituras a que hace referencia el artículo 497 del Código de Procedimiento Civil, o en otra forma que leyes especiales autoricen. Deberán indicar el lugar y fecha de su otorgamiento; la individualización del notario autorizante y el nombre de los comparecientes, con expresión de su nacionalidad, estado civil, profesión, domicilio y cédula de identidad, salvo en el caso de extranjeros y chilenos radicados en el extranjero, quienes podrán acreditar su identidad con el pasaporte o con el documento de identificación con que se les permitió su ingreso al país[663].

Además, el notario al autorizar la escritura indicará el número de anotación que tenga en el repertorio, la que se hará el día en que sea firmada por el primero de los otorgantes.

El reglamento fijará la forma y demás características que deben tener los originales de escritura pública y sus copias[664].

Art. 406. Las escrituras serán rubricadas y selladas en todas sus fojas por el notario.

Carecerá de valor el retiro unilateral de la firma estampada en el instrumento, si éste ya lo hubiere suscrito otro de los otorgantes[665].

Art. 407. Cualquiera de las partes podrá exigir al notario que antes de firmarla, lea la escritura en alta voz, pero si los otorgantes están de acuerdo en omitir esta formalidad, leyéndola ellos mismos, podrá procederse así[666].

Art. 408. Si alguno de los comparecientes o todos ellos no supieren o no pudieren firmar, lo hará a su ruego uno de los otorgantes que no tenga

---

663 Inciso modificado por el art. 6° N° 12 letras a) y b) de la Ley N° 21.394, de 30 de noviembre de 2021.

664 Artículo sustituido por el art. 1° letra a) de la Ley N° 18.181, de 26 de noviembre de 1982.

665 Artículo sustituido por el art. 1° letra a) de la Ley N° 18.181, de 26 de noviembre de 1982.

666 Artículo sustituido por el art. 1° letra a) de la Ley N° 18.181, de 26 de noviembre de 1982.

interés contrario, según el texto de la escritura, o una tercera persona, debiendo los que no firmen poner junto a la del que la hubiere firmado a su ruego, la impresión del pulgar de la mano derecha o, en su defecto, el de la izquierda. El notario dejará constancia de este hecho o de la imposibilidad absoluta de efectuarlo.

Se considera que una persona firma una escritura o documento no sólo cuando lo hace por sí misma, sino también en los casos en que supla esta falta en la forma establecida en el inciso anterior[667].

Art. 409. Siempre que alguno de los otorgantes o el notario lo exijan, los firmantes dejarán su impresión digital en la forma indicada en el artículo anterior[668].

Art. 409 bis. El notario extenderá escrituras públicas a través de documento electrónico en el caso dispuesto en el artículo 497 del Código de Procedimiento Civil, empleando medios tecnológicos que permitan su suscripción por parte de los otorgantes mediante firma electrónica avanzada, siempre que los sistemas electrónicos garanticen debidamente su identidad, así como la autenticidad de los datos asociados a la firma electrónica, tales como fecha y hora de suscripción. Asimismo, el notario deberá rubricarla mediante firma electrónica avanzada.

El notario deberá verificar el cumplimiento de los requisitos establecidos en el artículo 405, entendiéndose que el lugar de otorgamiento es aquel en que se encuentra el notario.

Suscrita una escritura pública electrónica por todos sus otorgantes, y autorizada conforme a la ley, el notario autorizante deberá proceder a insertarla en los registros pertinentes.

Un reglamento dictado por el Ministerio de Justicia y Derechos Humanos y suscrito también por el Ministro de Hacienda y el Ministro Secretario

---

667 Artículo sustituido por el art. 1° letra a) de la Ley N° 18.181, de 26 de noviembre de 1982.

668 Artículo sustituido por el art. 1° letra a) de la Ley N° 18.181, de 26 de noviembre de 1982.

General de la Presidencia, detallará la forma y características que deberán tener las escrituras públicas otorgadas a través de documentos electrónicos y las copias autorizadas de dichas escrituras. Este reglamento, a su vez, detallará la forma en que el notario deberá protocolizar y registrar las escrituras públicas electrónicas y documentos electrónicos que se insertaren a ellas[669].

Art. 410. No será obligatorio insertar en la escritura documentos de ninguna especie, a menos que alguno de los otorgantes lo requiera.

Si en virtud de una ley debe insertarse en la escritura determinado documento, se entenderá cumplida esta obligación con su exhibición al notario, quien dejará constancia de este hecho antes o después de la firma de los otorgantes indicando la fecha y número del documento, si los tuviere, y la autoridad que lo expidió; y el documento será agregado al final del protocolo[670-671].

---

669 Artículo agregado por el art. 6° N° 13 de la Ley N° 21.394, de 30 de noviembre de 2021.

670 Artículo sustituido por el art. 1° letra a) de la Ley N° 18.181, de 26 de noviembre de 1982.

671 Conforme a lo dispuesto en el art. 6° N° 13, en relación con el artículo duodécimo transitorio, ambos de la Ley N° 21.394, de 30 de noviembre de 2021, se ha introducido un nuevo art. 409 bis, el que entrará en vigencia al día siguiente de la publicación en el Diario Oficial del reglamento a que alude el artículo decimoctavo transitorio de la misma ley. A contar de ese momento, el texto de este nuevo artículo será el siguiente:
"**Art. 409 bis.** El notario extenderá escrituras públicas a través de documento electrónico en el caso dispuesto en el artículo 497 del Código de Procedimiento Civil, empleando medios tecnológicos que permitan su suscripción por parte de los otorgantes mediante firma electrónica avanzada, siempre que los sistemas electrónicos garanticen debidamente su identidad, así como la autenticidad de los datos asociados a la firma electrónica, tales como fecha y hora de suscripción. Asimismo, el notario deberá rubricarla mediante firma electrónica avanzada.
El notario deberá verificar el cumplimiento de los requisitos establecidos en el artículo 405, entendiéndose que el lugar de otorgamiento es aquel en que se encuentra el notario.

Art. 411. Se tendrán por no escritas las adiciones, apostillas, entre renglonaduras, raspaduras o enmendaduras u otra alteración en las escrituras originales que no aparezcan salvadas al final y antes de las firmas de los que las suscriban.

Corresponderá al notario, salvar las adiciones, apostillas, entre renglonaduras, raspaduras o enmendaduras u otra alteración en las escrituras originales[672].

Art. 412. Serán nulas las escrituras públicas:

1.- Que contengan disposiciones o estipulaciones a favor del notario que las autorice, de su cónyuge, ascendientes, descendientes o hermanos, y

2.- Aquéllas en que los otorgantes no hayan acreditado su identidad en alguna de las formas establecidas en el artículo 405, o en que no aparezcan las firmas de las partes y del notario[673].

Art. 413. Las escrituras de constitución, modificación, resciliación o liquidación de sociedades, de liquidación de sociedades conyugales, de partición de bienes, escrituras constitutivas de personalidad jurídica, de asociaciones de canalistas, cooperativas, contratos de transacciones y contratos de emisión de bonos de sociedades anónimas, sólo podrán ser

---

Suscrita una escritura pública electrónica por todos sus otorgantes, y autorizada conforme a la ley, el notario autorizante deberá proceder a insertarla en los registros pertinentes.

Un reglamento dictado por el Ministerio de Justicia y Derechos Humanos y suscrito también por el Ministro de Hacienda y el Ministro Secretario General de la Presidencia, detallará la forma y características que deberán tener las escrituras públicas otorgadas a través de documentos electrónicos y las copias autorizadas de dichas escrituras. Este reglamento, a su vez, detallará la forma en que el notario deberá protocolizar y registrar las escrituras públicas electrónicas y documentos electrónicos que se insertaren a ellas".

672 Artículo sustituido por el art. 1° letra a) de la Ley N° 18.181, de 26 de noviembre de 1982.

673 Artículo sustituido por el art. 1° letra a) de la Ley N° 18.181, de 26 de noviembre de 1982.

extendidas en los protocolos notariales sobre la base de minutas firmadas por algún abogado.

Asimismo, el notario dejará constancia en las escrituras del nombre del abogado redactor de la minuta. La omisión de esta exigencia no afectará la validez de la escritura.

Las obligaciones establecidas en los incisos anteriores no regirán en los lugares donde no hubiere abogados en un número superior a tres.

El notario autorizará las escrituras una vez que éstas estén completas y hayan sido firmadas por todos los comparecientes[674].

Art. 414. En cuanto al otorgamiento de testamento, se estará a lo establecido al respecto en el Código Civil, debiendo el notario dejar constancia de la hora y lugar en que se otorgue. La identidad del testador deberá ser acreditada en la forma establecida en el artículo 405. No regirá esta exigencia cuando, a juicio del notario, circunstancias calificadas así lo aconsejen[675].

3) De las protocolizaciones

Art. 415. Protocolización es el hecho de agregar un documento al final del registro de un notario, a pedido de quien lo solicita.

Para que la protocolización surta efecto legal deberá dejarse constancia de ella en el libro repertorio el día en que se presente el documento, en la forma establecida en el artículo 430[676].

Art. 416. No pueden protocolizarse, ni su protocolización producirá efecto alguno, los documentos en que se consignen actos o contratos con

---

674 Artículo sustituido por el art. 1° letra a) de la Ley N° 18.181, de 26 de noviembre de 1982.

675 Artículo sustituido por el art. 1° letra a) de la Ley N° 18.181, de 26 de noviembre de 1982.

676 Artículo sustituido por el art. 1° letra a) de la Ley N° 18.181, de 26 de noviembre de 1982.

causa u objeto ilícitos, salvo que lo pidan personas distintas de los otorgantes o beneficiarios de ellos[677].

Art. 417. La protocolización de testamentos cerrados, orales o privilegiados, ordenada por los jueces y la de los otorgados fuera del registro del notario, deberán hacerse agregando su original al protocolo con los antecedentes que lo acompañen.

Para protocolizar los testamentos será suficiente la sola firma del notario en el libro repertorio[678].

Art. 418. El documento protocolizado sólo podrá ser desglosado del protocolo en virtud de decreto judicial[679].

Art. 419. Sin perjuicio de lo dispuesto en el artículo 1703 del Código Civil, la fecha de un instrumento privado se contará respecto de terceros desde su anotación en el repertorio con arreglo al presente Código[680].

Art. 420. Una vez protocolizados, valdrán como instrumentos públicos:

1.- Los testamentos cerrados y abiertos en forma legal;

2.- Los testamentos solemnes abiertos que se otorguen en hojas sueltas, siempre que su protocolización se haya efectuado a más tardar, dentro del primer día siguiente hábil al de su otorgamiento;

3.- Los testamentos menos solemnes o privilegiados que no hayan sido autorizados por notario, previo decreto del juez competente;

4.- Las actas de ofertas de pago; y

---

677 Artículo sustituido por el art. 1° letra a) de la Ley N° 18.181, de 26 de noviembre de 1982.

678 Artículo sustituido por el art. 1° letra a) de la Ley N° 18.181, de 26 de noviembre de 1982.

679 Artículo sustituido por el art. 1° letra a) de la Ley N° 18.181, de 26 de noviembre de 1982.

680 Artículo sustituido por el art. 1° letra a) de la Ley N° 18.181, de 26 de noviembre de 1982.

5.- Los instrumentos otorgados en el extranjero, las transcripciones y las traducciones efectuadas por el intérprete oficial o los peritos nombrados al efecto por el juez competente y debidamente legalizadas, que sirvan para otorgar escrituras en Chile.

Sin perjuicio de lo anterior, los documentos públicos que hayan sido autenticados mediante el sistema de apostilla, según lo dispuesto en el artículo 345 bis del Código de Procedimiento Civil, no requerirán de protocolización para tener el valor de instrumentos públicos. La apostilla no requerirá certificación de ninguna clase para ser considerada auténtica[681-682].

4) De las copias de escrituras públicas y documentos protocolizados y de los documentos privados[683]

Art. 421. Sólo podrán dar copias autorizadas de escrituras públicas o documentos protocolizados el notario autorizante, el que lo subroga o suceda legalmente o el archivero a cuyo cargo esté el protocolo respectivo[684].

Art. 422. Las copias podrán ser manuscritas, dactilografiadas, impresas, fotocopiadas, litografiadas o fotograbadas. En ellas deberá expresarse que son testimonio fiel de su original y llevarán la fecha, la firma y sello del funcionario autorizante. El notario deberá otorgar tantas copias cuantas se soliciten[685].

Art. 423. Los notarios no podrán otorgar copia de una escritura pública mientras no se hayan pagado los impuestos que correspondan.

---

681 Párrafo agregado por el art. 2º de la Ley Nº 20.711, de 2 de enero de 2014.

682 Antes de la modificación indicada en la nota anterior, este artículo había sido sustituido por el art. 1º letra a) de la Ley Nº 18.181, de 26 de noviembre de 1982.

683 Epígrafe sustituido por el art. 1º letra a) de la Ley Nº 18.181, de 26 de noviembre de 1982.

684 Artículo sustituido por el art. 1º letra a) de la Ley Nº 18.181, de 26 de noviembre de 1982.

685 Artículo sustituido por el art. 1º letra a) de la Ley Nº 18.181, de 26 de noviembre de 1982.

Esta misma norma se aplicará a los documentos protocolizados[686].

Art. 424. Derogado[687].

Art. 425. Los notarios podrán autorizar las firmas que se estampen en documentos privados, siempre que den fe del conocimiento o de la identidad de los firmantes y dejen constancia de la fecha en que se firman. Se aplicará también en este caso la regla del artículo 409.

Los testimonios autorizados por el notario, como copias, fotocopias o reproducciones fieles de documentos públicos o privados, tendrán valor en conformidad a las reglas generales[688].

5) De la falta de fuerza legal de las escrituras, copias y testimonios notariales

Art. 426. No se considerará pública o auténtica la escritura:

1.- Que no fuere autorizada por persona que no sea notario, o por notario incompetente, suspendido o inhabilitado en forma legal;

2.- Que no esté incorporada en el protocolo o que éste no pertenezca al notario autorizante o al de quien esté subrogando legalmente.

3.- En que no conste la firma de los comparecientes o no se hubiere salvado este requisito en la forma prescrita en el artículo 408;

4.- Que no esté escrita en idioma castellano;

5.- Que en las firmas de las partes o del notario o en las escrituras manuscritas, no se haya usado tinta fija, o de pasta indeleble, y

6.- Que no se firme dentro de los sesenta días siguientes de su fecha de anotación en el repertorio[689].

---

[686] Artículo sustituido por el art. 1° letra a) de la Ley N° 18.181, de 26 de noviembre de 1982.

[687] Artículo derogado por el art. 1° letra a) de la Ley N° 18.181, de 26 de noviembre de 1982.

[688] Artículo sustituido por el art. 1° letra a) de la Ley N° 18.181, de 26 de noviembre de 1982.

[689] Artículo sustituido por el art. 1° letra a) de la Ley N° 18.181, de 26 de noviembre de 1982.

Art. 427. Los notarios sólo podrán dar copias íntegras de las escrituras o documentos protocolizados, salvo los casos en que la ley ordene otra cosa, o que por decreto judicial se le ordene certificar sobre parte de ellos[690].

Art. 428. Las palabras que en cualquier documento notarial aparezcan interlineadas, enmendadas o sobrepasadas, para tener valor deberán ser salvadas antes de las firmas del documento respectivo, y en caso de que no lo sean, se tendrán por no escritas[691].

6) De los libros que deben llevar los notarios

Art. 429. Todo notario deberá llevar un protocolo, el que se formará insertando las escrituras en el orden numérico que les haya correspondido en el repertorio.

A continuación de las escrituras se agregarán los documentos a que se refiere el artículo 415, también conforme al orden numérico asignado en el repertorio.

Los protocolos deberán empastarse, a lo menos, cada dos meses, no pudiendo formarse cada libro con más de quinientas fojas, incluidos los documentos protocolizados, que se agregarán al final en el mismo orden del repertorio. Cada foja se numerará en su parte superior con letras y números.

En casos calificados, los notarios podrán solicitar de la Corte de Apelaciones respectiva autorización para efectuar los empastes por períodos superiores, siempre que no excedan de un año.

Cada protocolo llevará, además, un índice de las escrituras y documentos protocolizados que contenga, y en su confección se observará lo dispuesto en el inciso tercero del artículo 431. Se iniciará con un certificado del notario en que exprese la fecha en que lo inicie, enunciación del

---

690 Artículo sustituido por el art. 1° letra a) de la Ley N° 18.181, de 26 de noviembre de 1982.

691 Artículo sustituido por el art. 1° letra a) de la Ley N° 18.181, de 26 de noviembre de 1982.

respectivo contrato o escritura y nombre de los otorgantes de la escritura con que principia.

Transcurridos dos meses, desde la fecha de cierre del protocolo, el notario certificará las escrituras que hubieren quedado sin efecto por no haberse suscrito por todos los otorgantes. Este certificado se pondrá al final del protocolo indicando el número de escrituras y documentos que contiene y la enunciación de las que hayan quedado sin efecto[692].

Art. 430. Todo notario llevará un libro repertorio de escrituras públicas y de documentos protocolizados en el que se dará un número a cada uno de estos instrumentos por riguroso orden de presentación.

Cuando se tratare de escrituras, se dejará constancia en este libro de la fecha en que se efectúa la anotación; de las partes que la otorgan, a menos que sean más de dos, pues en este caso se indicarán los nombres de los dos primeros comparecientes, seguidos de la expresión "y otros", del nombre del abogado o abogados si la hubieren redactado y de la denominación del acto o contrato.

Tratándose de documentos protocolizados, se dejará constancia de la fecha en que se presenten, de las indicaciones necesarias para individualizarlos, del número de páginas de que consten y de la identidad de la persona que pida su protocolización.

Sin embargo si la protocolización se indicare en una escritura pública, bastará la anotación ordenada en el inciso segundo.

El libro repertorio se cerrará diariamente, indicándose el número de la última anotación, la fecha y firma del notario. Si no se hubiere efectuado anotaciones, se expresará esta circunstancia.

---

692 Artículo sustituido por el art. 1º letra a) de la Ley Nº 18.181, de 26 de noviembre de 1982.

La falta de las anotaciones señaladas en el inciso segundo, no afectará la validez de una escritura pública otorgada, sin perjuicio de la responsabilidad del notario[693-694].

Art. 430 bis. Las escrituras otorgadas de conformidad a lo dispuesto en el artículo 497 del Código de Procedimiento Civil serán incorporadas a un libro repertorio y a un protocolo electrónico. Los documentos que se acompañen de conformidad al inciso tercero del artículo 495 del mismo cuerpo normativo, también serán agregados a dicho protocolo electrónico. Se aplicará lo dispuesto en los dos artículos anteriores en lo que fuere pertinente[695].

Art. 431. El notario llevará un libro índice público, en el que anotará las escrituras por orden alfabético de los otorgantes; y otro privado en el que anotará, en la misma forma, los testamentos cerrados con indicación del lugar de su otorgamiento y del nombre y domicilio de sus testigos.

El primero estará a disposición del público, debiendo exhibirlo a quien lo solicite y el segundo deberá mantenerlo reservado, no teniendo obligación de exhibirlo, sino por decreto de juez competente o ante una solicitud

---

693 Artículo sustituido por el art. 1° letra a) de la Ley N° 18.181, de 26 de noviembre de 1982.

694 Conforme a lo dispuesto en el art. 6° N° 14, en relación con el artículo duodécimo transitorio, ambos de la Ley N° 21.394, de 30 de noviembre de 2021, se ha introducido un nuevo art. 430 bis, el que entrará en vigencia al día siguiente de la publicación en el Diario Oficial del reglamento a que alude el artículo decimoctavo transitorio de la misma ley. A contar de ese momento, el texto de este nuevo artículo será el siguiente:
"**Art. 430 bis.** Las escrituras otorgadas de conformidad a lo dispuesto en el artículo 497 del Código de Procedimiento Civil serán incorporadas a un libro repertorio y a un protocolo electrónico. Los documentos que se acompañen de conformidad al inciso tercero del artículo 495 del mismo cuerpo normativo, también serán agregados a dicho protocolo electrónico. Se aplicará lo dispuesto en los dos artículos anteriores en lo que fuere pertinente".

695 Artículo agregado por el art. 6° N° 14 de la Ley N° 21.394, de 30 de noviembre de 2021.

de un particular que acompañe el certificado de defunción que corresponda al otorgante del testamento.

Los índices de escrituras deberán ser hechos con el nombre de los otorgantes y si se tratare de personas jurídicas, sucesiones u otra clase de comunidades bastará con anotar el nombre de éstas[696].

Art. 432. El notario es responsable de las faltas, defectos o deterioros de los protocolos, mientras los conserve en su poder[697].

Art. 433. El notario entregará al archivero judicial que corresponda, los protocolos a su cargo, que tengan más de un año desde la fecha de cierre y los índices de escrituras públicas que tengan más de diez años[698].

Art. 434. Los protocolos y documentos protocolizados o agregados a los mismos, deberán guardarse en cajas de seguridad o bóvedas contra incendio[699].

Art. 435. Los protocolos y cualquier documento que se hubiere entregado al notario bajo custodia en razón de su oficio, sólo podrán sacarse de sus oficinas por decreto judicial o en casos de fuerza mayor.

Si se tratare de decreto judicial, el notario personalmente deberá ejecutarlo[700].

---

696 Artículo sustituido por el art. 1° letra a) de la Ley N° 18.181, de 26 de noviembre de 1982.

697 Artículo sustituido por el art. 1° letra a) de la Ley N° 18.181, de 26 de noviembre de 1982.

698 Artículo modificado por el art. 4° N° 68 de la Ley N° 18.776, de 18 de enero de 1989. Previamente había sido sustituido por el art. 1° letra a) de la Ley N° 18.181, de 26 de noviembre de 1982.

699 Artículo sustituido por el art. 1° letra a) de la Ley N° 18.181, de 26 de noviembre de 1982.

700 Artículo sustituido por el art. 1° letra a) de la Ley N° 18.181, de 26 de noviembre de 1982.

Art. 436. En los casos de pérdida, robo o inutilización de los protocolos o documentos pertenecientes a la notaría, el notario dará cuenta inmediatamente al ministerio público para que inicie la correspondiente investigación[701].

Art. 437. Los protocolos o documentos perdidos o inutilizados deberán reponerse por orden del visitador de la notaría, con citación de los interesados[702].

Art. 438. La reposición, en cuanto sea posible, se efectuará con las copias autorizadas expedidas por el notario, declaraciones de testigos y demás pruebas que el tribunal estime convenientes.

Las personas que tengan copias autorizadas de las originales estarán obligadas a presentarlas al tribunal, y en caso de negarse a ello, se aplicará el procedimiento de apremio establecido en el artículo 276 del Código de Procedimiento Civil[703].

Art. 439. El hecho de haberse otorgado un testamento abierto o cerrado ante notario u otros funcionarios públicos que hagan sus veces, deberá figurar, sin perjuicio de su inserción en los índices a que se refiere el artículo 431, en un Registro Nacional de Testamentos, que estará a cargo y bajo la responsabilidad del Servicio de Registro Civil e Identificación. Igualmente, deberán figurar en este Registro todos los testamentos protocolizados ante notario.

Los notarios y los referidos funcionarios deberán remitir al Servicio de Registro Civil e Identificación, dentro de los diez primeros días de cada mes, por carta certificada, las nóminas de los testamentos que se hubieren

---

701 Artículo modificado por el art. 11 de la Ley N° 19.665 de 9 de marzo de 2000. Previamente había sido sustituido por el art. 1° letra a) de la Ley N° 18.181, de 26 de noviembre de 1982.

702 Artículo sustituido por el art. 1° letra a) de la Ley N° 18.181, de 26 de noviembre de 1982.

703 Artículo sustituido por el art. 1° letra a) de la Ley N° 18.181, de 26 de noviembre de 1982.

otorgado o protocolizado en sus oficios, durante el mes anterior, indicando su fecha, el nombre y rol único nacional del testador y la clase de testamento de que se trata[704].

7) De las infracciones y sanciones[705]

Art. 440. El notario que faltare a sus obligaciones podrá ser sancionado disciplinariamente con amonestación, censura o suspensión, según sea la gravedad del hecho.

Sin embargo, podrá aplicarse la sanción de exoneración del cargo al notario que fuere reincidente en el período de dos años en los hechos siguientes:

a) Si se insertare en el protocolo escrituras o instrumentos sin haberse dado fiel cumplimiento a las exigencias de los artículos 405 y 430;

b) Si por su culpa o negligencia deja de tener la calidad de pública o auténtica una escritura en virtud de cualquiera de las circunstancias previstas en el artículo 426;

c) Si no cumpliere con lo dispuesto en el artículo 421 o no cumpliere la obligación de salvar las palabras interlineadas, enmendadas o sobrepasadas establecidas en el artículo 411;

d) Si se perdiere un protocolo del notario por culpa o negligencia de éste, y

e) Si faltare a las obligaciones señaladas en los Nº s. 7 y 8 del artículo 401 y en el 423[706].

---

704 Artículo reemplazado por el art. 17 de la Ley Nº 19.903, de 10 de octubre de 2003.

705 Epígrafe sustituido por el art. 1º letra a) de la Ley Nº 18.181, de 26 de noviembre de 1982.

706 Artículo sustituido por el art. 1º letra a) de la Ley Nº 18.181, de 26 de noviembre de 1982.

Art. 441. Si en alguno de los hechos descritos en las letras a), b), c) y e) del artículo 440 mediare malicia del notario, éste será castigado con la pena que señala el artículo 193 del Código Penal[707].

Art. 442. El notario que ejerciere funciones de tal fuera del territorio para el que hubiere sido nombrado, sufrirá la pena de reclusión menor en cualquiera de sus grados[708].

Art. 443. El notario que incurriere en falsedad autentificando una firma en conformidad con el artículo 425, que no corresponda a la persona que haya suscrito el instrumento respectivo, incurrirá en las penas del artículo 193 del Código Penal.

Cuando por negligencia o ignorancia inexcusables autentificare una firma que no corresponda a la persona que aparece suscribiéndola, sufrirá la pena de presidio menor en su grado mínimo o multa de cinco a diez ingresos mínimos mensuales[709].

Art. 444. Derogado[710].

Art. 445. Toda sanción penal impuesta a un notario en virtud de este párrafo, lleva consigo la inhabilitación especial perpetua para el ejercicio del cargo, sin perjuicio de las otras penas accesorias que procedan en conformidad al Código Penal[711].

---

707 Artículo sustituido por el art. 1° letra a) de la Ley N° 18.181, de 26 de noviembre de 1982.

708 Artículo sustituido por el art. 1° letra a) de la Ley N° 18.181, de 26 de noviembre de 1982.

709 Artículo sustituido por el art. 1° N° 41 de la Ley N° 18.969, de 10 de marzo de 1990.

710 Artículo derogado por el art. 1° letra a) de la Ley N° 18.181, de 26 de noviembre de 1982.

711 Artículo sustituido por el art. 1° letra a) de la Ley N° 18.181, de 26 de noviembre de 1982.

§ 8. Los Conservadores

Art. 446. Son conservadores los ministro de fe encargados de los registros conservatorios de bienes raíces, de comercio, de minas, de accionistas de sociedades propiamente mineras, de asociaciones de canalistas, de prenda agraria, de prenda industrial, de especial de prenda y demás que les encomienden las leyes.

Art. 447. Habrá un conservador en cada comuna o agrupación de comunas que constituya el territorio jurisdiccional de juzgado de letras.

En Valparaíso habrá un conservador para las comunas de Valparaíso y Juan Fernández y un conservador para la comuna de Viña del Mar.

En aquellos territorios jurisdiccionales en que sólo hubiere un notario, el Presidente de la República podrá disponer que éste también ejerza el cargo de conservador de los registros indicados en el artículo precedente. En tal caso, se entenderá el cargo de notario conservador como un solo oficio judicial para todos los efectos legales[712].

Art. 448. En las comunas o agrupaciones de comunas en que hubiere dos o más notarios, uno de ellos llevará el registro de comercio y otro el registro de bienes raíces[713].

Al Presidente de la República toca en el caso del inciso anterior hacer entre los notarios la distribución de estos registros.

Le corresponde igualmente designar de entre los notarios que existan en la comuna o agrupaciones de comunas, el que deberá tener a su cargo el registro de minas y el de accionistas de las sociedades propiamente mineras[714].

---

712 Artículo reemplazado por el art. 4° N° 69 de la Ley N° 18.776, de 18 de enero de 1989.

713 Inciso modificado por el art. 4° N° 70 letra a) de la Ley N° 18.776, de 18 de enero de 1989.

714 Inciso modificado por el art. 4° N° 70 letra b) de la Ley N° 18.776, de 18 de enero de 1989.

La distribución que el Presidente de la República hiciere regirá también respecto de los sucesores en el oficio de los dichos notarios.

El notario que deba llevar el registro de bienes raíces llevará, además, los registros de asociaciones de canalistas, de prenda agraria, de prenda industrial y especial de prenda.

Art. 449. Habrá un registro conservatorio con asiento en la comuna de Santiago para el servicio del territorio jurisdiccional de la Corte de Apelaciones de Santiago, el que constituirá un solo oficio desempeñado por tres funcionarios.

Uno, el Conservador del Registro de Propiedad, que tendrá a su cargo el registro del mismo nombre y el correspondiente repertorio; y los registros de comercio, de prenda industrial, de prenda agraria y de asociaciones de canalistas; otro, el Conservador de Hipotecas, que tendrá a su cargo el Registro de Hipotecas y Gravámenes; y el último, el Conservador del Registro de Interdicciones y Prohibiciones de Enajenar, que llevará el registro de ese nombre y además, el registro especial de prenda.

Cada uno de estos funcionarios intervendrá en las inscripciones, subinscripciones, certificaciones, dación de copias y demás actos o diligencias que competan a sus respectivos registros.

Los interesados que ocurran a esta oficina no requerirán directamente la intervención del conservador que corresponda, sino la del conservador encargado del repertorio, quien repartirá sin tardanza los trabajos que competan a las otras secciones del registro conservatorio. El mismo conservador encargado del repertorio entregará al público los mencionados trabajos después de anotar en el registro la correspondiente inscripción que se hubiere efectuado.

La guarda y custodia de los libros corresponde conjuntamente a los tres conservadores, quienes a la vez, podrán servirse de todos ellos y de los índices y documentos de las otras secciones en cuanto les sean necesarios para la atención de la propia.

No obstante, para los efectos de las visitas judiciales, cada registro o sección se considerará como oficio separado.

Las funciones y guarda de los libros y documentos que otras leyes encomienden a los conservadores de bienes raíces, corresponderán en Santiago, al conservador del registro de hipotecas.

En el caso de los conservadores a que se refiere este artículo, si faltare o se inhabilitare alguno para el ejercicio de sus funciones, será reemplazado por los otros conservadores conforme al orden de su antigüedad[715].

Art. 450. El Presidente de la República, previo informe favorable de la Corte de Apelaciones, podrá determinar la separación de los cargos de notario y conservador, servidos por una misma persona, la que podrá optar a uno u otro cargo.

De igual manera, el Presidente de la República podrá disponer, previo informe favorable de la Corte de Apelaciones, la división del territorio jurisdiccional servido por un conservador, cuando él esté constituido por una agrupación de comunas, creando al efecto los oficios conservatorios que estimare convenientes para el mejor servicio público[716].

Art. 451. Los conservadores de bienes raíces deberán inscribir los títulos en los registros de propiedad, de hipotecas y gravámenes y de interdicciones y prohibiciones de enajenar, así como las anotaciones marginales, dentro del plazo máximo de veinte días desde la presentación de los requerimientos.

En caso de reparos a las solicitudes señaladas en el inciso precedente, el plazo para inscribir será de diez días, contado desde el reingreso[717].

Art. 452. Se extiende a los conservadores, en cuanto es adaptable a ellos, todo lo dicho en este Código respecto de los notarios[718].

---

715 Artículo reemplazado por el art. 4° N° 71 de la Ley N° 18.776, de 18 de enero de 1989.

716 Artículo agregado por el art. 1° N° 42 de la Ley N° 18.969, de 10 de marzo de 1990.

717 Artículo incorporado por el art. 5° de la Ley N° 21.718, de 29 de noviembre de 2024.

718 El inciso segundo de este artículo fue derogado por el art. 4° N° 73 de la Ley N° 18.776, de 18 de enero de 1989.

§ 9. Los Archiveros

Art. 453. Los archiveros son ministros de fe pública encargados de la custodia de los documentos expresados en el artículo 455 de este Código y de dar a las partes interesadas los testimonios que de ellos pidieren.

Art. 454. Habrá archivero en las comunas asiento de Corte de Apelaciones y en las demás comunas que determine el Presidente de la República, con previo informe de la Corte de Apelaciones.

Los archiveros judiciales tendrán por territorio jurisdiccional el que corresponda a los juzgados de letras de la respectiva comuna.

Cuando el archivero estuviere implicado o se imposibilitare por cualquier causa para el ejercicio de sus funciones, será reemplazado por los notarios de la comuna de su asiento, conforme al orden de su antigüedad[719].

Art. 455. Son funciones de los archiveros:

1°) La custodia de los documentos que en seguida se expresan:

a) Los procesos afinados que se hubieren iniciado ante los jueces de letras que existan en la comuna o agrupación de comunas, o ante la Corte de Apelaciones o ante la Corte Suprema, si el archivero lo fuere del territorio jurisdiccional en que estos tribunales tienen su asiento.

Todo expediente criminal que se ordene archivar será remitido al archivero dentro de tres meses a contar desde la fecha en que se disponga su archivo[720];

b) Los procesos afinados que se hubieren seguido dentro del territorio jurisdiccional respectivo ante jueces árbitros[721];

---

719 Artículo reemplazado por el art. 4° N° 74 de la Ley N° 18.776, de 18 de enero de 1989.

720 Letra modificada por el art. 4° N° 75 letra a) de la Ley N° 18.776, de 18 de enero de 1989.

721 Letra modificada por el art. 4° N° 75 letra b) de la Ley N° 18.776, de 18 de enero de 1989.

c) Los libros copiadores de sentencias de los tribunales expresados en la letra a)[722]; y

d) Los protocolos de escrituras públicas otorgadas en el territorio jurisdiccional respectivo[723].

2°) Guardar con el conveniente arreglo los procesos, libros de sentencias, protocolos y demás papeles de su oficina, sujetándose a las órdenes e instrucciones que la Corte o juzgado respectivo les diere sobre el particular.

3°) Facilitar, a cualquiera persona que lo solicite, el examen do los procesos, libros o protocolos de su archivo.

4°) Dar a las partes interesadas, con arreglo a la ley, los testimonios que pidieren de los documentos que existieren en su archivo.

5°) Formar y publicar, dentro del término que el Presidente de la República señale en cada caso, los índices de los procesos y escrituras con que se instale la oficina; y en los meses de Marzo y Abril, después de instalada, los correspondientes al último año.

Estos índices serán formados con arreglo a las instrucciones que den las respectivas Cortes de Apelaciones.

6°) Ejercer las mismas funciones señaladas precedentemente respecto de los registros de las actuaciones efectuadas ante los jueces de garantía y los tribunales de juicio oral en lo penal[724].

Art. 456. Las funciones de los archiveros, en cuanto ministros de fe, se limitan a dar conforme a derecho, los testimonios y certificados que se les pidan; y a poner, a petición de parte, las respectivas notas marginales en las escrituras públicas.

---

722 Letra modificada por el art. 4° N° 75 letra c) de la Ley N° 18.776, de 18 de enero de 1989.

723 Letra modificada por el art. 1° N° 61 letra e) de la Ley N° 19.390, de 30 de mayo de 1995. Previamente había sido modificada por el art. 4° N° 75 letra d) de la Ley N° 18.776, de 18 de enero de 1989.

724 Número agregado por el art. 1° N° 31 de la Ley N° 19.708, de 5 de enero de 2001.

Los archiveros judiciales podrán dar copia autorizada de las escrituras contenidas en los protocolos de su archivo, en todos aquellos casos en que el notario que haya intervenido en su otorgamiento habría podido darlas[725].

§ 10. De los Consejos Técnicos[726]

Art. 457. Los consejos técnicos son organismos auxiliares de la administración de justicia, compuestos por profesionales en el número y con los requisitos que establece la ley. Su función es asesorar individual o colectivamente a los jueces con competencia en asuntos de familia, en el análisis y mayor comprensión de los asuntos sometidos a su conocimiento en el ámbito de su especialidad.

Cuando por implicancia o recusación, un miembro del consejo técnico no pudiere intervenir en una determinada causa, o se imposibilitare para el ejercicio de su cargo, será subrogado por los demás miembros del consejo técnico del tribunal a que perteneciere, según el orden de sus nombramientos y la especialidad requerida.

Si todos los miembros del consejo técnico de un tribunal estuvieren afectados por una implicancia o recusación, el juez designará un profesional que cumpla con los requisitos para integrar un consejo técnico de cualquier servicio público, el que estará obligado a desempeñar el cargo[727].

§ 11. Los Bibliotecarios Judiciales[728]

Art. 457 bis. Los bibliotecarios judiciales son auxiliares de la Administración de Justicia cuya función es la custodia, mantenimiento y atención

---

725 Inciso reemplazado por el art. 1° letra c) de la Ley N° 18.181, de 26 de noviembre de 1982.

726 Párrafo sustituido por el art. 120 N° 15 de la Ley N° 19.968, de 30 de agosto de 2004.

727 Artículo sustituido por el art. 120 N° 15 de la Ley N° 19.968, de 30 de agosto de 2004.

728 Párrafo agregado por el art. 1° N° 47 de la Ley N° 19.390, de 30 de mayo de 1995.

de la Biblioteca de la Corte en que desempeñen sus funciones, así como las que el tribunal o su Presidente le encomienden en relación a las estadísticas del tribunal.

El bibliotecario de la Corte Suprema tendrá a su cargo la custodia de todos los documentos originales de calificación de los funcionarios y empleados del Poder Judicial, los que le deberán ser remitidos una vez ejecutoriado el proceso anual de calificación. Estará facultado para dar a las partes interesadas los testimonios que de ellos pidieren.

Este bibliotecario desempeñará, además, las funciones que la Corte Suprema le encomiende respecto a la formación del Escalafón Judicial.

Habrá un bibliotecario en la Corte Suprema y en aquellas Cortes de Apelaciones que determine el Presidente de la República, con previo informe de la misma[729].

TÍTULO XII
Disposiciones generales aplicables a los Auxiliares de la Administración de Justicia

§ 1. Nombramiento, requisitos, inhabilidades e incompatibilidades

Art. 458. Es aplicable a los auxiliares de la Administración de Justicia lo dispuesto en los arts. 244 y 245.

Igualmente, regirán los requisitos establecidos por los incisos cuarto y quinto del artículo 294.o para el nombramiento de dichos auxiliares, sin perjuicio de las exigencias especiales que para las mismas designaciones se contengan en este Título y en otras leyes[730].

Ningún cargo de fiscal judicial, de defensor público o de relator podrá permanecer vacante, ni aún en el caso de estar servido interinamente, por más de cuatro meses si se trata de los dos primeros y de tres meses, si del último. Vencidos estos términos, el funcionario interino cesará de hecho

[729] Artículo agregado por el art. 1° N° 47 de la Ley N° 19.390, de 30 de mayo de 1995.

[730] Inciso agregado por el art. 8° letra i) de la Ley N° 14.548, de 8 de febrero de 1961.

en el ejercicio de sus funciones, y el Presidente de la República proveerá la plaza en propiedad[731].

Art. 459. Los fiscales judiciales, los defensores, los relatores y los demás auxiliares de la Administración de Justicia, serán nombrados por el Presidente de la República previa propuesta de la Corte Suprema o de la Corte de Apelaciones respectiva, en conformidad a las disposiciones contenidas en el párrafo tercero del Título X del presente Código[732].

Para la designación de los funcionarios a que se refiere el inciso anterior deberán cumplirse, además, los requisitos que se indican en los artículos siguientes[733].

Art. 460. Las Cortes examinarán las aptitudes de los opositores que no sean abogados mediante un examen de competencia cuando se trate de proveer algún cargo para el cual no se requiera esa calidad.

Podrán, asimismo, si lo estiman conveniente, abrir concurso y recibir exámenes cuando se trata de proveer el cargo de relator.

Art. 461. Para ser fiscal judicial de la Corte Suprema o de una Corte de Apelaciones se requieren las mismas condiciones que para ser miembro del respectivo tribunal[734].

Art. 462. Pueden ser defensores públicos los que pueden ser jueces de letras del respectivo territorio jurisdiccional[735].

---

731 Inciso modificado por el art. 11 de la Ley N° 19.665, de 9 de marzo de 2000.

732 Inciso modificado por el art. 11 de la Ley N° 19.665, de 9 de marzo de 2000.

733 Inciso reemplazado por el art. 4° N° 76 letra b) de la Ley N° 18.776, de 18 de enero de 1989. La letra a) de la misma disposición derogó el anterior inciso segundo de este artículo.

734 Artículo modificado por el art. 11 de la Ley N° 19.665, de 9 de marzo de 2000.

735 Artículo modificado por el art. 4° N° 77 de la Ley N° 18.776, de 18 de enero de 1989. Previamente había sido modificado por el art. 12 de la Ley N° 18.176, de 25 de octubre de 1982.

Art. 463. Para ser relator, secretario de la Corte Suprema o de las Cortes de Apelaciones y notario se requieren las mismas condiciones que para ser juez de letras de comuna o agrupación de comunas[736].

Art. 464. No pueden ser fiscales judiciales, defensores ni relatores los que no pueden ser jueces de letras[737].

Art. 465. No pueden ser notarios:

1°) Los que se hallaren en interdicción por causa de demencia o prodigalidad;

2°) Derogado[738];

3°) Los que se hallaren procesados por crimen o simple delito; y

4°) Los que estuvieren sufriendo la pena de inhabilitación para cargos y oficios públicos.

Art. 466. Para ser secretario de un juzgado de letras, archivero y conservador se requiere ser abogado[739].

Incisos derogados[740].

Art. 467. Para ser receptor ante los Juzgados de Letras y procurador del número es menester tener las cualidades requeridas para poder ejercer el derecho de sufragio en las elecciones populares y acreditar la aptitud necesaria para desempeñar el cargo. Siempre será necesaria la edad de

---

736 Artículo modificado por el art. 4° N° 78 de la Ley N° 18.776, de 18 de enero de 1989. Previamente había sido modificado por el art. 12 de la Ley N° 18.176, de 25 de octubre de 1982.

737 Artículo modificado por el art. 11 de la Ley N° 19.665, de 9 de marzo de 2000.

738 Número suprimido por el art. único N° 2 de la Ley N° 20.957, de 19 de octubre de 2016.

739 Inciso modificado por el art. 12 de la Ley N° 18.176, de 25 de octubre de 1982.

740 Los incisos segundo y tercero fueron eliminados por el art. 1° del D.L. N° 3.583, de 29 de enero de 1981.

veinticinco años a lo menos para desempeñar el cargo de procurador y de receptor[741-742].

Para ser asistente social judicial se requiere tener más de veintiún años de edad, encontrarse en posesión del título de asistente social otorgado por alguna Universidad del Estado o reconocida por éste[743].

Art. 468. Derogado[744].

Art. 469. Las incapacidades en razón de parentesco establecidas en el artículo 258, rigen para todos los funcionarios del Escalafón Primario dependientes de una Corte de Apelaciones en su respectivo territorio jurisdiccional[745].

No podrán ser fiscales judiciales, administradores, subadministradores, jefes de unidades de tribunales con competencia en lo criminal o miembros del consejo técnico en un Tribunal las personas que tengan con uno o más jueces de él alguno de los parentescos indicados en el citado artículo[746].

No pueden ser defensores públicos los que tengan con algunos de los jueces de letras propietarios del respectivo territorio jurisdiccional cualquiera de los parentescos indicados en dicho artículo[747].

---

741 Inciso modificado por el art. 4° N° 79 letra a) de la Ley N° 18.776, de 18 de enero de 1989. Previamente fue modificado por el art. 1° de la Ley N° 15.632, de 13 de agosto de 1964.

742 El inciso segundo de este artículo fue derogado por el art. 4° N° 79 letra b) de la Ley N° 18.776, de 18 de enero de 1989.

743 Inciso modificado el art. 4° N° 79 letra c) de la Ley N° 18.776, de 18 de enero de 1989. Previamente había sido agregado por el art. único letra f) del D.L. N° 1.366, de 16 de marzo de 1976.

744 Artículo derogado por el art. 16 del D.L. N° 2.416, de 10 de enero de 1979.

745 Inciso modificado por el art. 1° de la Ley N° 15.632, de 13 de agosto de 1964.

746 Inciso modificado por el art. 120 N° 16 de la Ley N° 19.968, de 30 de agosto de 2004. Previamente había sido modificado por el art. 11 de la Ley N° 19.665, de 9 de marzo de 2000; y reemplazado por el art. único letra g) del D.L. N° 1.366, de 16 de marzo de 1976.

747 Inciso modificado por el art. 4° N° 80 de la Ley N° 18.776, de 18 de enero de 1989.

Tampoco podrán desempeñar ante ningún juez funciones accidentales de defensores los que tengan con él cualquiera de los indicados parentescos.

Art. 470. Las funciones de los auxiliares de la Administración de Justicia son incompatibles con toda otra remunerada con fondos fiscales o municipales, con excepción de los cargos docentes hasta un límite de doce horas semanales[748].

No obstante, los cargos de secretario, receptor y notario podrán ser desempeñados por una misma persona en aquellas comunas o agrupaciones de comunas en que, a juicio del Presidente de la República, no sea posible o conveniente hacerlos recaer en personas distintas por no permitirlo la exigüidad de los emolumentos correspondientes a cada uno de dichos cargos[749].

Las funciones de los fiscales judiciales son, además, incompatibles con las eclesiásticas y las de los defensores públicos con las eclesiásticas que tengan cura de almas[750].

§ 2. Juramento e instalación

Art. 471. Los auxiliares de la Administración de Justicia antes de desempeñar sus cargos prestarán juramento o promesa al magistrado presencialmente o por vía remota mediante videoconferencia al tenor de la siguiente fórmula: "¿Juráis o prometéis, cumplir, en el ejercicio de vuestro cargo, con lo que establece la Constitución Política y las leyes de la República?".

El interrogado responderá: "Sí juro" o "Sí prometo".

Los fiscales judiciales, relatores y secretarios de Corte prestarán juramento o promesa ante el Presidente del Tribunal del que formen parte de la misma forma dispuesta en el inciso primero.

---

748 Inciso reemplazado por el art. 1° N° 48 de la Ley N° 19.390, de 30 de mayo de 1995.

749 Inciso modificado por el art. 4° N° 81 de la Ley N° 18.776, de 18 de enero de 1989.

750 Inciso modificado por el art. 11 de la Ley N° 19.665, de 9 de marzo de 2000.

Los otros funcionarios auxiliares lo harán ante el juez respectivo o ante el juez presidente si el tribunal estuviere compuesto por más de un juez, también en la forma dispuesta en el inciso primero. Si el tribunal estuviere acéfalo lo prestarán ante el delegado presidencial regional o delegado presidencial provincial. La autoridad administrativa que haya recibido el juramento dará lo más pronto posible el respectivo aviso a la que le habría correspondido intervenir en la diligencia, remitiéndole lo obrado[751].

Art. 472. Cuando algún fiscal judicial de las Cortes de Apelaciones que hubiere prestado el juramento correspondiente fuere nombrado para un puesto análogo al que desempeñaba, no será obligado a prestar nuevo juramento[752].

Art. 473. Los Notarios, Conservadores, Archiveros, Secretarios y Receptores, que no sean los especiales a que se refiere el inciso segundo del artículo 391.o, así como los administradores de tribunales con competencia en lo criminal, deberán rendir una fianza para responder de las multas, costas e indemnizaciones de perjuicios a que puedan ser condenados en razón de los actos concernientes al desempeño de su ministerio, dentro de 30 días después de haber asumido el cargo[753].

Esta fianza será para los Secretarios y administradores de tribunales el equivalente a un año del sueldo base asignado al cargo y para los demás funcionarios igual al monto del sueldo anual que la ley le fija para los efectos de su jubilación[754].

---

751 Artículo sustituido por el art. 6° N° 15 de la Ley N° 21.394, de 30 de noviembre de 2021.

752 Artículo modificado por el art. 11 de la Ley N° 19.665, de 9 de marzo de 2000.

753 Inciso modificado por el art. 11 de la Ley N° 19.665, de 9 de marzo de 2000. Previamente había sido modificado por el art. 1° de la Ley N° 15.632, de 13 de agosto de 1964.

754 Inciso modificado por el art. 11 de la Ley N° 19.665, de 9 de marzo de 2000.

La fianza será calificada y aprobada por el funcionario a quien corresponda recibir el juramento[755].

§ 3. Obligaciones y prohibiciones

Art. 474. Los auxiliares de la Administración de Justicia, salvo los relatores, estarán obligados a residir constantemente en la ciudad o población donde tenga asiento el tribunal en que deban prestar sus servicios.

No obstante, las Cortes de Apelaciones podrán, en casos calificados, autorizar transitoriamente a los auxiliares de su territorio jurisdiccional para que residan en un lugar diverso[756].

Art. 475. Los secretarios estarán obligados a asistir todos los días a la Sala de su despacho durante las horas de funcionamiento de los Tribunales[757].

Los secretarios deberán mantener abierta su oficina al público desde una hora antes de la designada para que tenga principio el despacho y hasta una hora después de terminado.

Los receptores deberán permanecer diariamente en sus oficinas durante las dos primeras horas de audiencia de los tribunales, a disposición de éstos y de los litigantes, especialmente para los efectos de lo dispuesto en el inciso segundo del artículo 390°.

Sin embargo, el juez de la causa podrá autorizar su ausencia para el cumplimiento de diligencias urgentes[758].

---

755 Antes de lo modificaciones indicadas en las notas precedentes, este artículo había sido sustituido por el art. único letra e) de la Ley N° 12.473, de 13 de agosto de 1957.

756 Inciso modificado por el art. 1° N° 61 letra f) de la Ley N° 19.390, de 30 de mayo de 1995. Previamente había sido agregado por el art. 8° de la Ley N° 17.939, de 13 de junio de 1973.

757 Inciso modificado por el art. 6° letra d) del D.L. N° 2.876, de 23 de noviembre de 1979.

758 Los incisos tercero y cuarto fueron intercalados por el art. 6° letra d) del D.L. N° 2.876, de 23 de noviembre de 1979.

Los notarios, los Conservadores y los Archiveros deberán mantener abierta su oficina al público en las horas que señalen las leyes y los reglamentos respectivos.

Los miembros de los consejos técnicos, en cumplimiento de sus funciones, deberán atender en el recinto del Tribunal los días y horas que señale el juez respectivo[759-760].

Art. 476. Los relatores deberán asistir a la Corte diariamente con la anticipación necesaria para instruirse de los negocios de que deban dar cuenta.

Los procuradores deberán asistir a la secretaría de los tribunales a instruirse de lo que les concierne en el despacho de los negocios.

Art. 477. Las obligaciones de residencia y asistencia cesan durante los días feriados que señala el artículo 313[761-762-763].

Art. 478. Ningún notario, Conservador, Archivero, secretario, administrador de tribunal, procurador o receptor podrá ausentarse del lugar de su residencia ni dejar de asistir diariamente a su oficina sin permiso del Presidente de la Corte si ejerciere sus funciones en el lugar de asiento de este tribunal, o del juez de letras respectivo o de turno, en los demás casos[764].

Este permiso podrá otorgarse como máximo, en cada año calendario, por una sola vez o fraccionado, por ocho días a los secretarios y adminis-

---

759 Inciso modificado por el art. 120 N° 18 de la Ley N° 18.968, de 30 de agosto de 2004. Previamente había sido agregado por el art. único letra b) del D.L. N° 1.366, de 16 de marzo de 1976.

760 Antes de las modificaciones indicadas en las notas precedentes, este artículo fue sustituido por el art. 4° de la Ley N° 10.512, de 12 de septiembre de 1952.

761 Inciso modificado por el art. 1° N° 7 letra a) de la Ley N° 20.774, de 4 de septiembre de 2014.

762 El inciso segundo de este artículo fue derogado por el art. 1° N° 7 letra b) de la Ley N° 20.774, de 4 de septiembre de 2014.

763 Antes de las modificaciones indicadas en las notas precedentes, este artículo había sido sustituido por el art. 5° de la Ley N° 10.512, de 12 de septiembre de 1952.

764 Inciso modificado por el art. 11 de la Ley N° 19.665, de 9 de marzo de 2000.

tradores de tribunales, dos meses a los notarios, conservadores y archiveros y un mes a los otros funcionarios. Si el permiso solicitado excediere a los aludidos plazos y no pasare de un año, deberá pedirse por escrito ante el Presidente de la República. Si transcurrido un año no se presentare el funcionario a servir su destino, se tendrá esta inasistencia como causal bastante para que la autoridad competente, siguiendo los trámites legales, pueda declarar vacante el empleo[765].

En los permisos hasta por dos meses el notario, conservador y archivero podrá proponer al juez el abogado que deba subrogarlo bajo su responsabilidad, propuesta que en el caso de los notarios y conservadores de cuarta categoría podrá recaer en el oficial 1° de la oficina respectiva[766-767].

Art. 479. Es prohibido a los auxiliares de la Administración de Justicia ejercer la abogacía y sólo podrán defender causas personales o de sus cónyuges, convivientes civiles, ascendientes, descendientes, hermanos o pupilos[768].

Les es igualmente prohibido representar en juicio a otras personas que las mencionadas en el precedente inciso.

No rige lo dispuesto en los incisos anteriores con los defensores públicos y los procuradores del número. No obstante, estos últimos no podrán ejercer la profesión de abogado ante las Cortes do Apelaciones en que actúan.

---

765 Inciso modificado por el art. 11 de la Ley N° 19.665, de 9 de marzo de 2000. Previamente había sido sustituido por el art. 1° letra d) de la Ley N° 18.181, de 26 de noviembre de 1982.

766 Inciso sustituido por el art. 1° letra d) de la Ley N° 18.181, de 26 de noviembre de 1982.

767 Antes de las modificaciones indicadas en las notas precedentes, este artículo había sido sustituido por el art. 9° de la Ley N° 10.512, de 12 de septiembre de 1952.

768 Inciso modificado por el art. 35 vii) de la Ley N° 20.830, de 21 de abril de 2015. Previamente había sido modificado por el art. 3° N° 43 de la Ley N° 11.183, de 10 de junio de 1953.

Art. 480. Los fiscales judiciales no podrán aceptar compromisos, excepto cuando el nombrado tuviere con alguna de las partes originariamente interesadas en el litigio, algún vínculo de parentesco que autorice su implicancia o recusación[769].

Es prohibido a los notarios la aceptación y desempeño de arbitrajes y particiones.

Art. 481. La prohibición del artículo 321 regirá también con los fiscales judiciales, defensores, relatores, secretarios, receptores y miembros de los consejos técnicos[770].

Los notarios y los procuradores del número no podrán comprar los bienes en cuyo litigio han intervenido y que se vendan a consecuencia del litigio, aunque la venta se haga en pública subasta.

La prohibición del art. 322 rige respecto de los secretarios de los juzgados de letras en lo civil y de los conservadores de minas[771].

Art. 482. Es aplicable a los auxiliares de la Administración de Justicia lo dispuesto en el art. 323.

§ 4. De las implicancias y recusaciones

Art. 483. Se prohíbe a los fiscales judiciales, ya sean propietarios, interinos o suplentes, intervenir como tales funcionarios en los negocios en que sean parte o tengan interés personal ellos mismos o alguna de las personas expresadas en el artículo 195, o en que, antes de entrar en el ejercicio de sus funciones, hayan ellos intervenido como abogados o representantes de cualquiera de las partes; a menos que su interés o el interés de las personas a quienes el precitado artículo se refiere o a quienes dichos

---

769 Inciso modificado por el art. 11 de la Ley N° 19.665, de 9 de marzo de 2000.

770 Inciso modificado por el art. 120 N° 19 de la Ley N° 19.968, de 30 de agosto de 2004. Previamente había sido modificado por el art. 11 de la Ley N° 19.665, de 9 de marzo de 2000; y reemplazado por el art. único letra i) del D.L. N° 1.366, de 16 de marzo de 1976.

771 Inciso modificado por el art. 12 de la Ley N° 18.176, de 25 de octubre de 1982.

funcionarios hubieren defendido o representado no esté en oposición con el que les corresponde defender en razón de su ministerio[772].

Art. 484. En los negocios en que los fiscales judiciales intervienen como terceros coadyuvantes, pueden ser recusados con expresión de causa por las personas naturales o jurídicas cuyos intereses y derechos son llamados a proteger y defender[773].

Las causas de recusación de estos funcionarios son las designadas para la recusación de los jueces por el artículo 196, con exclusión de las comprendidas en los números 2° y 10.

Y no podrá entablarse la recusación sino cuando, según la presunción de la ley, la falta de imparcialidad que se supone en el recusado pueda perjudicar al recusante.

Art. 485. Se prohíbe, igualmente, a los defensores públicos intervenir en calidad de tales en los negocios en que sean parte o tengan interés personal ellos mismos o alguna de las personas expresadas en el artículo 195 o en que, antes de entrar en el ejercicio de sus funciones, hayan ellos intervenido como abogados o representantes de cualquiera de las partes.

Art. 486. Los defensores públicos pueden ser recusados en los casos y por las personas porque pueden serlo los fiscales judiciales[774].

Art. 487. Las causas de implicancia señaladas respecto de los jueces por el artículo 195 rigen también respecto de los relatores, secretarios, receptores y miembros de los consejos técnicos judiciales[775].

En consecuencia, les es prohibido intervenir como tales en los negocios a que este artículo se refiere.

---

772 Artículo modificado por el art. 11 de la Ley N° 19.665, de 9 de marzo de 2000.

773 Inciso modificado por el art. 11 de la Ley N° 19.665, de 9 de marzo de 2000.

774 Artículo modificado por el art. 11 de la Ley N° 19.665, de 9 de marzo de 2000.

775 Inciso modificado por el art. 120 N° 20 de la Ley N° 19.968, de 30 de agosto de 2004. Previamente había sido reemplazado por el art. único letra j) del D.L. N° 1.366, de 16 de marzo de 1976.

Art. 488. Para recusar a los relatores, secretarios y miembros de los consejos técnicos es menester expresar y probar causa legal[776].

Las causas de recusación de los secretarios y miembros de los consejos técnicos son, en cuanto puedan ser aplicables a ellos, las determinadas para la recusación de los jueces por el artículo 196[777].

Son causas legales para los relatores las señaladas en los números 1, 2, 4, 5, 6, 7, 8, 11, 12, 13 y 16 del precitado artículo.

Sólo puede recusar la parte a quien, según la presunción de la ley, perjudique la falta de imparcialidad que estas causas inducen.

Art. 489. Los receptores y los funcionarios llamados a subrogarlos podrán ser inhabilitados sin expresión de causa por una vez, por cada parte, en un mismo juicio. Pasado este número se deberá expresar y probar alguna de las causas de implicancia o recusación determinadas para los jueces en cuanto les sean aplicables[778-779].

Art. 490. Regirá para los auxiliares de la Administración de Justicia lo dispuesto en el inc. 1° del art. 199.

No obstante, se necesitará de solicitud previa para declarar la inhabilidad de cualquier funcionario auxiliar, producida por el hecho de ser parte o tener interés en el pleito una sociedad anónima de que aquél sea accionista, sin perjuicio de que dicho funcionario haga constar en el proceso la existencia de la causal.

Art. 491. La implicancia y la recusación de los auxiliares de la Administración de Justicia se reclamarán ante el tribunal que conozca del

---

776 Inciso modificado por el art. 120 N° 21 de la Ley N° 19.968, de 30 de agosto de 2004. Previamente había sido reemplazado por el art. único letra k) del D.L. N° 1.366, de 16 de marzo de 1976.

777 Inciso modificado por el art. 120 N° 21 de la Ley N° 19.968, de 30 de agosto de 2004. Previamente había sido reemplazado por el art. único letra j) del D.L. N° 1.366, de 16 de marzo de 1976.

778 Inciso modificado por el art. 3° N° 44 de la Ley N° 11.183, de 10 de junio de 1953.

779 El inciso segundo fue suprimido por el art. 9° del D.L. N° 2.416, de 10 de enero de 1979.

negocio en que aquéllos deban intervenir, y se admitirán sin más trámite cuando no necesiten fundarse en causa legal[780].

§ 5. De su remuneración y de su previsión

Art. 492. Los auxiliares de la Administración de Justicia tendrán los sueldos que les fijen las leyes, pero los defensores públicos que no sean de Santiago y Valparaíso, los notarios, archiveros, conservadores, receptores y procuradores del número gozarán de los emolumentos que les correspondan con arreglo al respectivo arancel.

Los secretarios de juzgados, en su carácter de tales, no podrán cobrar emolumentos de ninguna clase, salvo los que puedan corresponderles cuando desempeñen los cargos de actuarios en juicios arbitrales o de ministros de fe en la facción de inventarios.

Los auxiliares de la Administración de Justicia estarán, además, sometidos al régimen de previsión que determinen las leyes.

§ 6. Suspensión y expiración de funciones.

De las licencias

Art. 493. Los funcionarios que no gocen de inamovilidad, serán removidos por el Presidente de la República con el solo acuerdo de la mayoría de los miembros en ejercicio de la Corte respectiva.

El funcionario que figure en Lista Deficiente o, por segundo año consecutivo en Lista Condicional, una vez firme la calificación respectiva, quedará removido de su cargo por el solo ministerio de la ley[781].

Esta circunstancia deberá ser comunicada de inmediato por el órgano calificador respectivo al Ministerio de Justicia, con el objeto de que éste,

---

780 Los incisos segundo y tercero fueron eliminados por el art. 9º de la Ley Nº 2.416, de 10 de enero de 1979.

781 Inciso sustituido por el art. 1º Nº 49 de la Ley Nº 19.390, de 30 de mayo de 1995.

para los efectos administrativos correspondientes, curse a la brevedad el debido decreto supremo[782-783].

Art. 494. Los cargos de los auxiliares de la Administración de Justicia expiran por incurrir éstos en alguna de las incapacidades establecidas por la ley para ejercerlos o por las causas indicadas en los números 3, 4, 5, 6, 7, 8 y 11 del artículo 332 en cuanto les puedan ser aplicables. Expiran, asimismo, por la aceptación de todo cargo o empleo remunerado con fondos fiscales, semifiscales o municipales, y cuando sobrevienen a los funcionarios algunas de las inhabilidades indicadas en los cuatro primeros números del artículo 256.

Es aplicable a los fiscales judiciales y a los relatores lo prescrito en el Nº 9 del artículo 332[784].

Los fiscales judiciales y los defensores públicos cesarán, además, en sus cargos si se produce la situación prevista en el inciso final del artículo 470[785].

Los secretarios, notarios, conservadores archiveros, receptores, miembros de los consejos técnicos y procuradores cesarán también en sus funciones si fueren condenados a la pena de inhabilitación para cargos y oficios públicos[786].

Art. 495. Si un auxiliar de la Administración de Justicia de los indicados en el artículo 469 y un ministro de la Corte de Apelaciones de que aquéllos dependan contrajeren, después que hayan sido nombrados tales, alguno de los parentescos designados en el artículo 258, aquél por cuyo matrimonio se haya contraído el parentesco, cesará inmediatamente en el ejercicio de sus funciones y deberá ser separado de su destino.

---

782 Inciso agregado por el art. 1º Nº 49 de la Ley Nº 19.390, de 30 de mayo de 1995.

783 Antes de las modificaciones indicadas en las notas precedentes, este artículo había sido reemplazado por el art. 1º del D.L. Nº 169, de 6 de diciembre de 1973.

784 Inciso modificado por el art. 11 de la Ley Nº 19.665, de 9 de marzo de 2000.

785 Inciso modificado por el art. 11 de la Ley Nº 19.665, de 9 de marzo de 2000.

786 Inciso modificado por el art. 120 Nº 22 de la Ley Nº 19.968, de 30 de agosto de 2004.

Lo dispuesto en el inciso anterior es aplicable al fiscal judicial de la Corte Suprema con respecto a los miembros de dicho tribunal[787].

Art. 495 bis. Los auxiliares de la Administración de Justicia permanecerán en sus cargos hasta cumplir los setenta y cinco años de edad[788].

Art. 496. Regirán con los auxiliares de la Administración de Justicia las causas de suspensión del cargo de juez señaladas en el artículo 335 en cuanto puedan ser aplicables a ellos.

Las funciones de los secretarios, receptores, procuradores, notarios, conservadores y archiveros, se suspenderán, además, por sentencia judicial que les imponga la pena de suspensión.

Art. 497. Son igualmente aplicables a los auxiliares de la Administración de Justicia las disposiciones relativas a las licencias, permisos y feriados de los jueces contenidas en el párrafo 9 del Título X del presente Código[789-790].

TÍTULO XIII
De los empleados u oficiales de secretaría[791]

Art. 498. Las leyes determinarán la planta y los sueldos de los empleados de las secretarías de los tribunales, de los fiscales judiciales y de los empleados con nombramiento fiscal de los defensores públicos[792].

---

787 Inciso modificado por el art. 11 de la Ley N° 19.665, de 9 de marzo de 2000.

788 Artículo agregado por el art. 1° N° 50 de la Ley N° 19.390, de 30 de mayo de 1995.

789 Artículo modificado por el art. 1° N° 51 de la Ley N° 19.390, de 30 de mayo de 1995. Previamente había sido modificado por el art. 7° letra i) de la Ley N° 8.100, de 1 de marzo de 1945.

790 Los incisos segundo y tercero de este artículo fueron suprimidos por el art. 1° N° 8 de la Ley N° 20.774, de 4 de septiembre de 2014.

791 Epígrafe reemplazado por el art. 4° N° 82 de la Ley N° 18.776, de 18 de enero de 1989.

792 Inciso modificado por el art. 11 de la Ley N° 19.665, de 9 de marzo de 2000. Previamente había sido modificado por el artículo 4° N° 83 de la Ley N° 18.776, de 18 de enero de 1989.

Para los efectos de lo establecido en el párrafo final del inciso primero del artículo 294, la Corporación Administrativa del Poder Judicial, a lo menos cada cinco años, deberá establecer las funciones que correspondan a cada uno de los cargos que componen el Escalafón del Personal de Empleados, debiendo señalar con claridad y precisión los títulos profesionales o técnicos o los conocimientos que se requieran para su debido desempeño. Al determinar las funciones y requisitos habilitantes de cada cargo, la Corporación establecerá aquellas diferencias y excepciones que sean necesarias conforme a las categorías y características de los distintos tribunales en que vayan a desempeñarse[793].

Especialmente formarán parte de la secretaría de la Corte Suprema, cinco oficiales auxiliares, que prestarán sus servicios como escribientes de los miembros del tribunal, en la forma que éste determine. Estos oficiales serán nombrados por el Presidente de la República, a propuesta de la Corte Suprema, deberán haber cursado cuarto año de Derecho, a lo menos, y durarán sólo tres años en el ejercicio de sus funciones.

Art. 499. El nombramiento en propiedad en cargos del Escalafón del Personal de Empleados se hará por el Presidente de la Corte Suprema cuando se trate de empleados que hayan de servir en ella, o por el Presidente de la Corte de Apelaciones respectiva, en los demás casos, con sujeción a las normas que se indican en el párrafo tercero del Título X.

Los Oficiales de los fiscales judiciales de las Cortes de Apelaciones serán designados a propuesta unipersonal del fiscal[794].

Será aplicable a los funcionarios a que se refiere este artículo lo dispuesto en el artículo 493[795].

Art. 500. Los oficiales primeros de las secretarías, sin perjuicio de las otras funciones que les correspondan según las leyes, estarán obligados a

---

793 Inciso agregado por el art. 1° N° 52 de la Ley N° 19.390, de 30 de mayo de 1995.

794 Inciso modificado por el art. 11 de la Ley N° 19.665, de 9 de marzo de 2000.

795 Antes de la modificación indicada en la nota precedente, este artículo había sido sustituido por el art. 1° N° 53 de la Ley N° 19.390, de 30 de mayo de 1995.

desempeñar, bajo la responsabilidad de los secretarios, las funciones que a éstos les encomienda el Título VI del Libro I del Código de Procedimiento Civil.

Cuando la subrogación de los secretarios se prolongue por un espacio superior a quince días, en los casos señalados en el artículo 388, los oficiales primeros tendrán derecho a percibir la diferencia que existía entre la remuneración de su cargo y el que deban subrogar, incluida la asignación establecida en el artículo 39, de la ley 17.272, por el período que dure dicho reemplazo[796].

Deberán prestar juramento para el desempeño de su cargo ante el juez respectivo o ante el presidente del tribunal, si fuere colegiado.

Art. 501. Derogado[797].

Art. 502. Las incapacidades establecidas en los artículos 258 y 469 son aplicables al secretario de una Corte con respecto al personal de su secretaría.

Art. 502 bis. Derogado[798].

Art. 503. Es aplicable a los oficiales de secretaría de la Administración de Justicia lo dispuesto en los artículos 323 y 470, inciso primero[799].

El secretario abogado del fiscal judicial de la Corte Suprema, los oficiales de los fiscales judiciales de las Cortes de Apelaciones y los oficiales de los defensores públicos que tengan título de abogado no podrán ejercer su profesión respecto de los asuntos en que, de conformidad a los artículos 356, 357 y 366, los fiscales judiciales o los defensores públicos deban intervenir, en su caso[800].

---

796 Inciso intercalado por el art. 2° N° 43 de la Ley N° 17.590, de 31 de diciembre de 1971.

797 Artículo derogado por el art. 13 letra h) del D.L. N° 3.058, de 29 de diciembre de 1979.

798 Artículo derogado por el art. 1° N° 54 de la Ley N° 19.390, de 30 de mayo de 1995.

799 Inciso modificado por el art. 4° N° 85 de la Ley N° 18.776, de 18 de enero de 1989.

800 Inciso reemplazado por el art. 11 de la Ley N° 19.665, de 9 de marzo de 2000.

Los demás oficiales de secretaría de la Administración de Justicia que tengan título de abogado, no podrán ejercer su profesión respecto de los asuntos de que conozca el Tribunal en que desempeñen sus funciones[801].

Art. 504. En toda notaría, archivo u oficio de los conservadores habrá el número de oficiales de secretaría que los respectivos funcionarios conceptúen preciso para el pronto y expedito ejercicio de sus funciones y el buen régimen de su oficina.

Los oficiales de secretaría estarán sujetos a las instrucciones y órdenes que les diere el respectivo notario, archivero o conservador, quienes distribuirán entre todos ellos el trabajo de su oficina en la forma que lo crean conveniente[802].

Art. 505. Las licencias, permisos y feriados de los empleados indicados en los artículos 498 y 500 se regirán por las disposiciones del párrafo 9 del Título X de este Código[803].

La disposición del artículo 343 regirá con el personal de secretaría de los tribunales colegiados y con los demás empleados de los juzgados que no hayan hecho uso del feriado de vacaciones a que se refiere el artículo 313.

El Presidente de cada tribunal colegiado y los jueces respectivos fijarán los turnos del personal de secretaría de manera que el feriado no perjudique las labores del tribunal[804].

---

801 Inciso modificado por el art. 4° N° 85 de la Ley N° 18.776, de 18 de enero de 1989. Previamente había sido agregado por el art. único de la Ley N° 12.142, de 28 de septiembre de 1956.

802 Artículo sustituido por el art. 1° de la Ley N° 19.945, de 25 de mayo de 2004.

803 Inciso modificado por el art. 1° N° 55 de la Ley N° 19.390, de 30 de mayo de 1995. Previamente había sido modificado por el art. 7° letra i) de la Ley N° 8.100, de 1 de marzo de 1945.

804 Los incisos segundo y tercero fueron sustituidos por el art. 2° letra cc) de la Ley N° 16.437, de 23 de febrero de 1966.

Los oficiales a que se refieren los incisos anteriores y los contemplados en el artículo precedente estarán sometidos al régimen de jubilación y de previsión social que determinen las leyes.

TÍTULO XIV
La Corporación Administrativa del Poder Judicial[805]

Art. 506. La administración de los recursos humanos, financieros, tecnológicos y materiales destinados al funcionamiento de la Corte Suprema, de las Cortes de Apelaciones y de los Juzgados de Letras, de Menores, del Trabajo y de Cobranza Laboral y Previsional, la ejercerá la Corte Suprema a través de un organismo denominado Corporación Administrativa del Poder Judicial, con personalidad jurídica, que dependerá exclusivamente de la misma Corte y tendrá su domicilio en la ciudad en que ésta funcione[806].

La referida Corporación se regirá por las disposiciones de este Título y por los autos acordados que al efecto dicte la Corte Suprema, dentro de sus atribuciones, y le serán también aplicables las normas sobre administración financiera del Estado.

Corresponderá especialmente a la Corporación Administrativa del Poder Judicial:

1° La elaboración de los presupuestos y la administración, inversión y control de los fondos que la Ley de Presupuestos asigne al Poder Judicial.

2° La administración, adquisición, construcción, acondicionamiento, mantención y reparación de los bienes muebles e inmuebles destinados al funcionamiento de los tribunales y de los servicios judiciales o a viviendas fiscales para los jueces. Estas sólo podrán ser habitadas por los jueces de letras mientras se desempeñen en la respectiva ciudad, quienes, además, deberán pagar a la Corporación Administrativa la renta legal de arrendamiento la que formará parte de los recursos ordinarios de este organismo.

---

805 Título sustituido por el art. 1° N° 43 de la Ley N° 18.969, de 10 de marzo de 1990.

806 Inciso modificado por el art. 13 N° 13 de la Ley N° 22.022, de 30 de mayo de 2005. Previamente había sido modificado por el art. 10 N° 2 de la Ley N° 19.531, de 7 de noviembre de 1997.

En los inmuebles de propiedad particular que se arrienden para que en ellos funcionen tribunales, sólo podrán efectuarse reparaciones cuando el respectivo contrato haya sido celebrado por un plazo no inferior a tres años.

3º Asesorar técnicamente a la Corte Suprema en el diseño y análisis de la información estadística, en el desarrollo y aplicación de sistemas computacionales y, en general, respecto de la asignación, incremento y administración de todos los recursos del Poder Judicial, para obtener su aprovechamiento o rendimiento óptimo.

4º La organización de cursos y conferencias destinados al perfeccionamiento del personal judicial.

5º La creación, implementación y mantención de salas cunas en aquellos lugares en que sean necesarias en conformidad a la ley, para los hijos del personal del Poder Judicial.

6º Dictar, conforme a las directrices generales que le imparta la Corte Suprema, políticas de selección de personal, de evaluación, de administración de recursos materiales y de personal, de indicadores de gestión, de diseño y análisis de la información estadística, y la aprobación de los presupuestos que le presenten los tribunales[807].

7º Remitir, previa autorización del Consejo Superior, los informes y estudios que haya elaborado o encargado a terceros y obren en su poder a los Ministerios de Justicia y Hacienda y a los órganos y autoridades del Estado, cuando los soliciten para materias relacionadas con su competencia[808].

Podrá, asimismo, destinar los fondos que sean necesarios, de sus recursos propios, para solventar los gastos de atención y locomoción de los hijos de dicho personal judicial, en salas cunas externas, que cuenten con la autorización de la Junta Nacional de Jardines Infantiles.

La Corporación Administrativa del Poder Judicial podrá poner a disposición de los tribunales las sumas necesarias para el cumplimiento de los fines previstos en este artículo, los cuales deberán rendir, ante ella, cuenta

---

807 Número sustituido por el art. 11 de la Ley Nº 19.665, de 9 de marzo de 2000.

808 Número agregado por el art. 10 Nº 4 de la Ley Nº 19.531, de 7 de noviembre de 1997.

detallada de la inversión de estos fondos. Dicho organismo llevará una cuenta en conformidad a lo establecido en el artículo 516.

La Corporación Administrativa del Poder Judicial estará exenta de toda clase de contribuciones e impuestos fiscales, excepto el impuesto al valor agregado, sea que recaigan en sus bienes, en los actos o contratos que ejecute o celebre o que en cualquier forma pudieren afectarla. Esta exención no favorecerá a los terceros que contraten con la Corporación[809].

Art. 507. La Corporación Administrativa del Poder Judicial tendrá un Consejo Superior, un director, un subdirector, un jefe de finanzas y presupuestos, un jefe de adquisiciones y mantenimiento, un jefe de informática y computación, un jefe de recursos humanos y un contralor interno. Su estructura orgánica funcional básica estará constituida por un departamento de finanzas y presupuestos, un departamento de adquisiciones y mantenimiento, un departamento de informática y computación, un departamento de recursos humanos y una contraloría interna[810].

Art. 508. La dirección de la Corporación Administrativa corresponderá al Consejo Superior, integrado por el Presidente de la Corte Suprema, que lo presidirá, y por cuatro ministros del mismo tribunal elegidos por éste en votaciones sucesivas y secretas, por un período de dos años, pudiendo ser reelegidos.

Asimismo, y por igual período, la Corte Suprema elegirá de entre sus miembros dos consejeros suplentes, que subrogarán según el orden de su elección e indistintamente a cualquiera de los titulares en caso de ausencia por cualquier causa.

El Consejo Superior no podrá sesionar con menos de tres miembros y sus acuerdos se adoptarán por mayoría de votos. En caso de empate, se

---

809 Antes de las modificaciones indicadas en los números anteriores, este artículo había sido sustituido por el art. 1° N° 43 de la Ley N° 18.969, de 10 de marzo de 1990.

810 Artículo sustituido por el art. 10 N° 5 de la Ley N° 19.531, de 7 de noviembre de 1997.

repetirá la votación en la misma sesión y si aquel perseverare, decidirá el que presida.

En caso de ausencia del presidente titular de la Corte Suprema o de su subrogante legal, la sesión será presidida por un consejero titular siguiéndose el orden de su elección[811].

Art. 509. El Presidente del Consejo Superior tiene la representación legal de la Corporación Administrativa del Poder Judicial.

Sin perjuicio de lo dispuesto en el inciso anterior, el Consejo Superior está investido de todas las facultades de administración y disposición que sean necesarias para el cumplimiento de los fines de aquella, incluso para acordar la celebración de aquellos actos y contratos que según las leyes requieren del otorgamiento de un poder especial.

El Consejo Superior podrá delegar parte de sus facultades en un consejero o comisión de consejeros, en el director, en el subdirector, en los jefes de departamentos y en los delegados zonales de la Corporación.

Art. 510. El director se desempeñará como secretario del Consejo Superior y tendrá derecho a voz en sus reuniones.

Sin perjuicio de las demás atribuciones y deberes que le fije el Consejo Superior, con el acuerdo de éste corresponderá al director organizar y determinar las diversas tareas y responsabilidades específicas tanto del personal y de las unidades con que se estructurará la Corporación, como de las oficinas de ésta que el Consejo Superior estime necesario establecer en las Cortes de Apelaciones, debiendo velar por su debida coordinación para una administración eficiente de los recursos.

Compete al director impartir instrucciones al subdirector y demás personal de la Corporación; supervigilar y fiscalizar el cumplimiento de las mismas y, en general, realizar todos los actos y gestiones necesarias para dar cumplimiento y eficacia a los acuerdos del Consejo Superior así como

---

811 Artículo sustituido por el art. 1° N° 43 de la Ley N° 18.969, de 10 de marzo de 1990.

para instar por el cumplimiento de los fines de la Corporación conforme a las decisiones generales del referido Consejo[812].

Art. 511. Sin perjuicio de las obligaciones que les asigne el Consejo Superior o el director con el acuerdo de dicho Consejo, los jefes de finanzas y presupuestos, de adquisiciones y mantenimiento, de informática y computación y de recursos humanos serán directamente responsables del funcionamiento de los respectivos departamentos; el subdirector, de la administración interna de la Corporación y de la coordinación de las diferentes unidades; y el contralor interno, de la auditoría financiera y operativa de las mismas. Estos dos últimos empleados informarán de su gestión directamente al director[813].

Art. 512. En caso de ausencia o impedimento por cualquier causa y sin necesidad de previo acuerdo del Consejo Superior, el director será subrogado por el subdirector. A falta de éste, lo subrogará del mismo modo el jefe de finanzas y presupuestos[814].

Art. 513. El director, el subdirector, los jefes de departamentos y el contralor interno, deberán tener título profesional universitario de la especialidad que determine la Corte Suprema. En todo caso, sólo podrán ser nombrados en estos cargos personas que posean título profesional de carreras universitarias de a lo menos ocho semestres académicos.

Todo el personal de la Corporación se regirá por las normas legales y reglamentaria aplicables a los empleados del Poder Judicial, con las excepciones que se indican en los incisos siguientes.

Su nombramiento se hará directamente por la Corte Suprema previo concurso de antecedentes y examen de oposición, en su caso, a que llama-

---

812 Artículo sustituido por el art. 1° N° 43 de la Ley N° 18.969, de 10 de marzo de 1990.

813 Artículo modificado por el art. 10 N° 6 de la Ley N° 19.531, de 7 de noviembre de 1997. Previamente había sido sustituido por el art. 1° N° 43 de la Ley N° 18.969, de 10 de marzo de 1990.

814 Artículo sustituido por el art. 1° N° 43 de la Ley N° 18.969, de 10 de marzo de 1990.

rá el Consejo Superior. Serán de la exclusiva confianza de la Corte Suprema y ésta podrá removerlos a su arbitrio.

En ningún caso podrán ser designados como director o subdirector los cónyuges ni los parientes consanguíneos o afines de un funcionario del Escalafón Primario del Poder Judicial o de la Corporación, que se hallen dentro del segundo grado en la línea recta o del tercero en la colateral. Este impedimento también se aplicará a las personas que tengan un acuerdo de unión civil con un funcionario del referido escalafón[815].

La calificación anual de este personal la hará la Corte Suprema previo informe del Consejo Superior[816].

Art. 514. La Corporación Administrativa del Poder Judicial tendrá un patrimonio propio formado por:

a) Los fondos que se consulten anualmente en la Ley de Presupuestos de la Nación para su funcionamiento;

b) Los valores y bienes raíces o muebles que la Corporación adquiera a cualquier título;

c) Los frutos y rentas que produzcan tanto sus bienes como los fondos depositados en las cuentas corrientes de los tribunales de justicia;

d) El producto de las multas y consignaciones que las leyes establezcan a beneficio de la Corporación Administrativa del Poder Judicial, y

e) Los depósitos a que se refiere el artículo 515[817].

Art. 515. Pasarán a la Corporación los depósitos judiciales cuya restitución no fuere solicitada por los interesados dentro del plazo de cinco años, contado desde que exista resolución ejecutoriada declaratoria del abandono del procedimiento.

Los depósitos judiciales que tengan más de diez años y que incidan en juicios o gestiones cuyos expedientes no se encuentren o no puedan

---

815 Inciso modificado por el art. 35 viii) de la Ley N° 20.830, de 21 de abril de 2015.

816 Antes de la modificación indicada en la nota precedente, este inciso fue sustituido por el art. 1° N° 43 de la Ley N° 18.969, de 10 de marzo de 1990.

817 Artículo sustituido por el art. 1° N° 43 de la Ley N° 18.969, de 10 de marzo de 1990.

determinarse, figurarán en lista que el secretario o administrador del tribunal colocará durante treinta días en un lugar visible de la secretaría del tribunal. Transcurrido este último plazo sin que se pidiere la restitución, o desechada esta solicitud que se tramitará en forma incidental, el tribunal decretará el ingreso del depósito a favor de la Corporación[818].

Las cantidades que deban aplicarse a beneficio fiscal en los casos en que se exige consignación previa de dinero para recurrir de apelación, casación, revisión o queja, se destinarán a la Corporación Administrativa.

En los casos a que se refiere los incisos precedentes, el traspaso de los fondos los ordenará cada tribunal en el mes de enero de cada año, mediante decreto económico en el cual se indicarán los procesos a que correspondan, el monto y fecha de cada depósito y el motivo de su ingreso a la orden de la Corporación. El decreto económico se transcribirá a esta última y a la Corte de Apelaciones cuando procediere, y de él se dejará constancia en el expediente respectivo, en su caso.

En cuanto al destino de las fianzas y de los dineros decomisados, y de los que no hayan caído en comiso y no fueren reclamados, se estará a lo previsto en el Código de Procedimiento Penal[819].

Art. 516. Los tribunales de justicia mantendrán una cuenta corriente bancaria de depósito en la oficina del Banco del Estado del lugar en que funcionen, o del más próximo al de asiento del tribunal, y del movimiento de ella deberán rendir cuenta anualmente a la Contraloría General de la República.

Los pagos que deban hacer esos tribunales se efectuarán por medio de transferencia electrónica o cheques girados contra esa cuenta, los que deberán llevar la firma del juez y del secretario o del administrador y el timbre del tribunal. La Corte Suprema establecerá mediante auto acordado

---

818 Inciso modificado por el art. 11 de la Ley N° 19.665, de 9 de marzo de 2000.

819 Antes de la modificación indicada en la nota precedente, este artículo fue sustituido por el art. 1° N° 43 de la Ley N° 18.969, de 10 de marzo de 1990.

los requisitos que deben cumplirse para la realización de la transferencia electrónica y la forma de garantizar el correcto uso de este mecanismo[820].

Los jueces o secretarios que subroguen al tribunal podrán girar en esas cuentas, debiendo expresar esta circunstancia en la antefirma. No podrán girar los demás subrogantes legales de los jueces.

Para estos efectos, la Contraloría General de la República deberá comunicar a la respectiva institución de crédito todo nombramiento de propietario, interino o suplente que se produzca respecto de la persona del juez o del secretario.

Estas cuentas y los cheques respectivos estarán libres de toda comisión o impuesto.

En todo lo que no esté previsto en este título, regirán las disposiciones sobre cheques y cuentas corrientes[821].

Art. 517. Todos los dineros que sea necesario poner a disposición de los tribunales de justicia deberán colocarse en alguna oficina del Banco del Estado a la orden del tribunal respectivo.

Los depósitos a la orden judicial ganarán el interés que, para estos efectos, fije la Superintendencia de Bancos en beneficio de la Corporación Administrativa del Poder Judicial.

En los lugares en que no exista oficina del Banco del Estado, el depósito deberá hacerse en alguna Tesorería Comunal. El tesorero, en el plazo de cinco días, deberá enviar los fondos que se le hayan entregado a la oficina del Banco en que tenga su cuenta el tribunal a cuya orden se consignan los fondos.

Los secretarios de las Cortes y los secretarios o administradores de los tribunales llevarán un registro electrónico en que anotarán los depósitos

---

820 Inciso modificado por el art. 6º Nº 16 letras a) y b) de la Ley Nº 21.394, de 30 de noviembre de 2021. Previamente había sido modificado por el art. 11 de la Ley Nº 19.665, de 9 de marzo de 2000.

821 Antes de la modificación indicada en la nota precedente, este artículo fue sustituido por el art. 1º Nº 43 de la Ley Nº 18.969, de 10 de marzo de 1990.

consignados a la orden del tribunal, con indicación de la fecha, nombre, juicio o proceso en que inciden y de los giros que se hagan[822].

No obstante lo dispuesto en los incisos anteriores, continuarán consignándose en arcas fiscales, en conformidad a las disposiciones que estaban vigentes el 21 de septiembre de 1939 y especialmente a las de la ley N° 5.493, los dineros que para responder al pago de multas debían consignarse en dichas arcas[823].

Art. 518. Lo dispuesto en los artículos anteriores no se aplicará a las boletas de garantía o fianza que emitan las instituciones de crédito para tomar parte en los remates, para responder de medidas precautorias o para otorgar fianzas.

Cuando el tribunal deba hacer efectivas estas boletas las depositará en la cuenta del juzgado para efectuar los pagos correspondientes. Si procede su devolución al interesado las entregará directamente a éste mediante el endoso respectivo[824].

Art. 519. Las multas, consignaciones, intereses y demás sumas que corresponda entregar en definitiva al Fisco o a otras instituciones señaladas por la ley, las pagará el tribunal al respectivo beneficiario en la primera quincena de enero de cada año, exceptuándose las multas que se perciban por infracción a la Ley de Alcoholes, cuyo pago se hará en conformidad a dicha ley[825].

---

822 Inciso modificado por el art. 13 N° 10 de la Ley N° 20.886, de 18 de diciembre de 2015. Previamente este inciso fue modificado por el art. 11 de la Ley N° 19.665, de 9 de marzo de 2000.

823 Antes de las modificaciones indicadas en la nota precedente, este artículo fue sustituido por el art. 1° N° 43 de la Ley N° 18.969, de 10 de marzo de 1990.

824 Este artículo fue sustituido por el art. 1° N° 43 de la Ley N° 18.969, de 10 de marzo de 1990.

825 Este artículo fue sustituido por el art. 1° N° 43 de la Ley N° 18.969, de 10 de marzo de 1990.

TÍTULO XV
Los Abogados

Art. 520. Los abogados son personas revestidas por la autoridad competente de la facultad de defender ante los Tribunales de Justicia los derechos de las partes litigantes.

Art. 521. El título de abogado será otorgado en audiencia pública por la Corte Suprema reunida en tribunal pleno, previa comprobación y declaración de que el candidato reúne los requisitos establecidos por los artículos 523 y 526[826].

Art. 522. En la audiencia indicada, después que el postulante preste juramento de desempeñar leal y honradamente la profesión, el Presidente del Tribunal, de viva voz lo declarará legalmente investido del título de abogado.

De lo actuado se levantará acta autorizada por el Secretario en un registro electrónico que se llevará especialmente con este objeto[827].

En seguida se entregará al abogado el título o diploma que acredite su calidad de tal, firmado por el Presidente del Tribunal, por los Ministros asistentes a la audiencia respectiva y por el Secretario[828-829-830].

Art. 523. Para poder ser abogado se requiere:

1°) Tener veinte años de edad;

---

826 Artículo modificado por el art. 1° del D.L. N° 3.637, de 10 de marzo de 1981. Previamente había sido reemplazado por el art. 1° de la Ley N° 7.855, de 13 de septiembre de 1944.

827 Inciso reemplazado por el art. 13 N° 11 de la Ley N° 20.886, de 18 de diciembre de 2015.

828 Inciso modificado por el art. 1° del D.L. N° 3.637, de 10 de marzo de 1981.

829 El inciso cuarto de este artículo fue suprimido por el art. 1° del D.L. N° 3.637, de 10 de marzo de 1981.

830 Antes de las modificaciones indicadas en las notas precedentes, este artículo había sido reemplazado por el art. 1° de la Ley N° 7.855, de 13 de septiembre de 1944.

2°) Tener el grado de Licenciado en Ciencias Jurídicas otorgado por una Universidad, en conformidad a la ley[831];

3°) No haber sido condenado ni estar actualmente acusado por crimen o simple delito que merezca pena aflictiva[832];

4°) Antecedentes de buena conducta.

La Corte Suprema podrá practicar las averiguaciones que estime necesarias acerca de los antecedentes personales del postulante[833], y

5°) Haber cumplido satisfactoriamente una práctica profesional por seis meses en las Corporaciones de Asistencia Judicial a que se refiere la ley N° 17.995, circunstancia que deberá acreditarse por el Director General de la respectiva Corporación. Las Corporaciones de Asistencia Judicial, para este efecto, podrán celebrar convenios con el Ministerio Público y con la Defensoría Penal Pública[834].

Un reglamento determinará los requisitos, forma y condiciones que deban cumplirse para que dicha práctica sea aprobada.

La obligación establecida en el N° 5 se entenderá cumplida por los postulantes que sean funcionarios o empleados del Poder Judicial por el hecho de haber desempeñado sus funciones durante cinco años, en las primeras cinco categorías del escalafón del personal de empleados u oficiales de secretaría[835].

---

[831] Número sustituido por el art. 1° del D.L. N° 3.631, de 28 de febrero de 1981.

[832] Número reemplazado por el art. 1° N° 32 de la Ley N° 19.708, de 5 de enero de 2001.

[833] Inciso modificado por el art. 11 de la Ley N° 18.120, de 18 de mayo de 1982. Previamente había sido reemplazado por el art. 1° de la Ley N° 7.855, de 13 de septiembre de 1944.

[834] Número modificado por el art. 75 letra a) de la Ley N° 19.718, de 10 de marzo de 2001. Previamente había sido reemplazado por el art. 2° N° 1 de la Ley N° 18.271, de 4 de enero de 1984; y por el art. 1° de la Ley N° 7.855, de 13 de septiembre de 1944.

[835] Inciso modificado por el art. 13 N° 14 de la Ley N° 20.022, de 30 de mayo de 2005. Anteriormente había sido modificado por el art. 4° N° 89 de la Ley N° 18.776, de 18 de enero de 1989; y agregado por el art. 7° letra j) de la Ley N° 8.100, de 1 de marzo de 1945.

Art. 524. Derogado[836].

Art. 525. Derogado[837].

Art. 526. Los chilenos, y los extranjeros residentes que hayan cursado la totalidad de sus estudios de derecho en Chile, podrán ejercer la profesión de abogado. Lo anterior se entenderá sin perjuicio de lo que dispongan los tratados internacionales vigentes[838].

Art. 527. Las defensas orales ante cualquier tribunal de la República sólo podrán hacerse por un abogado habilitado para el ejercicio de la profesión. No obstante, los postulantes que estén realizando su práctica para obtener el título de abogado en las Corporaciones de Asistencia Judicial creadas por la ley N° 17.995, podrán hacer tales defensas ante las Cortes de Apelaciones y Marciales en favor de las personas patrocinadas por esas entidades. Para estos fines el representante de ellas deberá otorgar al postulante un certificado que lo acredite como tal[839].

Art. 528. El acto por el cual una persona encomienda a un abogado la defensa de sus derechos en juicio, es un mandato, que se halla sujeto a las reglas establecidas en el Código Civil sobre los contratos de esta clase, salvo la modificación establecida en el artículo siguiente.

Art. 529. No termina por la muerte del mandante el mandato de los abogados.

---

836 Artículo derogado por el art. 1° de la Ley N° 7.855, de 13 de septiembre de 1944.

837 Artículo derogado por el art. 2° del D.L. N° 3.637, de 10 de marzo de 1981.

838 Artículo sustituido por el art. único de la Ley N° 20.211, de 5 de septiembre de 2007.

839 Artículo modificado por el art. 2° N° 2 de la Ley N° 18.271, de 4 de enero de 1984. Previamente había sido sustituido por el art. 1° del D.L. N° 3.637, de 10 de marzo de 1981.

TÍTULO XVI
De la jurisdicción disciplinaria y de la inspección y vigilancia de los servicios judiciales

§ 1. Las facultades disciplinarias

Art. 530. Los jueces de letras están autorizados para reprimir o castigar los abusos que se cometieren dentro de la sala de su despacho y mientras ejercen sus funciones de tales, con alguno de los medios siguientes:

1°) Amonestación verbal e inmediata;

2°) Multa que no exceda de cuatro unidades tributarias mensuales[840], y

3°) Arresto que no exceda de cuatro días.

Deberán emplear estos medios en el orden expresado y sólo podrán hacer uso del último en caso de ineficacia o insuficiencia de los primeros[841].

Art. 531. Podrán también los jueces de letras, para la represión o castigo de las faltas de respeto que se cometieren en los escritos que se les presentaren[842]:

1°) Mandar devolver el escrito con orden de que no se admita mientras no se supriman las palabras o pasajes abusivos;

2°) Hacer tarjar por el secretario esas mismas palabras o pasajes abusivos; y dejar copia de ellos en un registro electrónico privado que al efecto habrá en el juzgado[843];

3°) Exigir firma de abogado para ese escrito y los demás que en adelante presente la misma parte, cuando ésta no esté patrocinada por un abogado en conformidad a la ley;

---

840 Número sustituido por el art. 1° N° 14 de la Ley N° 19.374, de 18 de febrero de 1995.

841 Antes de la modificación indicada en la nota precedente, este artículo fue reemplazado por el art. 4° N° 90 de la Ley N° 18.776, de 18 de enero de 1989.

842 Encabezado modificado por el art. 12 de la Ley N° 18.176, de 25 de octubre de 1982.

843 Número modificado por el art. 13 N° 12 de la Ley N° 20.886, de 18 de diciembre de 2015.

4°) Apercibir a la parte o al abogado que hubiere redactado o firmado el escrito, o a uno y otro a la vez, con una multa que no exceda de cinco unidades tributarias mensuales, o con una suspensión del ejercicio de su profesión al abogado por un término que no exceda de un mes y extensiva a todo el territorio de la República[844];

5°) Imponer efectivamente al abogado, o a la parte, o a ambos, las penas expresadas en el número anterior.

Podrán los jueces de letras hacer uso de cualquiera de estos medios, o de dos o más de ellos simultáneamente, según lo estimaren necesario[845-846].

Art. 532. A los jueces de letras corresponde inmediatamente mantener la disciplina judicial en toda la extensión del territorio sujeto a su autoridad, haciendo observar las leyes relativas a la administración de justicia y los deberes de los empleados de secretaría y demás personas que ejercen funciones concernientes a ella[847].

En consecuencia, deberán vigilar la conducta ministerial y de todas las personas que ejercen funciones concernientes a la administración de justicia y que se hallen sujetas a su autoridad[848].

Las faltas o abusos en la conducta ministerial de las personas expresadas en el inciso anterior, así como las infracciones u omisiones en que éstas y los empleados de la secretaría incurrieren en el cumplimiento de sus deberes y obligaciones, podrán ser corregidas por los jueces de letras con algunas de las siguientes medidas:

1) Amonestación privada;

---

844 Número modificado por el art. 1° N° 15 de la Ley N° 19.374, de 18 de febrero de 1995.

845 Inciso modificado por el art. 12 de la Ley N° 18.176, de 25 de octubre de 1982.

846 El inciso final de este artículo fue suprimido por el art. 9° del D.L. N° 2.416, de 10 de enero de 1979.

847 Inciso modificado por el art. 4° N° 91 letra a) de la Ley N° 18.776, de 18 de enero de 1989. Previamente había sido modificado por el art. 12 de la Ley N° 18.176, de 25 de octubre de 1982.

848 Inciso modificado por el art. 4° N° 91 letra b) de la Ley N° 18.776, de 18 de enero de 1989.

2) Censura por escrito;

3) Multa de uno a quince días de sueldo o de una cantidad que no exceda de ocho y media Unidades Tributarias Mensuales[849], y

4) Suspensión de sus funciones hasta por un mes, gozando del cincuenta por ciento de sus remuneraciones, cuando procediere.

Las faltas o abusos de los notarios se castigarán disciplinariamente por las Cortes de Apelaciones, las cuales podrán delegar estas atribuciones en los jueces de letras correspondientes cuando la notaría no se halle en el mismo lugar del asiento de la corte.

En el caso de los juzgados de garantía y de los tribunales de juicio oral en lo penal, las facultades disciplinarias sobre los subadministradores, jefes de unidades y personal serán ejercidas por el administrador del tribunal, de conformidad a lo previsto en el artículo 389 F. Si el administrador del tribunal cometiere faltas o abusos, o incurriere en infracciones u omisiones en el cumplimiento de sus deberes y obligaciones, podrá ser removido de acuerdo al inciso final del mismo artículo[850-851].

Art. 533. Si los jueces de letras notaren faltas o abusos en el desempeño de las funciones de los defensores públicos darán cuenta a la Corte de Apelaciones respectiva, la cual Corte, si lo estimare conveniente, corregirá dichas faltas o abusos de la manera y por los medios que señalan los artículos 536 y 537.

Art. 534. Derogado[852].

---

849 Número reemplazado por el art. 4° N° 91 letra c) de la Ley N° 18.776, de 18 de enero de 1989.

850 Inciso modificado por el art. 2° N° 1 de la Ley N° 19.708, de 5 de enero de 2001. Previamente había sido agregado por el art. 11 de la Ley N° 19.665, de 9 de marzo de 2000.

851 Antes las modificaciones señaladas en las notas precedentes, este artículo había sido sustituido por el art. 6° letra e) del D.L. N° 2.876, de 23 de noviembre de 1979.

852 Artículo derogado por el art. 16 del D.L. N° 2.416, de 10 de enero de 1979.

Art. 535. Corresponde a las Cortes de Apelaciones mantener la disciplina judicial en todo el territorio de su respectiva jurisdicción, velando inmediatamente la conducta ministerial de sus miembros y la de los jueces subalternos y haciéndoles cumplir todos los deberes que las leyes les imponen.

La misma facultad corresponderá a las Cortes de Apelaciones respecto de los Juzgados Especiales de Menores[853].

Es aplicable lo dispuesto en el artículo 537 a las faltas o abusos que los ministros de las Cortes de Apelaciones cometan en el ejercicio de sus funciones.

Art. 536. En virtud de la atribución de que habla el artículo anterior, las Cortes de Apelaciones oirán y despacharán sumariamente y sin forma de juicio las quejas que las partes agraviadas interpusieren contra los jueces de letras por cualesquiera faltas y abusos que cometieren en el ejercicio de sus funciones; y dictarán, con previa audiencia del juez respectivo, las medidas convenientes para poner pronto remedio al mal que motiva la queja.

Art. 537. Las faltas o abusos de que habla el artículo anterior podrán corregirlos las Cortes de Apelaciones por uno o más de los medios siguientes:

1°) Amonestación privada;

2°) Censura por escrito;

3°) Pago de costas;

4°) Multa de 1 a 15 días de sueldo o multa no inferior a una ni superior a cinco unidades tributarias mensuales[854], y;

---

853 Inciso modificado por el art. 9° del D.L. N° 2.416, de 10 de enero de 1979. Previamente había sido intercalado por el art. 19 letra i) de la Ley N° 11.986, de 19 de noviembre de 1955.

854 Número modificado por el art. 1° N° 16 de la Ley N° 19.374, de 18 de febrero de 1995. Previamente había sido sustituido por el art. 6° letra f) del D.L. N° 2.876, de 23 de noviembre de 1979.

5°) Suspensión de funciones hasta por cuatro meses. Durante este tiempo el funcionario gozará de medio sueldo.

Lo dicho en este artículo se entiende sólo respecto de aquellas faltas o abusos que las leyes no califiquen de crimen o simple delito.

Art. 538. Pueden las Cortes de Apelaciones ejercer de oficio las facultades que se les confieren por los dos artículos anteriores.

Art. 539. Las Cortes de Apelaciones vigilarán la conducta funcionaria de sus respectivos fiscales judiciales, y podrán corregirlos disciplinariamente en la forma establecida en el artículo 537[855].

La conducta ministerial de los relatores, secretarios, notarios, conservadores, archiveros, procuradores, receptores y empleados de secretaría se halla bajo la vigilancia de las Cortes de Apelaciones, quienes podrán imponer a dichos funcionarios, procediendo de plano, las penas correccionales que se especifican en los artículos 537 y 542, y a más la de suspensión hasta por sesenta días de sus respectivos empleos u oficios, siempre que la prudencia y la necesidad de mantener la disciplina así lo exigieren[856].

Art. 540. Corresponde a la Corte Suprema, en virtud del artículo 86 de la Constitución Política del Estado, ejercer la jurisdicción correccional, disciplinaria y económica sobre todos los tribunales de la Nación.

En razón de esta atribución puede la Corte Suprema, siempre que notare que algún juez o funcionario del orden judicial ha cometido un delito que no ha recibido la corrección o el castigo que corresponda según la ley, reconvenir al tribunal o autoridad que haya dejado impune el delito a fin de que le aplique el castigo o corrección debida.

Puede, asimismo, amonestar a las Cortes de Apelaciones o censurar su conducta, cuando alguno de estos tribunales ejerciere de un modo abusivo las facultades discrecionales que la ley les confiere, o cuando faltare a cualquiera de los deberes anexos a su ministerio; sin perjuicio de formar el

---

[855] Inciso modificado por el art. 11 de la Ley N° 19.665, de 9 de marzo de 2000.

[856] Inciso modificado por el art. 4° N° 92 de la Ley N° 18.776, de 18 de enero de 1989.

correspondiente proceso al tribunal o ministros delincuentes, si la naturaleza del caso así lo exigiere[857].

Art. 541. La Corte Suprema tiene respecto de sus miembros y de su fiscal judicial las facultades que corresponden a las Cortes de Apelaciones por los artículos 535 y 539, inciso 1°[858].

La Corte Suprema puede, además, siempre que lo juzgare conveniente a la buena administración de justicia, corregir por sí las faltas o abusos que cualesquiera jueces o funcionarios del orden judicial cometieren en el desempeño de su ministerio, usando para ello de las facultades discrecionales que corresponden a las Cortes de Apelaciones con arreglo a los artículos 536 y 537.

Art. 542. Para la represión y castigo de las faltas que se cometieren ante la Corte Suprema y ante las Cortes de Apelaciones, mientras ejercen sus funciones, estos tribunales podrán emplear alguno de los medios siguientes:

1°) Amonestación privada;

2°) Censura por escrito;

3°) Multa de 1 a 15 días de sueldo o multa no inferior a dos ni superior a diez unidades tributarias mensuales[859], y;

4°) Arresto que no exceda de ocho días.

Este arresto será siempre conmutable en multa, en proporción de media unidad tributaria mensual por cada día[860].

---

857 El inciso final de este artículo fue derogado por el art. 13 N° 15 de la Ley N° 20.022, de 30 de mayo de 2005. Previamente el inciso cuarto había sido derogado por el art. 1° del D.L. N° 169, de 6 de diciembre de 1973.

858 Inciso modificado por el art. 11 de la Ley N° 19.665, de 9 de marzo de 2000.

859 Número modificado por el art. 1° N° 17 letra a) de la Ley N° 19.374, de 18 de febrero de 1995. Previamente había sido sustituido por el art. 6° letra g) del D.L. N° 2.876, de 23 de noviembre de 1979.

860 Número modificado por el art. 1° N° 17 letra b) de la Ley N° 19.374, de 18 de febrero de 1995.

Estos tribunales tendrán, también, las facultades que el artículo 531 otorga a los jueces de letras, para la represión o castigo de las faltas de respeto que se cometieren en los escritos que se les presentaren[861].

Art. 543. Si en las faltas de que habla el artículo anterior incurrieren los abogados, podrán también ser castigados con una suspensión del ejercicio de la profesión por un término que no exceda de dos meses y extensiva a todo el territorio de la República.

Art. 544. Las facultades disciplinarias que corresponden a la Corte Suprema o a las Cortes de Apelaciones, deberán especialmente ejercitarse respecto de los funcionarios del orden judicial que se encuentren en los casos que siguen:

1°) Cuando faltaren de palabra, por escrito o de obra a sus superiores en el orden jerárquico;

2°) Cuando faltaren gravemente a las consideraciones debidas a otros funcionarios o empleados o a cualquiera persona que solicite el ejercicio de su autoridad o asista por cualquier otro motivo a los estrados;

3°) Cuando se ausentaren sin licencia del lugar de sus funciones, o no concurrieren a ellas en las horas señaladas, o cuando en cualquier forma fueren negligentes en el cumplimiento de sus deberes;

4°) Cuando por irregularidad de su conducta moral o por vicios que les hicieren desmerecer en el concepto público, comprometieren el decoro de su ministerio;

5°) Cuando por gastos superiores a su fortuna, contrajeron deudas que dieren lugar a que se entablen contra ellos demandas ejecutivas;

6°) Cuando recomendaren a jueces o tribunales negocios pendientes en Juicios contradictorios o causas criminales;

7°) Cuando los nombramientos que dependieren de los jueces de letras para cargos de síndicos, depositarios, peritos u otros análogos, recayeren generalmente sobre las mismas personas o pareciere manifiestamente que

---

861 Inciso modificado por el art. 12 de la Ley N° 18.176, de 25 de octubre de 1982.

no se consulta en ellos el interés de las partes y la recta administración de justicia; y

8°) Cuando infringieren las prohibiciones que les impongan las leyes.

Art. 545. El recurso de queja tiene por exclusiva finalidad corregir las faltas o abusos graves cometidos en la dictación de resoluciones de carácter jurisdiccional. Sólo proceder cuando la falta o abuso se cometa en sentencia interlocutoria que ponga fin al juicio o haga imposible su continuación o definitiva, y que no sean susceptibles de recurso alguno, ordinario o extraordinario, sin perjuicio de la atribución de la Corte Suprema para actuar de oficio en ejercicio de sus facultades disciplinarias. Se exceptúan las sentencias definitivas de primera o única instancia dictadas por árbitros arbitradores, en cuyo caso procederá el recurso de queja, además del recurso de casación en la forma.

El fallo que acoge el recurso de queja contendrá las consideraciones precisas que demuestren la falta o abuso, así como los errores u omisiones manifiestos y graves que los constituyan y que existan en la resolución que motiva el recurso, y determinar las medidas conducentes a remediar tal falta o abuso. En ningún caso podrá modificar, enmendar o invalidar resoluciones judiciales respecto de las cuales la ley contempla recursos jurisdiccionales ordinarios o extraordinarios, salvo que se trate de un recurso de queja interpuesto contra sentencia definitiva de primera o única instancia dictada por árbitros arbitradores.

En caso que un tribunal superior de justicia, haciendo uso de sus facultades disciplinarias, invalide una resolución jurisdiccional, deberá aplicar la o las medidas disciplinarias que estime pertinentes. En tal caso, la sala dispondrá que se dé cuenta al tribunal pleno de los antecedentes para los efectos de aplicar las medidas disciplinarias que procedan, atendida la naturaleza de las faltas o abusos, la que no podrá ser inferior a amonestación privada[862].

862 Artículo reemplazado por el art. 1° N° 18 de la Ley N° 19.374, de 18 de febrero de 1995.

Art. 546. Las facultades disciplinarias que por la ley corresponden a los tribunales respecto de los abogados que intervienen en las causas de que dichos tribunales conozcan, deberán especialmente ejercerse:

1°) Cuando en el ejercicio de la profesión faltaren oralmente, por escrito o de obra al respeto debido a los funcionarios judiciales;

2°) Cuando llamados al orden en las alegaciones orales no obedecieren al juez o funcionario que preside el tribunal; y

3°) Cuando en la defensa de sus clientes faltaren a la cortesía que deben guardar a sus colegas, u ofendieren de manera grave e innecesaria a las personas que tengan interés o parte en el juicio o que intervengan en él por llamado de la justicia.

Las medidas que en ejercicio de estas facultades adoptaren los Tribunales Superiores de Justicia, serán apelables sólo en el efecto devolutivo, sin perjuicio del derecho del abogado para pedir reposición y explicar sus palabras o su intención, a fin de satisfacer al tribunal.

Art. 547. Las Cortes de Apelaciones tendrán diariamente una audiencia pública para oír las quejas verbales que alguien quiera interponer contra los subalternos dependientes de ellas.

Art. 548. El agraviado deberá interponer el recurso en el plazo fatal de cinco días hábiles, contado desde la fecha en que se le notifique la resolución que motiva el recurso. Este plazo se aumentará según la tabla de emplazamiento a que se refiere el artículo 259 del Código de Procedimiento Civil cuando el tribunal que haya pronunciado la resolución tenga su asiento en una comuna o agrupación de comunas diversa de aquélla en que lo tenga el tribunal que deba conocer el recurso. Con todo, el plazo total para interponer el recurso no podrá exceder de quince días hábiles, contado desde igual fecha.

El recurso lo podrá interponer la parte personalmente, o su mandatario judicial, o su abogado patrocinante, o un procurador del número, y deberá ser expresamente patrocinado por abogado habilitado para el ejercicio de la profesión.

En el escrito se indicarán nominativamente los jueces o funcionarios recurridos, se individualizará el proceso en el cual se dictó la resolución que motiva el recurso; se transcribirá ésta o se acompañará copia de ella, si se trata de sentencia definitiva o interlocutoria; se consignarán el día de su dictación, la foja en que rola en el expediente y la fecha de su notificación al recurrente; y se señalarán clara y específicamente las faltas o abusos que se imputan a los jueces o funcionarios recurridos.

Asimismo, se deberá acompañar un certificado, emitido por el secretario del tribunal, en el que conste: el número de rol del expediente y su carátula; el nombre de los jueces que dictaron la resolución que motiva el recurso; la fecha de su dictación y la de su notificación al recurrente, y el nombre del mandatario judicial y del abogado patrocinante de cada parte. El secretario del tribunal deberá extender este certificado sin necesidad de decreto judicial y a sola petición, verbal o escrita, del interesado.

El recurrente podrá solicitar orden de no innovar en cualquier estado del recurso. Formulada esta petición, el Presidente del Tribunal designará la Sala que deba decidir sobre este punto y a esta misma le corresponderá dictar el fallo sobre el fondo del recurso[863].

Art. 549. El recurso de queja se tramitará de acuerdo a las siguientes normas:

a) Interpuesto el recurso, la sala de cuenta del respectivo tribunal colegiado deberá comprobar que éste cumple con los requisitos que establece el artículo precedente y, en especial, si la resolución que motiva su interposición es o no susceptible de otro recurso. De no cumplir con los requisitos señalados o ser la resolución susceptible de otro recurso, lo declarará inadmisible, sin más trámite. Contra esta resolución sólo procederá el recurso de reposición fundado en error de hecho. No obstante, si no se ha acompañado el certificado a que se refiere el inciso cuarto del artículo anterior, por causa justificada, el tribunal dará un nuevo plazo fatal e improrrogable para ello, el cual no podrá exceder de seis días hábiles;

---

863 Artículo sustituido por el art. 1° N° 19 de la Ley N° 19.374, de 18 de febrero de 1995.

b) Admitido a tramitación el recurso, se pedirá de inmediato informe al juez o jueces recurridos, el cual sólo podrá recaer sobre los hechos que, según el recurrente, constituyen las faltas o abusos que se les imputan. El tribunal recurrido deberá dejar constancia en el proceso del hecho de haber recibido la aludida solicitud de informe y disponer la notificación de aquélla a las partes, por el estado diario. El informe deberá ser evacuado dentro de los ocho días hábiles siguientes a la fecha de recepción del oficio respectivo;

c) Vencido el plazo anterior, se haya o no recibido el informe, se procederá a la vista del recurso, para lo cual se agregará preferentemente a la tabla. No procederá la suspensión de su vista y el tribunal sólo podrá decretar medidas para mejor resolver una vez terminada ésta, y

d) Cualquiera de las partes podrá comparecer en el recurso hasta antes de la vista de la causa[864].

Art. 550. Los miembros del Poder Judicial gozarán del privilegio de pobreza para su defensa en los recursos de queja o en la sustanciación de medidas disciplinarias que les afecten personalmente.

Art. 551. Las resoluciones que pronuncien los tribunales unipersonales y colegiados en el ejercicio de sus facultades disciplinarias, sólo serán susceptibles de recurso de apelación. Por consiguiente, aquellas que resuelvan recursos de queja, sea en primera o en segunda instancia, no son susceptibles del recurso de reposición o de reconsideración, cualquiera sea la jerarquía del tribunal que las dicte[865].

Conocerá de la apelación el tribunal a quien corresponda el conocimiento del recurso de casación contra las sentencias del tribunal que haya pronunciado la resolución recurrida.

---

[864] Artículo reemplazado por el art. 1° N° 19 de la Ley N° 19.374, de 18 de febrero de 1995.

[865] Inciso sustituido por el art. 3° N° 6 de la Ley N° 18.882, de 20 de diciembre de 1989.

El tribunal superior resolverá la apelación de plano, sin otra formalidad que esperar la comparecencia del recurrente y si se trata de un tribunal colegiado, en cuenta, salvo que estime conveniente traer los autos en relación.

De las resoluciones que en el ejercicio de sus facultades económicas pronuncien los tribunales indicados en el inciso primero de este artículo, sólo podrá reclamarse para ante el superior jerárquico. La reclamación deberá interponerse dentro del plazo de tres días, ante el tribunal que haya dictado la resolución. Este la elevará, con todos sus antecedentes, dentro de las 48 horas siguientes a su presentación[866].

El superior jerárquico deberá resolverla de plano, y si fuere un tribunal colegiado, en cuenta[867].

Si la reclamación versa sobre la formación de una terna y el tribunal superior la desechare, éste, junto con devolver los antecedentes al inferior, remitirá la terna al Ministerio de Justicia[868].

Art. 552. Las resoluciones que impongan una medida disciplinaria, tan pronto como queden ejecutoriadas, deberán ser transcritas al Ministerio de Justicia, a la Corte Suprema y a las Cortes de Apelaciones.

La renuncia voluntaria presentada por un funcionario judicial deberá acompañarse de un certificado del Tribunal superior respectivo que acredite que no se encuentra sometido a sumario en que se investigue su conducta. Si el funcionario se encontrare en este caso, el Presidente de la República no cursará su renuncia mientras no se haya cumplido con lo dispuesto en el inciso primero[869].

---

866 Inciso sustituido por el art. 1° del D.L. N° 3.583, de 29 de enero de 1981.

867 Inciso agregado por el art. 1° del D.L. N° 3.583, de 29 de enero de 1981.

868 Inciso agregado por el art. 1° del D.L. N° 3.583, de 29 de enero de 1981.

869 Inciso agregado por el art. 19 letra j) de la Ley N° 11.986, de 19 de noviembre de 1955.

§ 2. De las visitas

Art. 553. Corresponderá a las Cortes de Apelaciones fiscalizar la conducta funcionaria de los miembros del Escalafón Primario desde la séptima hasta la tercera categoría inclusive y a los miembros del Escalafón Secundario que ejerzan sus funciones dentro de su respectivo territorio jurisdiccional, sin perjuicio de lo establecido en el artículo 564. Al efecto, las Cortes designarán anualmente a uno o más de sus ministros para que, durante el respectivo año calendario, actúen como ministros visitadores en los juzgados y en los oficios de los notarios, conservadores y archiveros que se les asignen. Anualmente deberá cambiarse la asignación, procurando siempre que la carga de trabajo se distribuya equitativamente entre todos los ministros.

Estos ministros efectuarán las visitas que sean necesarias para el debido cumplimiento de la función fiscalizadora que se les encomiende.

Si al efectuar la visita, el ministro encargado de ella comprobare la existencia de faltas o delitos cometidos por el funcionario visitado, podrá adoptar las medidas urgentes que fueren necesarias, dando cuenta de ellas a la Corte respectiva dentro de las veinticuatro horas siguientes.

Los funcionarios sujetos a las visitas a que se refiere este párrafo deberán llevar un libro especial, en el cual se consignará por el ministro encargado de hacerlas, o por el juez, en su caso, las observaciones que merezca la inspección realizada. Igual constancia se deberá dejar en la hoja de vida de cada funcionario visitado, consignando, además, la apreciación que merezca la conducta funcionaria de éste[870].

Art. 554. Derogado[871].

Art. 555. Las Cortes de Apelaciones, además de las visitas ordinarias a que se refiere el artículo 553, deberán hacer cada tres años, por medio

---

[870] Artículo intercalado por el art. 1° N° 56 de la Ley N° 19.390, de 30 de mayo de 1995.

[871] Artículo derogado por el art. 4° N° 94 de la Ley N° 18.776, de 18 de enero de 1989.

de uno de sus miembros, comisionado al efecto por el mismo tribunal, una visita en todos los juzgados de letras de su territorio jurisdiccional, con el objeto de inspeccionar y vigilar de cerca la marcha de la administración de justicia en cada uno de ellos[872].

El ministro visitador procurará informarse por cuantos medios conceptúe prudentes de la conducta ministerial de los jueces de letras, notarios, secretarios y demás personas que ejercen funciones concernientes a la administración de justicia en cada territorio jurisdiccional visitado, examinando los archivos y recogiendo cuantos datos crea conducentes al objeto de su visita[873].

Oirá las quejas que las partes agraviadas interpusieren contra cualquiera de los indicados funcionarios, y expedirá sus resoluciones sin forma de juicio, bien sea absolviéndolos o bien corrigiéndolos prudentemente cuando notare que han incurrido en algún abuso.

Art. 556. Al adoptar las medidas urgentes que fueren necesarias o al efectuar las correcciones pertinentes, podrá usar el ministro visitador de las facultades que correspondan a las Cortes de Apelaciones por los artículos 537 y 539[874].

Art. 557. Terminada la visita, el ministro que la hubiere efectuado dará al tribunal cuenta por escrito de todo lo que hubiere notado con ocasión de ella, particularizando el juicio que se haya formado sobre el estado de la administración de justicia en cada territorio jurisdiccional, las medidas que haya dictado en uso de sus atribuciones, las corruptelas o abusos que hubiere advertido, los medios que a su juicio convenga emplear para extirparlos, y en general todo lo que bajo cualquier aspecto pueda

---

872 Inciso modificado por el art. 1° N° 57 y 61 letra g) de la Ley N° 19.390, de 30 de mayo de 1995. Previamente había sido modificado por el art. 4° N° 95 letra a) de la Ley N° 18.776, de 18 de enero de 1989; y por el art. 2° letra ii) de la Ley N° 16.437, de 23 de febrero de 1996.

873 Inciso modificado por el art. 4° N° 95 letra b) de la Ley N° 18.776, de 18 de enero de 1989.

874 Artículo modificado por el art. 1° N° 58 de la Ley N° 19.390, de 30 de mayo de 1995.

contribuir a ilustrar al tribunal sobre la marcha de la administración de justicia y sobre las mejoras que en ella sea conveniente introducir[875].

Art. 558. Las medidas que dictare el ministro visitador se ejecutarán desde luego; pero podrán ser enmendadas o revocadas por el tribunal, si así lo juzgare prudente después de tomar conocimiento de los hechos.

Art. 559. Los Tribunales Superiores de Justicia decretarán visitas extraordinarias por medio de alguno de sus ministros en los juzgados de su respectivo territorio jurisdiccional, siempre que el mejor servicio judicial lo exigiere[876].

Art. 560. El tribunal ordenará especialmente estas visitas en los casos siguientes:

1°) Cuando se tratare de causas civiles que puedan afectar las relaciones internacionales y que sean de competencia de los tribunales de justicia;

2°) Cuando se tratare de la investigación de hechos o de pesquisar delitos cuyo conocimiento corresponda a la justicia militar y que puedan afectar las relaciones internacionales, o que produzcan alarma pública y exijan pronta represión por su gravedad y perjudiciales consecuencias[877], y

3°) Siempre que sea necesario investigar hechos que afecten a la conducta de los jueces en el ejercicio de sus funciones y cuando hubiere retardo notable en el despacho de los asuntos sometidos al conocimiento de dichos jueces.

Art. 561. Las Cortes deberán expresar en cada caso en que decreten visitas extraordinarias el objeto u objetos determinados de ella y podrán

---

875 Artículo modificado por el art. 4° N° 96 de la Ley N° 18.776, de 18 de enero de 1989.

876 Artículo modificado por el art. 1° N° 61 letra h) de la Ley N° 19.390, de 30 de mayo de 1995.

877 Los números primero y segundo fueron sustituidos por el art. 11 de la Ley N° 19.665, de 9 de marzo de 2000.

autorizar, además, al ministro visitador para que ejerza en el juzgado en que se practique dicha visita las atribuciones disciplinarias que confiere este Código a los visitadores.

Las facultades del ministro en visita en los casos a que se refiere el artículo anterior, serán las de un juez de primera instancia, y contra las resoluciones que dictare en los procesos a que hubiere lugar en dichos casos, podrán deducirse los recursos legales como si se dictaren por el juez visitado.

Cuando el ministro visitador debiere despachar causas, el tribunal respectivo designará las que deben ocuparlo, quedando todas las demás a cargo del juez visitado.

Art. 562. Las Cortes señalarán el tiempo de duración de la visita extraordinaria y podrán prorrogarlo o restringirlo, así como conferir a otro de los ministros el encargo de continuarla, siempre que así lo estimaren conveniente.

Art. 563. El ministro visitador dará cuenta de su visita siempre que lo exija el tribunal y a lo menos mensualmente. Terminada que sea, informará sobre lo que ha hecho en ella, y la Corte lo avisará al presidente de la República.

Si la visita hubiere sido decretada por la Corte Suprema, la Corte de Apelaciones a la que se haya insinuado, requerido u ordenado que constituya en visita a alguno de sus miembros, dará cuenta también a dicha Corte Suprema del informe del visitador.

Cuando la Suprema Corte constituya en visita a alguno de sus ministros, lo que sólo podrá ser en los negocios de su competencia, dará conocimiento del informe del visitador al Presidente de la República para los fines que corresponda.

Art. 564. Los jueces de letras, dentro del territorio de su jurisdicción, deberán vigilar la conducta ministerial de los funcionarios y empleados del Poder Judicial que deban calificar o de cuyo desempeño deban informar a la respectiva Corte de Apelaciones para los mismos efectos. Deberán, en consecuencia, visitar, por lo menos cada dos meses, los oficios de los secretarios, conservadores y archiveros de su territorio jurisdiccional a fin de comprobar el funcionamiento de los respectivos oficios y el desempeño funcionario de los visitados. Al efecto, podrán examinar los protocolos, libros y archivos que se lleven en el respectivo oficio e informarse, por medios prudentes, del modo como desempeñan sus labores.

Sin embargo, en las ciudades asiento de Corte de Apelaciones las visitas a los oficios de los notarios, conservadores y archiveros las harán los ministros de la Corte respectiva, de conformidad con lo establecido en el artículo 553.

Se dejará constancia, en el libro especial a que se refiere el inciso cuarto del artículo 553, de las observaciones que merezca la visita realizada. Igual constancia se deberá dejar en la hoja de vida de cada funcionario visitado, consignando, además, la apreciación que merezca la conducta funcionaria de éste.

En las comunas o agrupaciones de comunas en que hubiere varios jueces de letras, la Corte de Apelaciones respectiva designará el que debe hacer la visita, distribuyendo esta labor equitativamente entre todos ellos, pero la visita del oficio del secretario de cada juzgado se hará siempre por el juez respectivo[878].

Art. 565. Derogado[879].

Art. 566. Derogado[880].

Art. 567. El último día hábil de cada semana, un juez de garantía, designado por el comité de jueces del tribunal de la respectiva jurisdicción, visitará la cárcel o el establecimiento en que se encuentren los detenidos o presos a fin de indagar si sufren tratos indebidos, si se les coarta

---

878 Artículo sustituido por el art. 1° N° 59 de la Ley N° 19.390, de 30 de mayo de 1995.
879 Artículo suprimido por el art. 1° N° 60 de la Ley N° 19.390, de 30 de mayo de 1995.
880 Artículo derogado por el art. 16 del D.L. N° 2.416, de 10 de enero de 1979.

la libertad de defensa o si se prolonga ilegalmente la tramitación de su proceso[881].

Art. 568. Tendrán derecho de asistir a estas visitas los fiscales del ministerio público, cualquiera que sea su categoría, los abogados y procuradores de los procesados y los padres o guardadores de los procesados menores de edad[882].

Art. 569. En el acto de la visita deberán ser presentados todos los detenidos y presos por orden del tribunal que así lo soliciten y aquellos cuya detención no se hubiere comunicado aún al tribunal[883].

Art. 570. Iniciada la visita, un funcionario del juzgado o tribunal dará lectura al estado que llevará preparado para ese efecto y en que se expresará el nombre de cada uno de los presos y detenidos, el delito que se les imputa, el estado en que se encuentra y la fecha de inicio de la privación de libertad[884].

Art. 571. En seguida, prevendrá el juez a los detenidos y presos que pueden entablar las quejas que tengan a bien acerca del tratamiento que reciben, del alimento que se les da y de las dificultades que se les suscitan para su defensa[885].

El juez oirá uno a uno los reclamos que se le hicieren a este respecto por los presos o detenidos, o por las personas designadas en el artículo 568; y adoptará las medidas que crea convenientes para subsanar las faltas que se le hicieren presente. Si el preso o su representante creyeren inefi-

---

881 Artículo sustituido por el art. 11 de la Ley N° 19.665, de 9 de marzo de 2000.

882 Artículo modificado por el art. 11 de la Ley N° 19.665, de 9 de marzo de 2000. Previamente había sido modificado por el art. 9° de la Ley N° 19.047, de 14 de febrero de 1991.

883 Artículo sustituido por el art. 1° N° 33 de la Ley N° 19.708, de 5 de enero de 2001.

884 Artículo sustituido por el art. 11 de la Ley N° 19.665, de 9 de marzo de 2000.

885 Inciso modificado por el art. 1° N° 34 letra a) de la Ley N° 19.708, de 5 de enero de 2001. Previamente había sido modificado por el art. 11 de la Ley N° 19.665, de 9 de marzo de 2000.

caz la medida adoptada, podrán proponer otra; y, desechada por el juez, podrán apelar de la resolución[886].

Art. 572. El juez reconocerá, en seguida, el estado de aseo y seguridad de los calabozos, oyendo las observaciones del jefe del establecimiento a este respecto; y tomará nota del movimiento de ingreso y egreso de individuos reclusos que haya habido durante el curso de la semana[887].

Art. 573. Cuando, por la inspección de los libros del alcaide o por otros motivos, conociere el juez que existe en el establecimiento algún individuo ilegalmente detenido o preso, dictará desde luego las providencias que estuvieren dentro de sus facultades para remediar el abuso cometido. Si el remedio excediere de sus facultades, dará cuenta inmediata con los antecedentes a la autoridad superior que corresponda[888].

Art. 574. Cada juez que practique la visita de los detenidos o presos levantará un acta en que se contenga una exposición minuciosa de las observaciones que hubiere hecho y de los reclamos que se le hubieren dirigido durante ella. En el acta se expresarán el movimiento que hubiere tenido la cárcel y la indicación del nombre y apellido de cada uno de los individuos procesados por el juzgado o tribunal, que hubieren entrado y salido durante la semana[889].

Art. 575. Una copia autorizada del acta será enviada el mismo día a la Corte de Apelaciones respectiva; y este tribunal procederá a examinarla en el acto que la reciba. Si en ella se consigna alguna resolución del juez que hubiere sido apelada, mandará traer los antecedentes en relación, y le dará lugar preferente en la primera tabla que se forme. Con audiencia

---

[886] Inciso modificado por el art. 1° N° 34 letra b) de la Ley N° 19.708, de 5 de enero de 2001.

[887] Artículo modificado por el art. 11 de la Ley N° 19.665, de 9 de marzo de 2000.

[888] Artículo modificado por el art. 11 de la Ley N° 19.665, de 9 de marzo de 2000.

[889] Artículo modificado por el art. 11 de la Ley N° 19.665, de 9 de marzo de 2000.

verbal de las partes que concurran, y sin otro trámite, fallará la Corte el recurso pendiente.

Art. 576. Si el contenido de las actas diere mérito para adoptar medidas que estén fuera del alcance de los Tribunales de Justicia, la Corte se dirigirá a la autoridad administrativa llamada a poner remedio al mal denunciado, a fin de que adopte las providencias necesarias para ese objeto.

Art. 577. Todo jefe de establecimiento en que se encuentren individuos detenidos o presos dará cuenta inmediata al fiscal del ministerio público y al juzgado o tribunal respectivo, de la muerte o fuga de alguno de ellos y de cualquier enfermedad que exija la traslación de un enfermo a un hospital u otro establecimiento[890].

Art. 578. En toda ciudad en que existan cárceles o establecimientos penales se hará, a lo menos, una visita en el primer semestre y otra en el segundo semestre del año a cada uno de ellos, a fin de tomar conocimiento de su estado de seguridad, orden e higiene, de si los internos cumplen sus condenas y de oírles sus reclamaciones[891].

Art. 579. Las visitas se practicarán sin aviso previo, a uno o más de los establecimientos penales y cárceles existentes en el territorio jurisdiccional respectivo, en la fecha y hora que determine el presidente de la visita, por sí o a petición de cualquiera de sus miembros[892].

Art. 580. En las comunas asiento de una Corte de Apelaciones constituirán la visita un ministro de la misma, un juez de tribunal de juicio oral

---

[890] Artículo reemplazado por el art. 11 de la Ley N° 19.665, de 9 de marzo de 2000.

[891] Artículo modificado por el art. 11 de la Ley N° 19.665, de 9 de marzo de 2000. Previamente había sido sustituido por el art. 1° del D.L. N° 3.634, de 7 de marzo de 1981.

[892] Artículo modificado por el art. 4° N° 98 de la Ley N° 18.776, de 18 de enero de 1989. Previamente había sido sustituido por el art. 1° del D.L. N° 3.634, de 7 de marzo de 1981.

en lo penal y un juez de garantía. El ministro será designado por turno anual, comenzando por el menos antiguo[893].

El secretario de la Corte de Apelaciones, o el secretario en lo criminal de la de Santiago, lo será de la visita.

En las demás comunas, constituirán la visita un juez de garantía, designado por la Corte de Apelaciones de acuerdo a un turno mensual, y el funcionario del juzgado que el juez designare como secretario de la visita[894].

Presidirá la visita el ministro de la Corte de Apelaciones o, en su caso, el juez de garantía[895].

Art. 581. El presidente y el ministro que designe la Corte Suprema podrán constituirse en visita en cualquiera de las cárceles y establecimientos penales de la República cuando así lo estimare necesario el primero, que la presidirá[896].

El presidente y el ministro de la Corte de Apelaciones que constituyan la visita en la ciudad asiento de ese tribunal, podrán visitar cualquiera de las cárceles y establecimientos penales existentes en su territorio jurisdiccional cuando así lo determine el presidente de oficio o a petición de uno de sus miembros[897].

En estos casos, será secretario de la visita el ministro de fe que el presidente designe.

Estas visitas tendrán los fines que se indican en el artículo 578 y se regirán, en cuanto les sean aplicables, por las disposiciones de los artículos 579, 582, 583, 584 y 585[898].

---

893 Inciso modificado por el art. 2° N° 1 de la Ley N° 19.708, de 5 de enero de 2001. Previamente había sido reemplazado por el art. 11 de la Ley N° 19.665, de 9 de marzo de 2000.

894 Inciso reemplazado por el art. 11 de la Ley N° 19.665, de 9 de marzo de 2000.

895 Inciso modificado por el art. 11 de la Ley N° 19.665, de 9 de marzo de 2000.

896 Inciso modificado por el art. 11 de la Ley N° 19.665, de 9 de marzo de 2000.

897 Inciso modificado por el art. 11 de la Ley N° 19.665, de 9 de marzo de 2000.

898 Antes de las modificaciones indicadas en las notas precedentes, este artículo fue sustituido por el art. 1° del D.L. N° 3.634, de 7 de marzo de 1981.

Art. 582. La visita inspeccionará los diferentes departamentos de la casa; se informará del trato y del alimento que se da a los reclusos; de cómo se cumple el reglamento y se llevan las cuentas de las economías de los reclusos; y el Presidente les advertirá que pueden hacer las reclamaciones que les convengan[899].

Los directores o jefes de la casa visitada presentarán a todos los reclusos que en ella haya, en la forma que la visita ordene[900].

De las reclamaciones que se refieren a vejaciones indebidas, coacción de la libertad de defensa o prolongación injustificada en la tramitación de los procesos, se dejará testimonio escrito y de ellas conocerá la Corte de Apelaciones para la adopción de las medidas procedentes[901].

Art. 583. Si notare abusos o defectos que pueda corregir, obrando dentro de sus atribuciones, la visita dará las órdenes del caso.

Acordará, si lo estimare oportuno, hacer representaciones al Presidente de la República, ya en favor de algún recluso, ya con relación a la casa[902].

Art. 584. El secretario de la visita que asista consignará en un libro, que llevará con este objeto, acta de la visita, en la cual expresará las órdenes dadas y las medidas tomadas en cada cárcel y establecimiento visitado[903].

El Presidente firmará el acta y también el secretario.

Una copia del acta se remitirá al Ministerio de Justicia.

Art. 585. En un libro que se tendrá en cada cárcel y establecimiento penal, el secretario de la visita pondrá copia de la parte del acta referente a cada uno.

---

899 Inciso modificado por el art. 11 de la Ley Nº 19.665, de 9 de marzo de 2000.

900 Inciso modificado por el art. 11 de la Ley Nº 19.665, de 9 de marzo de 2000. Previamente había sido reemplazado por el art. 2º del D.L. Nº 3.634, de 7 de marzo de 1981.

901 Inciso agregado por el art. 3º Nº 53 de la Ley Nº 11.183, de 10 de junio de 1953.

902 Inciso modificado por el art. 11 de la Ley Nº 19.665, de 9 de marzo de 2000.

903 Inciso modificado por el art. 11 de la Ley Nº 19.665, de 9 de marzo de 2000.

El jefe del establecimiento es responsable del cumplimiento de cuanto ordenare la visita.

Art. 585 bis. Lo dispuesto en los artículos 567, 578, 580 y 581 será aplicable a los recintos en que se ejecuten las medidas de internación provisoria y de internación en régimen cerrado establecidas en la ley que regula la responsabilidad penal de los adolescentes[904].

§ 3. Estados y publicaciones

Art. 586. Los jueces de letras son obligados a remitir a la respectiva Corte de Apelaciones:

1°) Cada dos meses, una copia de las actas de visita que levantaren con arreglo a lo dispuesto por el inc. 3 del art. 564;

2°) El último día hábil de cada semana una copia del acta de la visita que practiquen en los lugares de detención con arreglo a lo dispuesto por el art. 567.

3°) Cada dos meses, una lista de las causas criminales pendientes en sus juzgados, indicando el estado en que se halla cada causa y los motivos del retardo o paralización que alguna de ellas sufriere; y

4°) Cada mes, una lista de las causas civiles y criminales falladas en el mismo mes y de todas las que se encuentren en estado de sentencia, con indicación de las fechas respectivas.

En el caso de los juzgados de garantía, el juez presidente del comité de jueces enviará los documentos a que se refieren los números 2° y 4°, con indicación del juez antes mencionado que se encontrare a cargo de la actuación o resolución respectiva[905].

Art. 587. Los secretarios de los tribunales colegiados fijarán en la puerta de la secretaría del tribunal una nómina de las causas que queden en acuerdo, con expresión de la fecha en que terminó la vista, la del

---

904 Artículo sustituido por el art. 65 N° 6 de la Ley N° 20.084, de 7 de diciembre de 2005.

905 Inciso agregado por el art. 1° N° 35 de la Ley N° 19.708, de 5 de enero de 2001.

decreto en que se designó ministro para redactar el fallo, el nombre de éste, la fecha del día en que el ministro redactor entregue el borrador de la sentencia y la de aquel en que ésta sea expedida por el tribunal. Esta nómina se publicará también semanalmente en el Diario Oficial.

Art. 588. Los secretarios de los tribunales colegiados fijarán igualmente por Secretaría, por el bimestre, en lugar visible al público, enviándose copia al Colegio de Abogados respectivo, la estadística completa del movimiento de causas y demás negocios de que conozca el tribunal[906].

Dicha estadística contendrá los datos siguientes:

1°) Existencia de causas del bimestre anterior, con detalles de artículos y definitivas y de las que se hallen en tramitación, en estado de tabla y en acuerdo;

2°) Asuntos ingresados al tribunal en el bimestre, con especificación de causas civiles y criminales y en unas y otras de las definitivas y artículos y de los demás negocios;

3°) Causas civiles y criminales, definitivas y artículos, fallados o cuya apelación se haya declarado desierta o haya sido desistida, expresando estas circunstancias por separado e iguales indicaciones respecto de los demás negocios resueltos por el tribunal;

4°) Causas civiles y criminales, definitivas y artículos, que hayan quedado en acuerdo en el bimestre y demás asuntos que se encontraren en este estado; y

5°) Existencia para el bimestre siguiente en cada clase de asuntos.

Art. 589. Antes del quince de Febrero de cada año los Presidentes de las Cortes de Apelaciones enviarán al Presidente de la Corte Suprema la estadística completa del movimiento de causas y demás negocios de que conozca el Tribunal. Esta estadística contendrá los datos enumerados en el artículo anterior.

---

906 Inciso modificado por el art. 3° N° 54 de la Ley N° 11.183, de 10 de junio de 1953.

Art. 590. Las Cortes de Apelaciones, en vista de las actas de visita y de los estados bimestrales que deben pasarles los jueces de letras con arreglo a lo dispuesto por el art. 586 podrán, sin perjuicio de lo dispuesto por el art. 539, dictar las medidas generales que sea menester para el recto desempeño de las funciones de los procuradores, notarios y demás personas que presten sus servicios en la Administración de Justicia y se hallen sujetas a su autoridad.

Podrán, asimismo, dictar las medidas necesarias para la represión de las faltas o abusos que se cometan en los lugares de detención, o dar cuenta de ellos a la Corte Suprema.

Deberán, por último, activar el despacho de las causas sometidas al conocimiento de dichos funcionarios, y podrán hacerse dar cuenta, con la frecuencia que consideren conveniente, de la marcha de alguna determinada causa, siempre que haya motivos especiales que así lo aconsejen.

TÍTULO XVII
De la asistencia judicial y del privilegio de pobreza

Art. 591. El privilegio de pobreza, salvo los casos en que se conceda por el solo ministerio de la ley, será declarado por sentencia judicial y deberá pedirse al tribunal a quien corresponda conocer en única o primera instancia del asunto en que haya de tener efecto.

Los que lo obtuvieren usarán papel simple en sus solicitudes y actuaciones y tendrán derecho para ser gratuitamente servidos por los funcionarlos del orden judicial, y por los abogados, procuradores y oficiales subalternos designados para prestar servicios a los litigantes pobres.

Salvo que la ley expresamente ordene otra cosa, quedarán también exentos del pago de las multas establecidas para los litigantes; pero si procedieren con notoria malicia, podrá el tribunal imponer la multa correspondiente, conmutable en arresto de un día por un vigésimo de sueldo vital[907].

---

[907] Inciso modificado por el art. 9º del D.L. Nº 2.416, de 10 de enero de 1979.

La tramitación del privilegio de pobreza se regirá por el Código de Procedimiento Civil.

Art. 592. Las personas que obtengan privilegio de pobreza en las diligencias a que diere lugar una subinscripción en los libros del Registro Civil estarán exentas del pago de los derechos que se establecen en los números 14 a 22 inclusives del artículo 10 de la ley Nº 6894 de 19 de Abril de 1941.

Art. 593. Se estimará como presunción legal de pobreza la circunstancia de encontrarse preso el que solicita el privilegio, sea por sentencia condenatoria, sea durante la sustanciación del juicio criminal.

Art. 594. Si el litigante pobre obtuviere en el juicio, será obligado a destinar una décima parte del valor líquido que resultare a su favor para el pago de los honorarios y derechos causados, distribuyéndose esta suma a prorrata entre todos los interesados, si no alcanzaren a ser íntegramente cubiertos de lo que se les adeudare.

Art. 595. Corresponde a los jueces de letras designar cada mes y por turno, entre los no exentos, un abogado que defienda las causas civiles y otro que defienda las causas del trabajo de las personas que hubieren obtenido o debieran gozar del mencionado privilegio. Con todo, cuando las necesidades lo requieran, y el número de abogados en ejercicio lo permita, la Corte de Apelaciones respectiva podrá disponer que los jueces de letras designen dos o más abogados en cada turno, estableciendo la forma en que se deban distribuir las causas entre los abogados designados[908].

---

[908] Inciso modificado por la sentencia del Tribunal Constitucional, de 29 de julio de 2009, recaída en el requerimiento Rol 1254-2008 y publicada en el Diario Oficial el 1 de agosto del mismo año. Esta sentencia declaró inconstitucional la palabra "gratuitamente" que se contenía en el citado inciso. Previamente había sido modificado por el art. 75 letra b) de la Ley Nº 19.718, de 10 de marzo de 2001; reemplazado por el art. 68 letra c) de la Ley Nº 18.510, de 14 de mayo de 1986; modificado por el art. 12 de la Ley Nº 18.176, de 25 de octubre de 1982; y modificado por el art. 2º letra jj) de la Ley Nº 16.437, de 23 de febrero de 1966.

En la misma forma y para los mismos fines harán los jueces de letras a quienes se refiere el inciso precedente, las correspondientes designaciones de procuradores y receptores.

Cuando alguna persona que goce del privilegio de pobreza no pueda ser servida por los abogados, procuradores y receptores nombrados, el juez de letras podrá designar un abogado, un procurador o un receptor especial que la sirva.

En las comunas o agrupaciones de comunas en donde hubiere dos o más jueces de letras, hará las designaciones generales prevenidas en los dos primeros incisos de este artículo, el más antiguo, y las especiales del inciso precedente el que conociere del negocio en que han de aplicarse[909].

Las designaciones generales de abogados, procuradores y receptores de turno deberán hacerse por las Cortes de Apelaciones para el territorio jurisdiccional en que éstas tengan su residencia[910].

Art. 596. Derogado[911].

Art. 597. En las ciudades donde rijan las obligaciones de estar representado y patrocinado por abogado, las personas notoriamente menesterosas, a juicio del tribunal, serán representadas y patrocinadas gratuitamente por el abogado de turno[912].

Art. 598. Es obligación de los abogados defender gratuitamente hasta su término las causas de pobres que se les encomienden en conformidad a los preceptos de este título[913].

---

909 Inciso modificado por el art. 4° N° 100 letra a) de la Ley N° 18.776, de 18 de enero de 1989. Previamente había sido modificado por el art. 12 de la Ley N° 18.176, de 25 de octubre de 1982.

910 Inciso modificado por el art. 4° N° 100 letra b) de la Ley N° 18.776, de 18 de enero de 1989.

911 Artículo derogado por el art. 75 letra c) de la Ley N° 19.718, de 10 de marzo de 2001.

912 Artículo modificado por el art. 1° del D.L. N° 3.637, de 10 de marzo de 1981.

913 Inciso modificado por el art. 2° letra kk) de la Ley N° 16.437, de 23 de febrero de 1966.

Los abogados podrán excepcionarse de esta obligación por motivos justificados que serán calificados por el Juez que conozca de la causa en que aquél deba cumplir la obligación, el que resolverá esta materia de preferencia y proveerá simultáneamente la designación del reemplazante[914].

El abogado que no cumpliere esta obligación será sancionado con suspensión del ejercicio de la profesión hasta por seis meses, por el Tribunal que conozca de la causa en que se hubiere producido el incumplimiento.

De la resolución que imponga la sanción se podrá reclamar, dentro de tercero día, ante el Tribunal Superior jerárquico del que la dictó.

Una vez firme la resolución que imponga una suspensión del ejercicio de la profesión deberá ser comunicada por la Corte de Apelaciones respectiva a los tribunales de su territorio jurisdiccional[915-916].

Art. 599. Están exentos de la obligación establecida por el artículo precedente:

1°) Los abogados que se hallaren en actual ejercicio de algún cargo concejil; y

2°) Los que estuvieren nombrados por el Presidente de la República para integrar la Corte Suprema y las Cortes de Apelaciones.

Art. 600. Las personas patrocinadas por las Corporaciones de Asistencia Judicial o alguna de las entidades públicas o privadas destinadas a prestar asistencia jurídica y judicial gratuita gozarán por el solo ministerio de la ley de los beneficios establecidos en los incisos segundo y tercero del artículo 591 y no regirán para ellas las consignaciones que las leyes exigen para interponer recursos ante autoridades judiciales o administrativas. En los asuntos y gestiones que patrocinen las entidades referidas, los

---

[914] Inciso modificado por el art. 1° del D.L. N° 3.637, de 10 de marzo de 1981. Previamente había sido agregado por el art. 2° letra kk) de la Ley N° 16.437, de 23 de febrero de 1966.

[915] Los inciso tercero, cuarto y quinto fueron agregados por el art. 1° del D.L. N° 3.637, de 10 de marzo de 1981.

[916] El inciso tercero de este artículo fue derogado por el art. 4° N° 101 de la Ley N° 18.776, de 18 de enero de 1989.

procuradores del número y receptores de turno y los demás funcionarios del orden judicial o administrativo, prestarán sus servicios gratuitamente. Lo anterior se entiende sin perjuicio de lo dispuesto en el artículo 594 de este Código[917].

Los abogados y procuradores de estas entidades, y los abogados y procuradores del número de turno cuando actúan en tal calidad, no serán responsables del pago de las costas y demás cargos pecuniarios a que sean condenados sus patrocinados.

Las personas que gocen de privilegio de pobreza no serán condenadas al pago de costas, a menos que el tribunal respectivo, en resolución fundada, declare que han obrado como litigantes temerarios o maliciosos.

El patrocinio a que se refiere este artículo se acreditará con un certificado otorgado por el representante de la respectiva entidad[918].

Art. 601. Sin perjuicio del privilegio de pobreza, podrán los jueces, en las causas que se tramiten en papel simple, liberar del pago de derechos a las partes que lo soliciten con fundamento plausible. Para este efecto los jueces que conozcan de dichas causas designarán mensualmente y por orden de antigüedad un receptor de turno entre los que funcionen al servicio del tribunal.

Art. 602. Los notarios y los oficiales civiles, en su caso, otorgarán, sin costo alguno para los interesados, las escrituras de reconocimiento y legitimación de los hijos, y las de aceptación de tales actos, como asimismo los certificados de supervivencia necesarios para el goce de la asignación familiar.

Dichas escrituras y certificados y las actuaciones judiciales a que dieren origen el reconocimiento o la legitimación de hijos, estarán exentas de todo impuesto.

---

917 Inciso modificado por el art. 1° N° 45 de la Ley N° 18.969, de 10 de marzo de 1990.

918 Antes de la modificación señalada en la nota precedente, este artículo había sido sustituido por el art. 1° del D.L. N° 3.637, de 10 de marzo de 1981.

TÍTULO FINAL

Disposiciones derogadas por la Ley de Organización y Atribuciones de los Tribunales, de 15 de Octubre de 1875.

Artículo final. La derogación de las leyes preexistentes al 1° de Marzo de 1876 se rige por el artículo final de la Ley de Organización y Atribuciones de los Tribunales de 15 de Octubre de 1875.

(1) El artículo final de la citada ley dice: "Desde la vigencia de esta ley, quedan abolidos los recursos de fuerza y derogadas, aún en la parte que no fueren contrarias a ella, las preexistentes sobre todas las materias que en la misma se tratan".

"Sin embargo, las disposiciones del Código Civil, las del Código de Comercio y las relativas a la confección de instrumentos públicos y deberes de los ministros de fe sólo se entenderán derogadas en lo que sean contrarias a las de esta ley".

DISPOSICIONES TRANSITORIAS

Art. 1° Derogado[919].

Art. 2° Lo dispuesto en el art. 261 no afecta a los actuales funcionarios del Poder Judicial que el 21 de Septiembre de 1939 estaban desempeñando alguna cátedra universitaria; y sólo respecto de esa misma cátedra.

Art. 3° La disposición del art. 526 no se aplica a los extranjeros que ejercían la profesión de abogado en el país cuando se dictó la ley N° 6985, de 10 de Julio de 1941, ni a aquéllos que obtengan o hayan obtenido su título después de terminar los cursos que, en esa misma fecha, tuvieran iniciados en alguna Universidad reconocida.

Art. 4° La prohibición del art. 479 no rige respecto de los actuales procuradores del número que estaban desempeñando esos cargos a la fecha de

---

919 Artículo derogado por el art. 16 del D.L. N° 2.416, de 10 de enero de 1979.

la dictación de la ley 6985, de 10 de Julio de 1941, mientras desempeñen dichos cargos.

Art. 5° Los servicios prestados en los cargos de secretarios, relatores y empleados del Escalafón Secundario y del especial del personal subalterno durante el régimen de arancel, serán considerados como servicios públicos para todos los efectos legales.

Art. 6° La ley N° 6073, de 9 de Septiembre de 1937, sobre Escalafón Judicial, no rebaja la categoría y derechos adquiridos por los funcionarios a quienes asigna una categoría diferente de la que tenían a la época de su vigencia.

Art. 7° Para determinar la antigüedad a que se refiere el artículo sexto del Decreto con Fuerza de Ley número 3390, expedido por el Ministerio de Justicia con fecha 29 de Diciembre de 1927, de aquellos funcionarios que cesaron en el desempeño de sus cargos en virtud del decreto supremo número 426, dictado por el Ministerio mencionado, el 28 de Febrero de 1927 y que posteriormente hubieren sido reincorporados a la Administración de Justicia, se computarán los servicios que hubieren prestado como promotores fiscales, siempre que estos cargos puedan equipararse a la misma categoría de los cargos judiciales en los cuales han sido reincorporados. Para esta equiparación se considerará al que fue promotor fiscal como juez de letras de la localidad respectiva[920].

Art. 8° En las ternas para el nombramiento de funcionarios de la quinta categoría del Escalafón Primario, tendrán preferencia las personas que hubieren desempeñado los cargos de promotores fiscales, a las que, reincorporadas, se les computará todo el tiempo servido en la carrera judicial.

Este abono de años de servicios también regirá para los funcionarios ya reincorporados.

---

920 Artículo modificado por el art. 12 de la Ley N° 18.176, de 25 de octubre de 1982.

Art. 9° Los ex funcionarios judiciales respecto de quienes haya declarado la Corte Suprema, de acuerdo con el decreto-ley 514, de 30 de Agosto de 1932, que tienen derecho a ser reincorporados, se considerarán formando parte del Escalafón, para los efectos de ser nombrados para cargos de la misma categoría del que desempeñaban en la época en que cesaron en sus funciones y tendrán derecho preferente a uno de los lugares libres de las ternas o listas respectivas. Reincorporados, se les computará el tiempo que hubieren servido anteriormente para los efectos de su lugar en el Escalafón.

Art. 10. Los funcionarios del servicio judicial contemplados en la ley 6417, de 15 de Septiembre de 1939, que desde la dictación del Decreto con Fuerza de Ley N° 3390, de 29 de Diciembre de 1927, y hasta el 21 de Noviembre de 1939 se hubieren visto obligados a renunciar a sus cargos por enfermedad, figurarán, si se opusieren, por derecho propio, en las ternas respectivas que formen las Cortes de Justicia, con el mismo grado que tenían a la fecha de la renuncia de sus cargos.

Para este efecto las Cortes dedicarán un lugar de dichas ternas a los funcionarios a que se refiere el inciso precedente y que, oportunamente, se hubieren opuesto.

El Ministerio de Justicia enviará a la Corte Suprema y a las Cortes de Apelaciones, una lista con los nombres de los ex funcionarios que hubieren renunciado a sus cargos por enfermedad.

Art. 11. Los funcionarios judiciales alejados del servicio por exoneración o por haberse declarado vacantes sus cargos y que con anterioridad al 28 de Septiembre de 1940 hubieren sido reincorporados, después de haber reconocido la Corte Suprema su buen comportamiento o que no procedía esta declaración, figurarán en el Escalafón Judicial computándoseles, para los efectos de la antigüedad, el tiempo que permanecieron alejados de sus funciones.

La Corte Suprema, a solicitud de los interesados, practicará las modificaciones que sea necesario introducir en el Escalafón Judicial para dar cumplimiento a lo dispuesto en el inciso anterior.

Este precepto no modifica los derechos adquiridos por los funcionarios judiciales que estaban en servicio el 26 de Abril de 1941 y que en razón de su antigüedad ocupen un lugar de la quina o terna en conformidad a leyes anteriores.

Art. 12. Los defensores públicos de Santiago y de Valparaíso que se encontraban desempeñando esos cargos el 15 de Septiembre de 1939 gozarán del sueldo, rango y categoría de jueces de asiento de las respectivas Cortes de Apelaciones de acuerdo con el art. 6 transitorio.

Art. 13. Derogado[921].

Art. 14. La disposición del art. 285 no se aplicará a los árbitros y partidores no abogados que estaban conociendo de un juicio arbitral o de partición el 10 de Julio de 1941. Sus funciones podrán prorrogarse hasta la terminación del negocio.

Continuarán, también, en su cargo las personas que en esa fecha formaban parte de un tribunal arbitral destinado a resolver las dificultades que sobrevengan en el cumplimiento de un contrato en actual vigencia.

Art. 15. Tampoco se aplicará el artículo 1324 del Código Civil, modificado por la ley 6985 de 10 de Julio de 1941, a las designaciones de partidores hechas en instrumentos públicos o testamentos otorgados con anterioridad a la vigencia de dicha ley. Podrán también prorrogarse sus funciones.

Art. 16. Cuando se implementen modificaciones a los sistemas de enjuiciamiento que impliquen la creación de nuevos cargos de jueces, se entenderá que los postulantes de la cuarta, quinta o sexta categoría del Escalafón Primario del Poder Judicial cumplen con los requisitos establecidos en la letra b), del artículo 284, del Código Orgánico de Tribunales,

---

921 Artículo derogado por el art. 16 del D.L. Nº 2.416, de 10 de enero de 1979.

para ser incorporados en las ternas respectivas, los que serán elegidos de conformidad a lo establecido en el inciso primero del artículo 281[922].

Santiago, quince de Junio de mil novecientos cuarenta y tres. - J. A. RIOS M. - Oscar Gajardo V.

[922] Artículo incorporado por el art. 1° de la Ley N° 19.976, de 23 de octubre de 2004.

APÉNDICE

DECRETO SUPREMO Nº 307
(Publicado el 23 de mayo de 1978)

FIJA EL TEXTO REFUNDIDO, COORDINADO Y SISTEMATIZADO DE LA LEY 15.231, SOBRE ORGANIZACIÓN Y ATRIBUCIONES DE LOS JUZGADOS DE POLICÍA LOCAL

Santiago, 3 de Marzo de 1978.- Hoy se decretó lo que sigue:

Núm. 307.- Teniendo presente:

Que es necesario introducir a la ley Nº 15.231, sobre Organización y Atribuciones de los Juzgados de Policía Local, las diversas modificaciones de que ha sido objeto, coordinando y sistematizando debidamente sus disposiciones actualizadas;

Que es recomendable, asimismo, por razones de buen orden administrativo y de utilidad práctica, señalar detenidamente, mediante notas marginales, las fuentes legales en que se originan las modificaciones experimentadas por los distintos preceptos, e indicar, al mismo tiempo, la relación de la nueva numeración del articulado de la ley con la de su texto original, y Vistas: las facultades que me otorga el D.L. Nº 2.042, de 1977,

Decreto:

Fíjase el siguiente texto refundido, coordinado y sistematizado de la ley Nº 15.231.

TÍTULO I
De los Jueces de Policía Local

Artículo 1º.- La Organización y Atribuciones de los Juzgados de Policía Local se regirán por las disposiciones de la presente ley.

Artículo 2º.- En las ciudades cabeceras de provincias y en las comunas que tengan una entrada anual superior a treinta sueldos vitales anuales de la provincia de

Santiago, la administración de Justicia, en las materias a que se refiere la presente ley, será ejercida por funcionarios que se denominarán Jueces de Policía Local.

Con la ratificación de la Asamblea Provincial, podrá nombrarse Juez de Policía Local en comunas de ingreso menor que el indicado en el inciso anterior.

En las demás, dichas funciones serán desempeñadas por los Alcaldes, en conformidad a las reglas que se establecen en esta ley.

Artículo 3º.- Para ser designado juez de policía local, se exigirá estar en posesión de las calidades y requisitos necesarios para ser juez de Letras de Mayor Cuantía de simple departamento[1].

Artículo 4º.- Los Jueces de Policía Local serán designados por la Municipalidad que corresponda, a propuesta en terna de la Corte de Apelaciones respectiva, la cual abrirá un concurso por un plazo no inferior a diez días. Los interesados deberán hacer valer los antecedentes justificativos de sus méritos y poseer los requisitos que se exigen para optar al cargo.

La designación de los jueces de Policía Local deberá ser hecha por la respectiva Municipalidad dentro de los treinta días siguientes a la fecha de recepción de la terna.

Si transcurriere ese plazo sin que el Juez haya sido designado por la Municipalidad, se entenderá nombrada la persona que ocupe el primer lugar en la terna de que se trate, y en este caso el alcalde estará obligado a recibir de inmediato el juramento a que se refiere el artículo 7º[2].

Artículo 5º.- El cargo de Juez de Policía Local es incompatible con cualquier otro de la Municipalidad donde desempeña sus funciones y con el de Juez de otra comuna.

Sin embargo, dos o más Municipalidades vecinas podrán reunirse y acordar, en la forma en que esos municipios convengan, la instalación de un Juzgado de Policía Local, que tendrá jurisdicción sobre las respectivas comunas, determinando a la vez las cuotas que para dichos servicios co-

---

1 Artículo sustituido por el art. 10 del D.L. Nº 2.416, de 10 de enero de 1979.

2 Los incisos segundo y tercero fueron derogados por el art. 100 de la Ley Nº 19.777, de 5 de diciembre de 2001.

rresponderá a los diversos municipios. Lo anterior es sin perjuicio de lo dispuesto en el artículo 44 de la ley N° 18.695, Orgánica Constitucional de Municipalidades[3].

En las Municipalidades con presupuestos inferiores a setenta sueldos vitales anuales de la respectiva provincia y en aquéllas ubicadas en una provincia en que el número de abogados que ejerzan la profesión sea igual o inferior a diez, el Juez de Policía Local podrá desempeñar también, sin mayor remuneración, las funciones de abogado municipal, cuando así lo acuerde la Municipalidad.

Los Jueces de Policía Local y secretarios de estos Tribunales no podrán intervenir como abogados patrocinantes, apoderados o peritos en los asuntos en que conozcan tales Tribunales[4].

Los Jueces de Policía Local deberán tener el grado máximo del escalafón municipal respectivo. Tendrán derecho a percibir, además, una asignación mensual de Responsabilidad Judicial inherente al cargo, imponible y tributable, que tendrá el carácter de renta para todo efecto legal, correspondiente al 30% de la suma del sueldo base y la asignación municipal. El gasto que represente el pago de esta asignación se efectuará con cargo al presupuesto de la respectiva Municipalidad[5].

Sin perjuicio de lo anterior, existirá además una Asignación de Incentivo por Gestión Jurisdiccional, imponible y tributable, cuyo pago se efectuará con cargo al presupuesto de la respectiva Municipalidad, que tendrá el carácter de renta para todo efecto legal, la que se concederá teniendo como base los resultados de la calificación que efectúe cada Corte de Apelaciones, de acuerdo al procedimiento señalado en el artículo 8°, que se percibirá mensualmente durante el año inmediatamente siguiente al del respectivo proceso calificatorio y que se ceñirá al siguiente procedimiento:

i) Para aquellos jueces de policía local calificados en Lista Sobresaliente o Muy Buena, a que se refiere el inciso tercero del artículo 278 del

---

3 Inciso modificado por el art. 12 N° 1 letra a) y b) de la Ley N° 20.554, de 23 de enero de 2012.

4 Inciso introducido por el art. 44 de la Ley N° 18.287, de 7 de febrero de 1984.

5 Inciso modificado por el art. 2° N° 1 de la Ley N° 20.008, de 22 de marzo de 2005.

Código Orgánico de Tribunales, la asignación corresponderá a un 20% de la suma del sueldo base y la asignación municipal.

ii) Para aquellos jueces de policía local calificados en Lista Satisfactoria o Regular, contemplada en la norma citada precedentemente, la asignación corresponderá a un 10% de la suma del sueldo base y la asignación municipal.

iii) No tendrán derecho a percibir este incentivo los jueces de policía local calificados en Lista Condicional o Deficiente, ni aquellos que durante el año anterior al pago del mismo, por cualquier motivo, no hayan prestado servicios efectivos en el Juzgado de Policía Local durante seis meses o más, con la sola excepción de los períodos por los cuales se hubiesen acogido a licencias médicas contempladas en su régimen estatutario[6].

En todo caso, los Jueces de Policía Local deben tener su domicilio dentro de la provincia a que corresponda la comuna donde presten sus servicios.

Artículo 6°.- En caso de impedimento o inhabilidad del juez de policía local será subrogado por el secretario del mismo tribunal, siempre que sea abogado.

A falta de dicho secretario, la subrogación se efectuará en la forma que se establece en los números siguientes:

1°. En las comunas en que hubiere dos Juzgados los jueces se subrogarán recíprocamente. Si en la comuna hubiere más de dos Juzgados, la subrogación de los jueces se efectuará según el orden numérico de los tribunales y reemplazará al último el primero de ellos, y

2°. En las comunas en que hubiere un solo Juzgado, el juez será subrogado por alguno de los abogados que figuren en la terna que formará anualmente el alcalde, dentro de los primeros quince días de cada año y que será sometida a la consideración de la Corte de Apelaciones respectiva, la que podrá aprobarla, rechazarla o enmendarla sin ulterior recurso.

---

6 Inciso modificado por el art. 12 Nº 2 de la Ley Nº 20.554, de 23 de enero de 2012. Anteriormente había sido intercalado por el art. 2º Nº 2 de la Ley Nº 20.008, de 22 de marzo de 2005.

En la terna figurarán solamente abogados que tengan su domicilio en la provincia respectiva.

No se podrá ocurrir al segundo abogado designado en la terna, sino en el caso de faltar o estar inhabilitado el primero, ni al tercero, sino cuando falten o estén inhabilitados los dos anteriores.

En caso de no poder formase la terna, por no haber abogados en número suficiente, el alcalde hará la propuesta con dos nombres o con uno, según el caso.

A falta de abogado, la subrogación corresponderá al Juzgado de Policía Local más inmediato, entendiéndose que lo es aquel con el cual sean más fácil y rápidas las comunicaciones, pero ello, en ningún caso, alterará la primitiva jurisdicción de la respectiva Corte.

Artículo 7°.- Los jueces de policía local prestarán ante el alcalde el juramento prevenido por el artículo 304 del Código Orgánico de Tribunales y les será aplicable los dispuesto en el artículo 323 bis del mismo Código. Una copia de la declaración a que se refiere este último artículo será enviada también al secretario municipal respectivo para su custodia, archivo y consulta[7].

Artículo 8°.- Los Jueces de Policía Local serán independientes de toda autoridad municipal en el desempeño de sus funciones. Son aplicables a los Jueces de Policía Local las disposiciones de los artículos 84°, 85° y 86° de la Constitución Política; durarán por consiguiente, indefinidamente en sus cargos y no podrán ser removidos ni separados por la Municipalidad.

Los Jueces de Policía Local estarán directamente sujetos a la supervigilancia directiva, correccional y económica de la respectiva Corte de Apelaciones.

Asimismo, dichos Jueces estarán obligados a remitir cada tres meses a la Corte de Apelaciones que corresponda un informe de la gestión del Tribunal a su cargo, para que la Corte los considere en la calificación anual del Juez. Los informes deberán remitirse a la respectiva Corte dentro de los

---

7 Artículo sustituido por el art. 1° de la Ley N° 19.653, de 14 de diciembre de 1999.

primeros diez días hábiles de los meses de enero, abril, julio y octubre, y contendrán al menos los siguientes datos del trimestre anterior[8]:

1. Número de causas ingresadas, en total y por materia reclamada, indicando el estado en que se encuentren y los motivos del retardo y paralización que algunas de ellas sufrieren;

2. Número de causas falladas y de las que se encuentren en estado de sentencia, si las hubiere, en total y por materia reclamada;

3. Tiempos de demora de los procesos fallados, y

4. Antecedentes sobre la aplicación del artículo 53 de esta ley.

Este informe será público. Una copia del mismo deberá remitirse a la Municipalidad de la comuna en que tenga su asiento el respectivo Juzgado de Policía Local, pudiendo cualquier ciudadano solicitar una copia de éste[9].

Las Municipalidades elevarán a la respectiva Corte de Apelaciones antes del 15 de Diciembre; cada año, un informe con la apreciación que les merezcan el o los Jueces de Policía Local de su jurisdicción comunal, atendida su eficiencia, celo y moralidad en el desempeño de su cargo. El informe referido será remitido al Concejo para su conocimiento[10].

Las Cortes de Apelaciones respectivas efectuarán cada año una calificación general de los Jueces de Policía Local de su dependencia. Para una mejor evaluación, deberán solicitar de las municipalidades los antecedentes que estimaren pertinentes[11].

En contra de la resolución de la Corte de Apelaciones procederá el recurso de Apelación para ante la Corte Suprema dentro del plazo de cinco días hábiles.

---

8 Párrafo modificado por el art. 12 N° 3 de la Ley N° 20.554, de 23 de enero de 2012.

9 Inciso reemplazado por el art. 2° N° 3 letra a) de la Ley N° 20.008, de 22 de marzo de 2005.

10 Inciso reemplazado por el art. 2° N° 3 letra b) de la Ley N° 20.008, de 22 de marzo de 2005.

11 Inciso reemplazado por el art. 2° N° 3 letra c) de la Ley N° 20.008, de 22 de marzo de 2005.

Para los efectos de esta calificación, las Cortes se reunirán diariamente, fuera de las horas de audiencia, desde el 2 de Enero del respectivo año hasta que terminen esa labor.

Las Cortes de Apelaciones enviarán los antecedentes respectivos a la Corte Suprema para que, cuando proceda, formule la declaración de mal comportamiento a que se refiere en inciso 4° del artículo 85° de la Constitución Política del Estado y acuerde la remoción del Juez afectado. Estos acuerdos se comunicarán al Alcalde de la respectiva Municipalidad para su cumplimiento.

En estos casos regirá, en lo que fuere aplicable, lo dispuesto por los artículos 273°, 275°, 277° y 278° del Código Orgánico de Tribunales.

Esta calificación regirá para todos los efectos legales, incluso con el objeto de resolver quiénes son los que deben ser eliminados del servicio por no tener la eficiencia, celo o moralidad que se requieren en el desempeño de sus funciones.

Artículo 9°.- En las comunas en que hubiere o se crearen dos o más Juzgados de Policía Local, el territorio jurisdiccional de cada uno de éstos se fijará por la Municipalidad, la cual no podrá hacer uso de esta facultad más de una vez cada dos años.

Esta limitación no regirá cuando la determinación se haga necesaria por causa de modificación del territorio de la respectiva comuna[12].

Artículo 10.- Los jueces de policía local podrán reprimir y castigar las faltas o abusos que se cometieren dentro de la sala de su despacho y mientras ejercen sus funciones, con algunas de las medidas siguientes:

1°. Amonestación verbal e inmediata;

2°. Multa que no exceda de la suma que corresponda a una décima parte del sueldo vital mensual de la provincia de Santiago, que podrá imponerse a la parte, a su mandatario o a su abogado, según el caso. La reincidencia facultará al tribunal para duplicar el valor de la multa, y

3°. Arresto que no exceda de veinticuatro horas.

---

12 Inciso agregado por el art. 3° N° 1 de la Ley N° 18.597, de 29 de enero de 1987.

Podrán, igualmente, reprimir y castigar las faltas de respeto que se cometieren en los escritos que se les presenten, usando de algunos de los medios señalados en los números 1º, 2º y 3º del artículo 531 del Código Orgánico de Tribunales.

Artículo 11.- Los jueces de policía local tendrán el tratamiento de Señoría.

TÍTULO II
De la competencia

Artículo 12.- Derogado[13].

Artículo 13.- Además de lo establecido en el artículo anterior, los jueces de policía local conocerán en primera instancia:

a) De las infracciones de los preceptos que reglamentan el transporte por calles y caminos y el tránsito público;

b) De las infracciones a las ordenanzas, reglamentos, acuerdos municipales y decretos de la Alcaldía, y

c) De las infracciones:

1º. A la Ley 11.704, de 20 de octubre de 1954, sobre Rentas Municipales;

2º. A la Ley General de Urbanismo y Construcciones, cuyo texto fue aprobado por decreto 458, de 1975, del Ministerio de Vivienda y Urbanismo, y Ordenanza respectiva;

3º. A la Ley de Educación Primaria Obligatoria;

4º. Al decreto ley 679, de 1974, que establece normas sobre Calificación Cinematográfica;

5º. Al decreto con fuerza de ley 216, de 15 de mayo de 1931, sobre registro de empadronamiento vecinal;

6º. A las leyes sobre pavimentación;

---

13 Artículo derogado por el art. 55 de la Ley Nº 19.806, de 31 de mayo de 2002.

7°. A la ley que limita la generación de productos desechables y regula los plásticos[14].

8°. A la Ley sobre Expendio y Consumo de Bebidas Alcohólicas, de acuerdo a lo dispuesto en el art. 53 de ese cuerpo legal[15];

9°. A la ley N° 7.889, de 29 de Septiembre de 1944, sobre ventas de boletos de la Lotería de la Universidad de Concepción y Polla Chilena de Beneficencia;

10°. A los artículos 5°, 6°, 10° y 12° de la ley N° 5.172, 13 de Diciembre de 1933, sobre Espectáculos Públicos Diversiones y Carreras;

11°. A la ley N° 13.937, de 1 de Junio de 1960, sobre letrero con nombre de las calles en los inmuebles o sitios eriazos que hagan esquina;

12°. A la ley N° 4.023, de 12 de Junio de 1924, sobre guía de libre tránsito;

13°. Al decreto con fuerza de ley 34, de 1931, sobre pesca y su reglamento;

14°. A la ley que prohíbe la entrega de bolsas plásticas de comercio[16], y

15°. A la ley que establece medidas de protección a la lactancia materna y su ejercicio[17].

Artículo 14.- En las ciudades compuestas de una o más comunas en que no tenga el asiento de sus funciones un Juez de Letras de Mayor Cuantía, los jueces de Policía Local que sean abogados, conocerán, además de lo siguiente:

A.- En única instancia:

1.- De las causas civiles y de los juicios relativos al contrato de arrendamiento cuya cuantía no exceda de tres mil pesos;

---

14 Número agregado por el art. 19 de la Ley N° 21.368, de 13 de agosto de 2021.

15 Número reemplazado por el art. 4° N° 1 de la Ley N° 19.925, de 19 de enero de 2004.

16 Número agregado por el art. 8° de la Ley N° 21.100, de 3 de agosto de 2018.

17 Número agregado por el art. 10 de la Ley N° 21.155, de 2 de mayo de 2019.

2.- De la aplicación de las multas y de la regulación de los daños y perjuicios provenientes del hecho denunciado en las materias a que se refiere el artículo 13, siempre que el valor no sea superior a tres mil pesos, y

3.- Del nombramiento de curador ad litem.

B.- En primera instancia:

1.- De la aplicación de las multas y demás sanciones a que se refiere la presente ley;

2.- De la regulación de los daños y perjuicios provenientes del hecho denunciado, en las materias a que se refiere el artículo 13º, cuando su monto exceda de tres mil pesos, y

3.- De la regulación de los daños y perjuicios ocasionados en o con motivo de accidentes del tránsito cualquiera que sea su monto.

Tratándose de ciudades de una o más comunas en que tenga el asiento de sus funciones un juez de Letras de Mayor Cuantía, la competencia de los jueces de Policía

Local que sean abogados, comprenderá las materias indicadas en los Nº s. 2º y 3º de la letra A y en la letra B.

En las comunas en que las funciones de Juez de Policía Local sean desempeñadas por el Alcalde, éste conocerá en primera instancia de las siguientes materias:

a) De la regulación de los daños y perjuicios provenientes del hecho denunciado, en los asuntos a que se refiere el artículo 13, cuya cuantía no exceda de tres mil pesos;

b) De la aplicación de las multas hasta igual valor y las sanciones de comiso y clausura establecidas en el artículo 52.

En el caso previsto en el inciso anterior, conocerá de las infracciones gravísimas y graves a la ley Nº 18.290, de las otras materias señaladas en los artículos 12, 13 y en este artículo, que no corresponden a la competencia de los alcaldes que se desempeñen como jueces, el Juez de Policía Local abogado más inmediato en los términos del inciso final del artículo 6º de esta ley[18].

---

18 Inciso agregado por el art. 3º Nº 2 de la Ley Nº 18.597, de 19 de enero de 1987,

Lo dicho en este artículo es sin perjuicio de lo establecido en el artículo 12[19].

TÍTULO III
Del procedimiento[20]

TÍTULO IV
Del conservador de vehículos motorizados y del registro de conductores[21]

TÍTULO V
De los secretarios y personal subalterno

Artículo 47.- Habrá un Secretario en cada uno de los Juzgados de Policía Local, que será nombrado por el Alcalde en conformidad a las disposiciones del D.F.L. N° 338, de 1960. En las comunas de Santiago, Valparaíso, Concepción y Viña del Mar y en las demás donde lo acuerde la respectiva Municipalidad, estos cargos deberán ser desempeñados por abogados.

El nombramiento del respectivo personal se sujetará a las mismas normas.

Los secretarios tendrán el carácter de ministros de fe, y estarán sujetos a la autoridad disciplinaria inmediata del Juez en el ejercicio de sus funciones; no obstante, su responsabilidad administrativa se determinará y hará efectiva de acuerdo con las contenidas en el Estatuto Administrativo.

Los secretarios proveerán, por sí solos, las solicitudes de mera tramitación.

Las personas que se estén desempeñando como Secretarios de los Juzgados de Policía Local sin estar en posesión del título de abogado, cuando tenga lugar lo dispuesto en la parte final del inciso primero, en aquellos

---

[19] Antes de la modificación indicada en la nota precedente, este artículo había sido reemplazado por el art. 10 del D.L. N° 2.416, de 10 de enero de 1979.

[20] Título derogado por el art. 45 de la Ley N° 18.287, de 7 de febrero de 1984.

[21] Título derogado por el art. 45 de la Ley N° 18.287, de 7 de febrero de 1984.

Juzgados en que se exija este requisito, ingresarán a las respectivas Plantas del Tribunal en que actúan en el cargo de Oficial Primero.

Artículo 48.- Los deberes y atribuciones de los secretarios y demás personal subalterno se determinarán en el Reglamento que dicte el Presidente de la República para la ejecución de esta ley.

Artículo 49.- El secretario será subrogado en sus funciones por el empleado del Juzgado que le siga en jerarquía, y a falta o impedimento de éste, por el empleado que designe el Juez, sin perjuicio, en ambos casos, de sus funciones propias.

TÍTULO VI
Disposiciones generales

Artículo 50.- Los asuntos a que se refiere esta ley se tramitarán en papel simple, con excepción de aquellos en que se reclame indemnización de daños y perjuicios por accidentes del tránsito, en los cuales se pagará un impuesto en estampillas municipales equivalente al que fija la Ley de Timbres, Estampillas y Papel Sellado para esta misma clase de juicios, deducidos ante la Justicia Ordinaria. En este caso el Juez podrá condenar en costas a la parte vencida.

Artículo 51.- Derogado[22].

Artículo 52.- Los jueces de Policía Local abogados en los asuntos que conozcan y sin perjuicio de lo establecido en leyes especiales, podrán aplicar las siguientes sanciones:

a) Prisión, en los casos que señalen las leyes[23];

b) Multa de hasta tres unidades tributarias;

c) Comiso de las especies materia del denuncio, en los casos particulares que señalen las leyes y las ordenanzas respectivas, y

---

22 Artículo derogado por el art. 45 de la Ley Nº 18.287, de 7 de febrero de 1984.

23 Letra reemplazada por el art. 4º Nº 2 de la Ley Nº 19.925, de 19 de enero de 2004.

d) Clausura, hasta por treinta días.

Tratándose de contravenciones a los preceptos que reglamentan el tránsito público y el transporte por calles y caminos podrán aplicar, separada o conjuntamente, las siguientes sanciones:

1.- Multas de hasta cinco mil pesos;

2.- Comiso en los casos particulares que señale la Ley de Tránsito;

3.- Retiro de los vehículos que por sus condiciones técnicas constituyen un peligro para la circulación, y

4.- Suspensión de la licencia hasta por seis meses o cancelación definitiva de la misma. Estas medidas podrán decretarse en los casos que determine la Ley del Tránsito, debiendo el Juez comunicar al Servicio de Registro Civil e Identificación la imposición de estas penas como de las otras que se indiquen en la Ley de Tránsito[24].

Artículo 53.- La corte de Apelaciones, previo informe de la Municipalidad y del Juez de Policía Local correspondientes, fijará los días y horas de funcionamiento de estos Juzgados en su respectivo territorio. En ningún caso, las audiencias al público serán inferiores a tres por semana y se celebrarán en días distintos, con una duración de al menos tres horas cada una. En el caso del inciso segundo del artículo 5º, esta fijación se hará por la Corte de Apelaciones de más antigua creación[25].

En aquellas comunas donde hubiere varias poblaciones de más de tres mil habitantes, podrá el Juez de Policía Local fijar turnos para desempeñar sus funciones en ellas, corriendo los gastos a cargo de la Municipalidad respectiva.

Artículo 54.- Las sanciones impuestas por infracciones o contravenciones prescribirán en el término de un año, contado desde que hubiere quedado a firme la sentencia condenatoria.

---

24 Antes de la modificación indicada en la nota precedente, este artículo había sido sustituido por el art. 44 Nº 2 de la Ley Nº 18.287, de 7 de febrero de 1984.

25 Inciso modificado por el art. 101 de la Ley Nº 19.777, de 5 de diciembre de 2001.

Prescribirán en el plazo de seis meses, contados desde la fecha de la infracción, las acciones persecutorias de la responsabilidad por contravenciones. En los casos de infracciones a la Ley General de Urbanismo y Construcciones, el plazo de prescripción será de cinco años, contado desde que la infracción se haya consumado.

La prescripción de la acción se interrumpe por el hecho de deducirse la demanda, denuncia o querella ante el Tribunal correspondiente, pero si se paralizare por más de un año, continuará corriendo el plazo respectivo[26].

Artículo 55.- Las multas que los Juzgados de Policía Local impongan no estarán afectas a recargo legal alguno y serán a beneficio de la comuna en cuyo territorio se cometió la infracción, salvo aquellas que, según lo dispone el número 6 del inciso tercero del artículo 14 de la ley Nº 18.695, Orgánica Constitucional de Municipalidades, deben ser destinadas al Fondo Común Municipal o a éste y a la municipalidad respectiva, según corresponda[27].

Inciso derogado[28].

Artículo 56.- Las Municipalidades deberán proporcionar a los Juzgados de Policía Local, todos los útiles, elementos de trabajo y medios de movilización para el funcionamiento de estos tribunales y el cumplimiento de las diligencias y actuaciones, judiciales.

Artículo 57.- Las multas expresadas en pesos que corresponde aplicar a los Juzgados de Policía Local se reajustarán, anualmente en el mismo porcentaje de alza que experimente el Índice de Precios al Consumidor que fija el Instituto Nacional de Estadísticas, aproximando su monto a la centena.

---

26 Inciso modificado por el art. 44 Nº 3 de la Ley Nº 18.287, de 7 de febrero de 1984.

27 Artículo modificado por el art. 4º Nº 1 y 2 de la Ley Nº 20.410, de 20 de enero de 2010. Previamente había sido sustituido por el art. 3º de la Ley Nº 19.816, de 7 de agosto de 2002; y por el art. 44 Nº 4 de la Ley Nº 18.287, de 7 de febrero de 1984.

28 Inciso derogado por el art. 10 de la Ley Nº 20.033, de 1 de julio de 2005.

El Ministerio de Justicia, durante el mes de enero de cada año, establecerá el porcentaje de alza que corresponde por el año calendario anterior, la que se aplicará a contar del 1° de febrero de cada año[29].

Artículo 58.- Los exámenes de alcoholemia requeridos por el Juzgado tendrán el valor de un décimo de sueldo vital y serán de cargo de quien resulte culpable del accidente, debiendo para este efecto ser regulado como costas del proceso. Se aplicará en este caso el apercibimiento señalado en el artículo 29°[30].

Artículo 59.- Establécese el uso obligatorio de elementos reflectantes tales como huinchas y otros en la parte posterior de los vehículos de tracción animal, bicicletas, triciclos y otros análogos.

La autoridad prohibirá la circulación de los vehículos que infrinjan el inciso anterior.

Artículo 60.- Las multas que impongan los Juzgados de Policía Local se aplicarán a beneficio de la respectiva Municipalidad, sin perjuicio de la participación que corresponda a las Cajas de Previsión de Empleados Municipales.

Artículo 61.- En todos los procedimientos y actuaciones a que diere lugar la aplicación de la presente ley, los Juzgados de Policía Local tendrán las mismas franquicias postales de que gozan los tribunales ordinarios.

Artículo 62.- Derogado[31].

Artículo 63.- Los Tribunales de Justicia o los Juzgados de Policía Local, en su caso, según los antecedentes del conductor y la gravedad de la infracción, podrán otorgar al que tenga su licencia de conducir retenida

---

[29] Este artículo fue sustituido por el art. 44 N° 5 de la Ley N° 18.287, de 7 de febrero de 1984.

[30] Artículo modificado por el art. 10 del D.L. N° 2.416, de 10 de enero de 1979.

[31] Artículo derogado por el art. 4° N° 3 de la Ley N° 19.925, de 19 de enero de 2004.

con motivo de proceso pendiente, permiso provisorio para conducir hasta por ciento veinte días, sin perjuicio de renovarlo hasta que termine el proceso[32].

Artículo 64.- Derogado[33].

Artículo 65.- Investigaciones de Chile deberá cumplir las órdenes de investigación o arresto que emitan los Jueces de Policía Local en las causas de que conozcan, sin perjuicio de los deberes de Carabineros de Chile en esta materia[34].

Artículo 66.- En todo accidente del tránsito en que se produjeren lesiones o muerte de personas, el conductor que participe en los hechos estará obligado a detener su marcha, a prestar la ayuda que fuere necesaria y dar cuenta a la autoridad policial más inmediata.

Se presumirá la culpabilidad del conductor que no lo hiciere y abandonare el lugar del accidente.

Artículo 67.- En los casos en que concurrieren, en un accidente del tránsito, infracciones que son el medio para la comisión de un delito o cuasidelito o que sean elementos integrantes de éstos, conocerá únicamente el Juez del Crimen. Si se dictare sobreseimiento definitivo, se enviarán los antecedentes al Juez de Policía Local para que conozca de las infracciones[35].

Artículo 68.- Si el vehículo perteneciere a una persona que no esté radicada en el país no se permitirá la salida de dicho vehículo del territorio nacional mientras se encuentre pendiente el proceso en el cual se discute la responsabilidad penal, civil o contravencional del dueño.

---

32 Artículo sustituido por el art. 2º de la Ley Nº 19.495, de 8 de marzo de 1997.

33 Artículo derogado por el art. 45 de la Ley Nº 18.287, de 7 de febrero de 1984.

34 Artículo sustituido por el art. 44 Nº 7 de la Ley Nº 18.287, de 7 de febrero de 1984.

35 Artículo agregado por el art. 2º de la Ley Nº 18.931, de 15 de febrero de 1990.

En todo caso, si se rinde caución suficiente, podrá solicitarse del Tribunal correspondiente que alce la anterior prohibición, comunicando a las oficinas de Aduanas la resolución que se dicte.

Artículo 69.- Derogado[36].

Artículo 70.- Derogado[37].

Artículo 71.- Derogado[38].

Artículo 72.- Derogado[39].

Artículo 73.- Derogado[40].

Artículo transitorio.- Las modificaciones introducidas al inciso primero del artículo 5° de la ley N° 6.827 por la ley N° 15.123, no serán aplicables a los Jueces de Policía Local que se encontraban en funciones al 17 de Enero de 1963.

Las normas de la ley N° 15.123 no podrán significar tampoco disminución de remuneraciones para los demás funcionarios que prestaban servicios en los Juzgados de Policía Local a la fecha indicada en el inciso anterior.

No afectarán a los Jueces de Policía Local que se desempeñaban como tales a esa fecha las incompatibilidades e inhabilidades establecidas por la ley N° 15.123.

Tómese razón y publíquese.- AUGUSTO PINOCHET UGARTE, General de Ejército, Presidente de la República.- Mónica Madariaga Gutiérrez, Ministro de Justicia.

Lo que transcribo para su conocimiento.- Le saluda atentamente.- Eduardo Avello Concha, Coronel (JE), Sub-secretario de Justicia.

---

36 Artículo derogado por el art. 45 de la Ley N° 18.287, de 7 de febrero de 1984.

37 Artículo derogado por el art. 45 de la Ley N° 18.287, de 7 de febrero de 1984.

38 Artículo derogado por el art. 45 de la Ley N° 18.287, de 7 de febrero de 1984.

39 Artículo derogado por el art. 2° letra b) de la Ley N° 18.129, de 11 de junio de 1982.

40 Artículo derogado por el art. 2° letra b) de la Ley N° 18.129, de 11 de junio de 1982.

AUTO ACORDADO SOBRE TRAMITACIÓN Y FALLO DE LOS RECURSOS DE QUEJA
(Publicado el 1 de diciembre de 1972)

En Santiago, a seis de Noviembre de mil novecientos setenta y dos, se reunió extraordinariamente la Corte Suprema, presidida por don Enrique Urrutia Manzano, y con asistencia de los Ministros señores Varas, Eyzaguirre, Ortiz, Bórquez, Retamal, Maldonado, Pomés, Ramírez, Silva, Rivas, Correa y Arancibia.

Atendida la importancia que reviste el recurso de queja para el ejercicio de las facultades disciplinarias que la Constitución y las leyes confieren a los Tribunales Superiores de Justicia; su frecuente aplicación; las consecuencias o efectos jurídicos que pueden derivarse de la sentencia que se dicte en dicho recurso, y la necesidad de coordinar y formar un solo texto de instrucciones anteriores relativas a algunos aspectos de la tramitación de las quejas propiamente tales, esta Corte reglamenta la tramitación y fallo de los recursos de queja, por medio del siguiente Auto Acordado.

1°.- En conformidad a lo preceptuado en los artículos 40 y 41 de la Ley del Colegio de Abogados y 549 del Código Orgánico de Tribunales, el recurso deberá presentarse ante la Corte Suprema, por Procurador del Número de Santiago o por abogado habilitado para el ejercicio de la profesión y ser patrocinado por este mismo, si tiene pagada patente para ejercer ante ese Tribunal o por otro abogado que posea dicho requisito.

En las Cortes de Apelaciones el recurso podrá interponerse, además, por la parte agraviada, debiendo también ser patrocinado por abogado habilitado para el ejercicio de la profesión.

Se acompañará el comprobante del ingreso en arcas fiscales por las cantidades que señala el inciso 2° del citado artículo 549 del Código Orgánico de Tribunales, con excepción de los casos que contempla el inciso 5° de la misma disposición y se agregará la certificación correspondiente sobre la fecha en que se notificó a las partes la resolución que motiva el recurso; la que deberá ser expedida por el Secretario a petición verbal o escrita de la parte, del mandatario o abogado patrocinante, sin necesidad de decreto judicial, indicándose en ella, en todo caso, el número del proceso en que fue dictada la resolución o realizada la actuación impugnada, nombre de las partes según la carátula del expediente; fecha de la resolución o actuación y foja en que se registra.

En caso de que el recurrente manifieste que por algún motivo calificado, no ha podido acompañar el certificado acerca de la fecha en que fue notificada la resolución materia del recurso, el Presidente la señalará un plazo prudencial para este efecto.

En el escrito se indicarán nominativamente los miembros del Tribunal o funcionarios recurridos, se individualizará el proceso en el cual se dictó la resolución o se efectuó la actuación impugnada por el recurso, la que podrá ser copiada por el peticionario o hacer un resumen de ella, con indicación de su fecha y foja del expediente en que aparece dictada o estampada.

Podrá omitirse la copia o resumen si el recurso se interpone contra sentencias definitivas, pues en tal caso bastará referirse concretamente a las decisiones impugnadas.

Se usará el papel sellado que corresponde y se pagarán los impuestos que fijan las leyes.

2°.- Si el recurso se deduce después de vencido el plazo de cinco días fatales, con el aumento que corresponda o no se acompaña la consignación por la cantidad que se determina en la escala respectiva; o no se agrega la certificación sobre la fecha en que se notificó la resolución reclamada; o si el escrito en que se interpone el recurso no reúne todos los requisitos expresados por el inciso 5° del N° 1°, el Presidente dispondrá que pasen los antecedentes a la Sala tramitadora, la que, si es precedente, declarará en cuenta su inadmisibilidad, sin perjuicio de las facultades que se señalan en el N° 21.

3°.- Si el recurso cumple con todos los requisitos formales o se han subsanado los defectos de que adolezca, el Presidente proveerá el escrito requiriendo el informe del Tribunal o funcionario recurrido, quien informará dentro del plazo de ocho días, contados desde la fecha de la recepción del oficio.

En el informe se individualizará el proceso en el que se dictó la resolución o efectuó la actuación recurrida, con indicación de la fecha y foja en el aquellas se registran y la cuantía del juicio.

Se insertará, además, copia de la actuación o resolución impugnadas, salvo que se trate de sentencia definitiva.

4°.- Si el Tribunal o funcionario no informan dentro del aludido plazo de ocho días, el Presidente reiterará, si es posible telegráficamente, la petición de informe fijándole el plazo de tres días para evacuarlo.

Si no se envía el informe dentro de los plazos señalados, el Presidente remitirá los antecedentes al Tribunal pleno, el que dispondrá lo necesario para la remisión del informe y, en su oportunidad, podrá aplicar las medidas disciplinarias que estime procedentes, salvo que el funcionario diere explicaciones que justifiquen el retardo.

5°.- Recibido el informe, el Presidente designará la Sala que deba pronunciarse sobre el recurso.

6°.- Formulada petición para que se conceda "orden de no innovar", aquél designará la Sala que deba decidir este punto y a esa misma Sala corresponderá dictar el fallo sobre el fondo del recurso.

7°.- La orden de no innovar concedida en términos generales, o sea, sin limitación alguna, produce la paralización de todo el procedimiento, pero no suspende el curso de los plazos fatales que hayan comenzado a correr antes de comunicarse dicha orden.

8°.- Si, concedida orden de no innovar, se paraliza el recurso durante quince días, se declarará desistido, de oficio o a petición de parte, y se dejará sin efecto la orden de no innovar.

9°.- Encontrándose en estado de fallo, el recurso se resolverá en cuenta por la Sala respectiva, salvo que ésta estime conveniente traerlo "en relación", para oír a los abogados de las partes.

10°.- Si respecto de una resolución se interponen los recursos ordinarios y el de queja, podrán verse conjuntamente por el mismo Tribunal, a petición de parte o de oficio.

11°.- Según las consecuencias o efectos jurídicos de la decisión que pueda recaer en el recurso, el Tribunal decretará, si lo estima necesario, que su estado se ponga en conocimiento de las partes o interesados a quienes pudiere afectar el fallo.

Si aquellos no comparecen dentro del término que se señala al efecto, podrá dictarse resolución sin más trámites.

12°.- El fallo que acoge el recurso de queja contendrá las consideraciones que demuestren la falta o abuso, los errores u omisiones manifiestos y graves que constituyen falta o abuso y que dieron origen a la resolución reclamada y determinará las medidas conducentes a remediar el agravio causado al recurrente.

Si el fallo desecha el recurso, por no existir faltas o abusos, el Tribunal podrá dar mayor extensión a este fundamento cuando en su concepto así lo requiera la naturaleza del asunto.

13°.- Si se estima que puede haber mérito para la aplicación de alguna medida disciplinaria, la Sala ordenará que se dé cuenta al Tribunal Pleno de los antecedentes reunidos.

14°.- En conformidad a lo dispuesto en los artículos 66 inciso 2° y 96, N° 4 del Código Orgánico de Tribunales, el Tribunal Pleno conocerá de las quejas propiamente tales, esto es, de aquellas que se refieren a la conducta ministerial o a las actuaciones de los jueces y demás funcionarios que están sujetos a la jurisdicción disciplinaria de las Cortes y no se funden en faltas o abusos que se hayan cometido en el pronunciamiento de una resolución o en otra actuación determinada.

15°.- Se aplicarán a estas quejas las normas contenidas en el N° 4.

En la presentación escrita en que se interponga se indicarán los miembros del Tribunal o funcionarios recurridos, debiendo expresarse con la mayor precisión los hechos que se refieren a la conducta ministerial de aquéllos o a la actuación funcionaria de éstos.

No se dará curso a estas quejas después de sesenta días de ocurridos los hechos que la motivan, sin perjuicio de la facultad del Tribunal para proceder de oficio.

16°.- Los fallos que acogen las referidas quejas contendrán los fundamentos demostrativos de la falta, abuso, incorrección o actuación indebida; aplicarán sanción disciplinaria, si se estima procedente, y determinará las medidas necesarias para remediar el mal causado.

17°.- En los recursos de queja apelados, en materia civil, si no comparece el apelante dentro de tercero día, con el aumento del término de emplazamiento respectivo, certificará el oficio el Secretario la no comparecencia, y el Tribunal declarará desierta la apelación, sin más trámite.

La obligación de comparecer no rige en los recursos de queja en materia penal y contravencional.

18°.- Sin un miembro del Poder Judicial apela de la resolución que le aplica alguna medida disciplinaria y no comparece dentro de tercero día, con el aumento del término de emplazamiento que corresponda, el Presidente pasará los autos al Tribunal Pleno para su resolución, el que procederá conforme a los dispuesto en el inciso final del artículo 551, del Código Orgánico de Tribunales.

19°.- Si el Presidente estimare que las quejas o recursos de queja no aparecen revestidos de fundamentos plausible, se abstendrá de someterlas a la tramitación ordinaria y dará cuenta a la Sala tramitadora, la cual si así lo considera, podrá desestimarlos de plano por medio de una resolución motivada, sin necesidad de pedir informe. En caso contrario, la misma Sala pedirá informe al o a los recurridos, continuando en los demás la tramitación establecida en este Auto Acordado.

20°.- La afectada podrá pedir reposición de las resoluciones que recaigan en los recursos de queja y en las quejas propiamente tales y de las que se pronuncien durante su tramitación, dentro de cinco días contados desde que se dictó la respectiva resolución.

21°.- Las normas que se contienen en este Auto Acordado son sin perjuicio de las facultades para proceder de oficio, de que están revestidas las Cortes de conformidad a lo preceptuado en los artículos 538 y 541, inciso 2° del Código Orgánico de Tribunales.

22°.- Si el recurso fuere declarado inadmisible, desestimado de plano o se declare desistido en el caso del N° 8, la consignación se aplicará a beneficio fiscal, con la destinación señalada en el artículo 516, del Código Orgánico de Tribunales.

23°.- Este Auto Acordado deja sin efecto y reemplaza al de trece de Noviembre de mil novecientos sesenta y tres, sobre la misma materia, y empezará a regir el 1° de Enero de 1973.

Transcríbase a las Cortes de Apelaciones de la República para su cumplimiento y para que, con igual objeto, lo comuniquen a los Juzgados de sus respectivas jurisdicciones.

Publíquese en el Diario Oficial.

Para debido testimonio, se extiende la presente acta que con SS.SS. firma el infrascrito Secretario.

Enrique Urrutia M., Eduardo Varas V., José M. Eyzaguirre E., M. Eduardo Ortiz S., I. Bórquez M., Rafael Retamal L., Luis Maldonado B., Juan Pómes G., O. Ramírez M., A. Silva Henríquez, V. Manuel Rivas del Canto, Enrique Correa L., José Arancibia S.

Santiago, 13 de Noviembre de 1972.- René Pica Urrutia, Secretario de la Corte Suprema.

ACTA Nº 107-2017

En Santiago, a veintiocho de julio de dos mil diecisiete, se reunió el Tribunal Pleno bajo la Presidencia de su titular señor Hugo Dolmestch Urra y con la asistencia de los Ministros señores Juica, Muñoz, Valdés, Carreño, Künsemüller y Silva, señoras Maggi, Egnem y Sandoval, señores Fuentes, Cisternas y Blanco, señora Chevesich, señores Aránguiz, Cerda, Valderrama y Prado.

AUTO ACORDADO QUE DISTRIBUYE LAS MATERIAS DE QUE CONOCEN LAS SALAS ESPECIALIZADAS DE LA CORTE SUPREMA DURANTE EL FUNCIONAMIENTO ORDINARIO Y EXTRAORDINARIO

Visto y teniendo presente:

1°.- Que de conformidad con lo dispuesto en el inciso primero del artículo 99 del Código Orgánico de Tribunales, en lo que ahora interesa, corresponderá a la Corte Suprema, mediante auto acordado, establecer cada dos años las materias de que conocerá cada una de las salas en que ésta se divida, tanto en funcionamiento ordinario como extraordinario. Al efecto sigue la norma especificará la o las salas que conocerán de materias civiles, penales, constitucionales, contencioso administrativas, laborales, de menores, tributarias u otras que el propio tribunal determine.

2°.- Que mediante auto acordado de 26 de diciembre de 2014, contenido en el Acta Nº 233-2014, se fijó la actual distribución de materias entre las Salas de esta Corte.

3°.- Que la información estadística referente a los ingresos de las distintas Salas revela que la repartición de las materias se ha vuelto dispar, desequilibrio que hace aconsejable ejercer la facultad que concede la norma citada en el fundamento anterior.

Por estas consideraciones y de conformidad, además, con lo dispuesto en la norma legal citada y en los artículos 82 de la Constitución Política de la República y 96 Nº 4 del Código Orgánico de Tribunales, se acuerda:

PRIMERO.- Distribución de materias durante el funcionamiento ordinario.

Durante el funcionamiento ordinario, las tres Salas Especializadas en que se divide la Corte Suprema conocerán:

A.- Primera Sala o Sala Civil:

1°.- De los recursos ordinarios y extraordinarios de conocimiento de la Corte Suprema en materia civil, comercial, laboral y previsional.

2°.- De los demás asuntos que incidan en procesos civiles, comerciales, laborales y previsionales que corresponda conocer a la Corte Suprema y que no estén entregados expresamente al Tribunal Pleno o a otra Sala.

B.- Segunda Sala o Sala Penal:

1°.- De los recursos ordinarios y extraordinarios de conocimiento de la Corte Suprema en materia penal, tributaria y civil relacionada a una causa vigente del antiguo sistema procesal penal.

2°.- De los recursos de apelación deducidos en contra de las sentencias dictadas en recursos de amparo, cualquiera sea la materia en que incidan, con excepción de las que recaigan en la acción constitucional a que se refiere el artículo único de la Ley Nº 18.971, sobre infracción al artículo 19 Nº 21 de la Constitución Política de la República.

3°.- De las apelaciones y consultas de las sentencias o resoluciones dictadas por uno de los ministros del Tribunal en las causas a que se refiere el artículo 52 del Código Orgánico de Tribunales.

4°.- De los demás asuntos que incidan en procesos penales e infraccionales y tributarios que corresponda conocer a la Corte Suprema y que no estén entregados expresamente al Tribunal Pleno o a otra Sala.

C.- Tercera Sala o Sala Constitucional y Contencioso Administrativa:

1°.- De los recursos ordinarios y extraordinarios de conocimiento de la Corte Suprema en materia contencioso administrativa.

2°.- De las apelaciones y consultas de las sentencias recaídas en los recursos sobre amparo económico previsto por el artículo único de la Ley Nº 18.971, sobre infracción al artículo 19 Nº 21 de la Constitución Política de la República.

3°.- De las apelaciones de las sentencias dictadas por el Presidente de la Corte Suprema en las causas a que se refieren los números 2° y 3°, en lo relativo a causas de presas, del artículo 53 del Código Orgánico de Tribunales.

4º.- De las apelaciones de sentencias recaídas en recursos de protección resueltos en primera instancia por las Cortes de Apelaciones del país, y

5º.- De los demás asuntos de orden constitucional y contencioso administrativo que corresponda conocer a la Corte Suprema y que no estén entregados expresamente al Tribunal Pleno o a otra Sala.

SEGUNDO.- Distribución de materias durante el funcionamiento extraordinario. Durante el funcionamiento extraordinario, las cuatro Salas Especializadas en que se divide la Corte Suprema conocerán:

A.- Primera Sala o Sala Civil:

1º.- De los recursos ordinarios y extraordinarios de conocimiento de la Corte Suprema en materia civil y comercial, incluidos los asuntos conocidos por jueces árbitros, los juicios ejecutivos, de quiebra, de liquidación, renegociación y reorganización; de responsabilidad extracontractual entre particulares, con excepción de los asuntos cuyo conocimiento corresponda a la Tercera o a la Cuarta Sala.

2º.- De los recursos en causas civiles en materia de protección a los derechos de los consumidores y los demás asuntos que incidan en procesos civiles y comerciales que corresponda conocer a la Corte Suprema y que no estén entregados expresamente al Tribunal Pleno o a otra Sala.

3º.- De los exhortos internacionales y solicitudes de exequátur que incidan en las materias antes indicadas.

B.- Segunda Sala o Sala Penal:

1º.- De los recursos ordinarios y extraordinarios de conocimiento de la Corte Suprema en materia penal, infraccional conocida por los Juzgados de Policía Local, de propiedad industrial, tributaria y civil relacionada a una causa vigente del antiguo sistema procesal penal.

2º.- De los recursos de apelación deducidos en contra de las sentencias dictadas en recursos de amparo, con excepción de las que recaigan en la acción constitucional a que se refiere el artículo único de la Ley Nº 18.971, sobre infracción al artículo 19 Nº 21 de la Constitución Política de la República, y los que incidan en asuntos regidos por el Derecho Laboral y de la Seguridad Social y el Derecho de Familia.

3º.- De las apelaciones y consultas de las sentencias o resoluciones dictadas por uno de los ministros del Tribunal en las causas a que se refiere el artículo 52 del Código Orgánico de Tribunales.

4º.- De los demás asuntos que incidan en procesos penales, infraccionales y tributarios que corresponda conocer a la Corte Suprema y que no estén entregados expresamente al Tribunal Pleno o a otra Sala.

5º.- De los exhortos internacionales y solicitudes de exequátur que incidan en las materias antes indicadas.

C.- Tercera Sala o Sala Constitucional y Contencioso Administrativa:

1º.- De los recursos ordinarios y extraordinarios de conocimiento de la Corte Suprema en materias de orden contencioso administrativo; civiles en que sea parte principal el Estado y sus organismos que se refieran al cobro de rentas municipales, a la nulidad de derecho público, a la responsabilidad del Estado o al ejercicio de las potestades públicas —con excepción de aquéllos entregados a la Segunda Sala y a la Cuarta Sala de naturaleza previsional o laboral—; de aguas y de expropiaciones;

2º.- De las apelaciones y consultas de las sentencias recaídas en los recursos sobre amparo económico previsto por el artículo único de la Ley Nº 18.971, sobre infracción al artículo 19 Nº 21 de la Constitución Política de la República.

3º.- De las apelaciones de las sentencias dictadas por el Presidente de la Corte Suprema en los procesos a que se refieren los números 2º y 3º, en lo relativo a causas de presas, del artículo 53 del Código Orgánico de Tribunales.

4º.- De las apelaciones de sentencias recaídas en recursos de protección resueltos en primera instancia por las Corte de Apelaciones del país.

5º.- De los demás asuntos de orden constitucional y contencioso administrativo que corresponda conocer a la Corte Suprema y que no estén entregados expresamente al Tribunal Pleno o a otra Sala.

6º.- De los exhortos internacionales y solicitudes de exequátur que incidan en las materias antes indicadas.

D.- Cuarta Sala o Sala Laboral y Previsional.

1°.- De los recursos ordinarios y extraordinarios de conocimiento de la Corte Suprema en materia laboral, previsional, cobranza laboral y previsional, familia, minería y demás asuntos relativos a ellas; así como las causas civiles de pesca y de propiedad intelectual.

2°.- De los recursos de apelación deducidos en contra de las sentencias dictadas en recursos de amparo que incidan en asuntos regidos por el Derecho Laboral y de la Seguridad Social y el Derecho de Familia.

3°.- De los recursos ordinarios y extraordinarios de conocimiento de la Corte Suprema deducidos en juicios sumarios y especiales y en asuntos no contenciosos civiles.

4°.- De los demás asuntos que le corresponda conocer a la Corte Suprema y que no estén entregados expresamente al Tribunal Pleno o a otra Sala.

5°.- De los exhortos internacionales y solicitudes de exequátur que incidan en las materias antes indicadas.

TERCERO: En caso de indeterminación acerca de la Sala a la que corresponde un asunto, primará la materia de la que este trate.

CUARTO: Que, conforme al artículo 99, inciso segundo, del Código Orgánico de Tribunales, en caso de discrepancia entre las Salas respecto de su competencia para conocer de un determinado asunto, resolverá el Presidente de la Corte Suprema sin ulterior recurso.

QUINTO: Vigencia.- El presente Auto Acordado comenzará a regir a contar del 8 de agosto de 2017 y se aplicará respecto de las causas que se encuentren en tramitación ante la Corte Suprema y no incluidas en tabla, aun cuando a esa fecha hubiere ya recaído pronunciamiento sobre la admisibilidad del recurso pendiente.

Acordado contra la opinión del ministro señor Valdés, quien fue de parecer de no dictar el presente Auto Acordado en esta oportunidad, atendido que no se ha estudiado suficientemente la forma en que deben ser distribuidas las materias en las diferentes Salas.

Transcríbase a las Cortes de Apelaciones del país.

Publíquese en el Diario Oficial.

AD 139-2019
MODIFICA AUTO ACORDADO DE DISTRIBUCIÓN DE MATERIAS DE LAS SALAS ESPECIALIZADAS DE LA CORTE SUPREMA

Santiago, nueve de junio de dos mil veinte.

Con la cuenta dada de las estadísticas sobre el ingreso de recursos que registran la Primera y Cuarta Sala de esta Corte y considerando la disposición de los presidentes de cada una de esas salas para reorganizar —de acuerdo a lo mandatado por este tribunal— la distribución de materias con miras a equiparar las cargas de trabajo, se acuerda modificar el Acta 107-2017, "Auto Acordado que distribuye las materias que conocen las salas especializadas de la Corte Suprema durante el funcionamiento ordinario y extraordinario", entregando a la Primera Sala, a partir del 1 de junio del año en curso y para el régimen de funcionamiento imperante, esto es, el extraordinario, el conocimiento de los recursos ordinarios y extraordinarios en materia civil y comercial que recaigan en procedimientos sumarios regulados en el Código de Procedimiento Civil, los contemplados en el DL 2695 y en las leyes de arrendamiento de predios urbanos y rústicos, con excepción de los asuntos cuyo conocimiento corresponda a la Tercera o a la Cuarta Sala. En consecuencia, todos los recursos que recaigan en las materias indicadas y cuyo examen de admisibilidad se encuentre pendiente, serán entregados a la Primera Sala para el referido estudio y su correspondiente resolución.

En razón de lo acordado, se sustituyen los apartados denominados "A. Primera Sala o Sala Civil" y "D.- Cuarta Sala o Sala Laboral y Previsional" que se leen en el numeral Segundo del auto acordado citado, que regula el funcionamiento extraordinario, por los que siguen:

"A.- Primera Sala o Sala Civil:

1°.- De los recursos ordinarios y extraordinarios de conocimiento de la Corte Suprema en materia civil y comercial, incluidos los asuntos conocidos por jueces árbitros, los juicios ejecutivos, de quiebra, de liquidación, renegociación y reorganización; de responsabilidad extracontractual entre particulares, con excepción de los asuntos cuyo conocimiento corresponda a la Tercera o a la

Cuarta Sala.

2°.- De los recursos ordinarios y extraordinarios de conocimiento de la Corte Suprema en materia civil y comercial, que recaigan en procedimientos sumarios regulados en el Código de Procedimiento Civil, aquellos contemplados en el DL 2695 y en las leyes de arrendamiento de predios urbanos y rústicos, con excepción de los asuntos cuyo conocimiento corresponda a la Tercera o a la Cuarta Sala.

3° De los recursos en causas civiles en materia de protección a los derechos de los consumidores y los demás asuntos que incidan en procesos civiles y comerciales que corresponda conocer a la Corte Suprema y que no estén entregados expresamente al Tribunal Pleno o a otra Sala.

4°.- De los exhortos internacionales y solicitudes de exequátur que incidan en las materias antes indicadas.".

"D.- Cuarta Sala o Sala Laboral y Previsional:

1°.- De los recursos ordinarios y extraordinarios de conocimiento de la Corte Suprema en materia laboral, previsional, cobranza laboral y previsional, familia, minería y demás asuntos relativos a ellas; así como las causas civiles de pesca y de propiedad intelectual.

2°.- De los recursos de apelación deducidos en contra de las sentencias dictadas en recursos de amparo que incidan en asuntos regidos por el Derecho Laboral y de la Seguridad Social y el Derecho de Familia.

3°.- De los recursos ordinarios y extraordinarios de conocimiento de la Corte Suprema deducidos en asuntos no contenciosos civiles y juicios especiales que no sean de competencia de la Primera Sala.

4°.- De los demás asuntos que le corresponda conocer a la Corte Suprema y que no estén entregados expresamente al Tribunal Pleno o a otra Sala.

5°.- De los exhortos internacionales y solicitudes de exequátur que incidan en las materias antes indicadas."

Transcríbase a las Cortes de Apelaciones del país. Publíquese en el Diario Oficial y en la página web del Poder Judicial e incorpórese al Compendio de Autos Acordados de esta Corte Suprema.

ÍNDICE ANALÍTICO

D

F

N

O